강파워포인트
작업의 7원칙

SKY Lab Crew_이재현, 정민재, 이재훈 지음

강파워포인트
작업의 7원칙

Copyright ⓒ2016 by youngjin.com Inc.
10F. Daeryung Techno Town 13-th, 24, Gasan Digital 1-ro, Geumcheon-gu, Seoul 08591, Korea.
All rights reserved. First published by Youngjin.com Inc. in 2016 Printed in Korea.

저작권법에 의하여 한국 내에서 보호를 받는 저작물이므로 무단 전재와 무단 복제를 금합니다.
이 책에 언급된 모든 상표는 각 회사의 등록 상표입니다.
또한 인용된 사이트의 저작권은 해당 사이트에 있음을 밝힙니다.

ISBN 978-89-314-5302-7

독자님의 의견을 받습니다.
이 책을 구입한 독자님은 영진닷컴의 가장 중요한 비평가이자 조언가입니다. 저희 책의 장점과 문제점이 무엇인지, 어떤 책이 출판되기를 바라는지, 책을 더욱 알차게 꾸밀 수 있는 아이디어가 있으면 팩스나 이메일, 또는 우편으로 연락주시기 바랍니다. 의견을 주실 때에는 책 제목 및 독자님의 성함과 연락처(전화번호나 이메일)를 꼭 남겨 주시기 바랍니다. 독자님의 의견에 대해 바로 답변을 드리고, 또 독자님의 의견을 다음 책에 충분히 반영하도록 늘 노력하겠습니다.

이메일 _support@youngjin.com
주소 _(우)08591 서울특별시 금천구 가산디지털1로 24 대륭 13차 10층 ㈜영진닷컴

만든 사람들
저자 _SKY Lab Crew 이재현, 정민재, 이재훈 | **기획** _기획 1팀 | **총괄** _김태경 | **진행** _서정임
내지 · 표지 디자인 _영진닷컴 디자인팀 고은애

머리말

국내외를 가리지 않고 현재 출간된 파워포인트와 프레젠테이션 도서는 크게 세 가지로 나눌 수 있다. 첫 번째 각 파워포인트 사용설명서로 가장 기본이 되는 책이다. 두 번째는 학생이나 직장인을 위한 보고용 프레젠테이션과 경쟁 프레젠테이션에 관한 책이다. 세 번째로 특정 유명인 즉, 스티브 잡스 같은 사람들의 노하우를 담은 책이다. 그렇다면 정말 파워포인트를 사용하는 사람들은 학생, 직장인들뿐일까? 여기서 우리가 한 가지 간과하고 있는 사용자들이 있다. 바로 가르치는 사람들 '**교수자**'이다. 한국 교육개발원 2014년 자료를 기준으로 하면 우리나라의 교원 수는 약 48만 명이다. 이 인원에 대학 교수, 학원 강사, 산업 강사, 기업의 사내 강사들까지 대략 추산한다면 약 50만 명의 교수자들이 있다.

필자는 기업교육(HRD)분야에서 16년 동안 일해왔고 교육에 필요한 강의용 파워포인트를 제작하고 강의를 해왔다. 오랜 시간 동안 현장에서 알게 된 하나의 사실이 있다.

'교육을 위한 파워포인트 기획, 작성 기술은 보고용, 경쟁 파워포인트와는 완전히 다르다'

그렇다면 교수자들만을 위한 지침서가 있어야 하는 것 아닐까? 그러나 찾아보면 단 한 권도 찾을 수 없다. 그렇다면 교수자들은 강의용 파워포인트에 대해서 어떤 생각을 가지고 있을까? 필자는 지인 교수자 69명에게 수요 조사를 실시하였다. 강의 시 파워포인트 사용 여부를 묻는 질문에는 95%가 사용을 한다고 말했다. 또한 파워포인트의 중요성을 묻는 질문에는 약 94%의 교수자들이 중요하다고 말한 것이다.

수요 조사를 통해서 교수자들에게도 자신의 콘텐츠를 효과적으로 전달하기 위한 지침서가 필요하다는 확신을 갖게 되었다. 이 책은 다년의 현장 경험과 수많은 검증, 그리고 동료 교수자들의 강한 필요성을 느끼게 되어 집필을 결심하게 되었다.

작년 5월 집필이 시작되었다. 뜨거웠던 불볕더위를 지나 가을 들녘을 건너 하얀 눈이 내리는 12월에 탈고하였다. 그리고 또다시 5개월 동안 편집 및 수정 작업을 했다. 강의를 위해 이동하는 지하철, KTX에서 가장 많은 원고를 작성하였고 새벽 시간과 자투리 시간 이용해서 책을 썼다. 또한 3명의 저자가 서로 원고를 공유하면서 하는 협업 집필은 정말 쉬운 일이 아니었다. 고된 집필에도 불평 불만 없이 참여해준 3명의 저자들과 자축의 박수를 보낸다. 또한 책의 완성도를 위해 완벽을 추구하는 영진닷컴 서정임 님께 감사드린다. 이 책은 집필진과 편집자의 1년의 땀이 고스란히 묻어 있는 책이다.

또한 이 책이 만들어 지기까지 많은 사람들의 정성과 사랑이 자양분이 되었다. 사랑하는 아내(남편) 그리고 아이들이다. 그리고 불혹을 넘긴 자식을 위해 지극 정성이신 부모님께 감사드린다. 그들의 사랑과 관심이 아니었다면 이 책이 세상이 나오는 것을 볼 수 없었을 것이다.

저자 SKY Lab Crew_이재현, 정민재, 이재훈

목차

 제1장 교수자에 맞는 PPT를 개발하라!

Mind _왜 강의용 PowerPoint인가?

강의 문화가 변화한다 11
강의용 PPT는 다르다 15
교수자는 왜 PPT를 잘 다루어야 할까 18
강의용 PPT의 종류를 알자 21
강파워 7원칙이란 24

환경 구축 _노가다 PPT를 탈출하라!

교수자 PC는 다르다 39
프랙털 트리 Fractal Tree는 필수다 43
머핀 박스 Muffin Box를 구성하라 48
에어 Air 하라 54
마스터 Master를 마스터하라 65
디자인 박스를 만들어라 74
단축키는 적토마赤土馬이다 81
빠른 작업을 위한 설정과 변환을 하자 90

작업 방식 _강의용 PPT는 이렇게 작업하라!

삼분할 법칙을 이용하라	103
이미지 사냥의 기술	110
이미지 활용의 기술	124
정보를 낚아라	136
그래픽 도형으로 만들자	145
인포그래픽Infographics을 활용하자	149
차트Chart는 가볍게 사용하자	155
말풍선으로 확대하라	163

Visual Thinking _비주얼로 생각하라!

비주얼 씽킹Visual Thinking하라	169
손으로 생각을 표현하라	173
생각Thinking을 낚아라	176
비주얼 씽킹을 위한 5단계	180
7가지 요소로 완성하라	186
손 이미지를 PPT와 연결하자	197
생활 속에서 비주얼 씽킹하자	205

 # 학습자에게 최적의 PPT를 활용하라!

PPT Family _나 혼자 산다? 파워포인트 대가족을 구성하라!
오피스와 윈도우는 쌍둥이다? 211
Special Page : 만약 듀얼 설정이 안 되는 경우는 어떻게 해야 할까? 217
무비메이커는 동생이다 219
폰트는 이종사촌이다 230
다음 팟Daum Pot은 고종 사촌이다 235
프리젠터Presenter는 의형제이다 241

Show _Show에서 Show하라!
발표자 도구를 사용하라 245
애니메이션으로 스토리텔링Strorytelling하라 250
전환 효과는 약이자 독이다 257
포인터 옵션으로 아날로그Analogue 향기를 내자 262

Activity 化 _파워포인트는 강의용 Activity의 최고의 도구이다!

학습에 플러스 프레임을 결합시켜라	269
Activity PPT의 종류를 알아보자	275
수업 전 PPT로 강의 시작을 알리자	279
간단한 엑셀Excel 파일을 넣자	285
마음을 움직이는 DJDisk Jockey가 되어라	288
엔딩 크레디트를 올려라	293

Smart PPT _구름Cloud 타고 스마트Smart한 강의를 하라!

스마트 빅뱅은 서막이다	301
오피스 온라인을 열어보자	303
Special Page : PowerPoint Offline vs PowerPoint Online	306
파워포인트 앱을 사용해보자	308
오피스 렌즈Office Lens로 모든 것을 촬영하자	313
원노트OneNote로 모든 것을 모으자	320
원드라이브OneDrive로 하나 되자	329

제1장

교수자에 맞는 PPT를 개발하라!

강파워! 강사를 위한 **파워포인트 노하우**

Mind
_왜 강의용 PowerPoint인가?

스마트 시대 교육의 방법과 채널들이 융합되어 또 다른 문화로 변화하고 하고 있다. 우리의 학습자들도 시대의 흐름 속에서 변화를 하고 있다. 대표적으로 스스로 배우는 학습자 중심의 개념으로 진화하는 '참여자 중심의 학습 방법'이 그것이다. 이번에는 교육의 변화 트렌드와 강의용 파워포인트의 특징부터 교수자용 파워포인트의 7원칙까지 알아보자.

POWERPOINT FOR LECTER · TEACHER · PROFESSOR

강의 문화가 변화한다

01

1983년 시작된 테드TED. 1990년부터는 매년 개최되었고 유튜브가 활성화되면서 전 세계 인들에게 알려지기 시작하였다. 수많은 강연이 공개되어 있으며 조회 수 1억 View 이상이 집계되었다. 세상을 바꾸는 힘을 가진 많은 사람이 강연자가 되었고 강연을 접한 사람들은 열광했다. 그 열풍은 독립적으로 조직된 TEDx로 발전하여 국내, 도시마다 자체적인 TEDx가 열리고 있다. 필자 또한 TEDx 대전에 강연자로 출연하여 참여자들의 열기를 느껴 보았다.

▲ TED 로고
출처 : http://www.djenews.co.kr/news/articleView.html?idxno=93

테드의 영향일까? KBS의 '강연 100℃'에서는 매주 각 6명의 강연자들이 자신의 인생을 이야기하고 삶의 변화에 대한 이야기를 한다. CBS '세바시 : 세상을 바꾸는 시간, 15분'은 매월 6명 가량의 강연자들이 자신이 겪은 삶과 지식 정보에 대해서 이야기를 한다. 이러한 강연 프로그램들은 새로운 콘텐츠로 각광받으며 자리 잡았다.

문화심리학자로 유명한 김정운 교수는 KBS '오늘 미래를 만나다'에 출현해 자신이 만든 에디톨로지라는 새로운 패러다임을 강연하였다. 다수의 매체에서 이 프로그램을 '특강쇼'라고 불렀다. 강연이 'Show'의 개념과 융합된 것이다. tvN에서는 본격적으로 강연을 Show와 융합하기 시작했다. '스타 특강쇼'라는 프로그램을 만들어 인지도가 있는 유명인들과 청중이 함께 방송을 시작한 것이다.

최근에는 더욱 발전된 개념이 도입되었다. 서울대학교 김난도 교수는 KBS와 함께 '명견만리'라는 방송을 하였다. 이 방송의 형식은 우리가 단 한 번도 들어 본 적이 없는 '렉처멘터리쇼'라는 것인데 강의^{Lecture} + 다큐멘터리^{Documentary} + 쇼^{Show}가 결합된 것이다. 강연과 다큐멘터리를 쇼 형태로 청중을 모아서 진행하는 것이다. 이처럼 대한민국은 강연으로 융합된 콘텐츠가 더욱더 커지고 있다.

▲ 렉처멘터리쇼

이러한 이유에서 일까? 몇몇 대학 평생교육원에는 강연자를 양성하기 위한 명강사 과정들이 개설되고 있다. 필자는 해당 강좌 강의를 하기 위해서 방문한 적이 있다. 그 곳에는 동기부여 전문가가 되고 싶다는 젊은이들과 인생 2막을 강사로 살고 싶어하는 실버 세대들로 빈 자리 하나 없이 꽉 차 있었다. 강의에 참여하신 분들께 어떻게 이 자리에 오게 되었는지 질문을 했었다. 그들의 상당수는 미디어를 통한 강연자들에게 매료되어 있었다. 그리고 자신 또한 그들과 같은 강의를 하고 강연을 하는 사람이 되고 싶다는 것이다.

필자가 하는 강의 중 산업 교육^{HRD} : Human Resources Development 분야의 학습자들에게 자신의 버킷 리스트$^{Bucket List}$를 써보게 하는 시간이 있다. 이 시간에도 퇴직을 하면 인생 2막에는 자신의 이야기를 강연하면서 살고 싶다는 사람이 종종 등장한다. 이제 누군가 앞에서 자신의 경험과 지식을 말하는 행위 자체가 하나의 매력적인 직업으로 인식되고 있다는 이야기다. 이처럼 강의는 지금까지와는 다른 형태로 그 영향력을 펼쳐가고 있다.

▲ 청중과 강연자

이렇게 변화하는 강연은 특정인들의 전유물이 아닌 누구나 참여할 수 있는 것이 되었다. 나의 경험과 정보를 전달하고 말할 수 있으면 그것이 콘텐츠로 발전할 수 있다. 쇼와 다큐멘터리의 개념까지 융합되면서 많은 사람이 누군가에게 새로운 정보와 긍정적인 삶으로 변화할 수 있는 수단이 되는 콘텐츠이자 직업으로 인식되는 것이다.

대중적인 강연이 아닌 교수자, 즉 교사, 교수, 강사들은 어떨까? 초, 중, 고등학교뿐만 아니라 산업 교육을 불문한 기존 강의와 수업 형태는 매우 단순했다. 학습자와 참여자는 정보의 수용자로서, 교수자는 지식 제공자의 형태를 가지고 있었다. 참여자들은 일방적이고 규격화된 지식을 단순 암기하는 방식으로 학습을 했다. 최근의 교육 현장은 완전히 다른 형태로 바뀌고 있다. 참여자들은 연구자, 참여자 개념으로, 교수자는 설계자, 상담자, 촉진자의 모습으로 변화하고 있는 것이다. 가르치는 교수자 중심에서 스스로 배우는 학습자 중심의 개념으로 진화하는 참여자 중심의 학습 방법이 가장 큰 흐름이다.

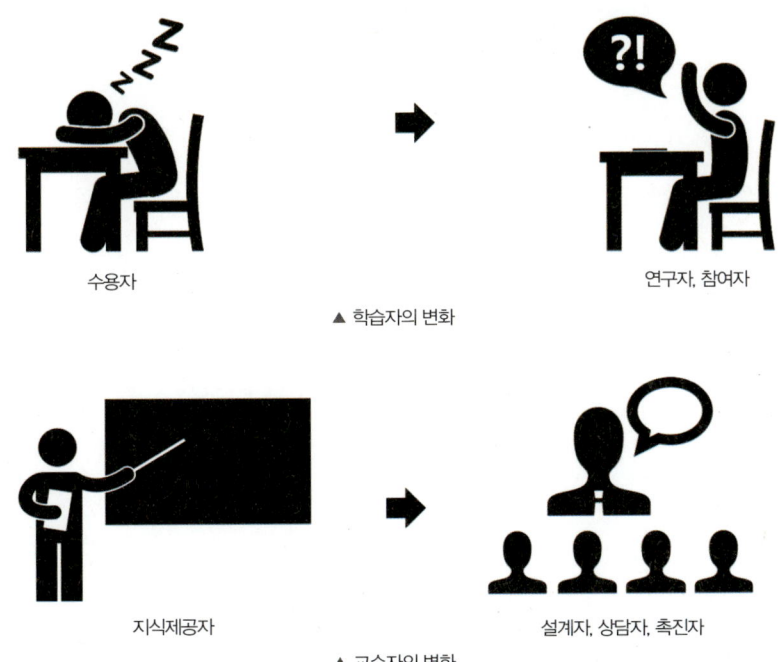

수용자 → 연구자, 참여자
▲ 학습자의 변화

지식제공자 → 설계자, 상담자, 촉진자
▲ 교수자의 변화

변화하는 시대. 창의와 혁신이 일반화되고 있는 사회에서 기존의 교육 방식으로는 변화를 가져올 수 없었다. 그렇다면 강의, 강연, 수업을 잘하기 위해서 중요한 것은 무엇인가? 현직에 있는 교수자들은 어떻게 하면 자신의 강의와 수업을 효과적으로 전달할 수 있을까?

뇌 과학에 의하면 사람의 인지 요소 중 시각은 83%로 가장 큰 영역을 차지한다. 보여주는 것의 힘은 절대적인 것이다. 숫자와 그래프는 가장 중요한 신뢰의 요소이다. 도해는 여러 요소들 간의 인과관계를 이해하는 힘을 갖고 있다. 이미지는 현장감을 가져오는 훌륭한 도구이며 영상을 보여주는 것은 생생함을 느끼게 하는 효과를 가져온다. 이러한 개념에서 시각 도구 Visual Aids는 강연의 믿음직한 동반자이자 자신의 논리와 경험을 증명해주는 필수적인 도구라 할 수 있다. 필자는 이러한 도구 중 최고의 도구를 마이크로소프트 Microsoft의 파워포인트라고 생각한다.

▲ 마이크로소프트의 파워포인트
출처 : http://blog.tocosk.com/en/10-powerpoint-facts/

파워포인트는 1990년에 이 세상에 나와 올해 스물 여섯 살이 되었다. 지난 26년 동안 지구인이 가장 많이 사용하고 있는 학습, 설득을 위한 시각 도구로 자리 잡았다. 파워포인트는 새로운 정보와 성찰을 효과적으로 이끄는 도구이며 정서적인 소통 수단이다. 자신의 회사 제품을 설명하며 자신의 의견을 피력하는 강력한 도구이기도 하다. 또한 여러 가지 기능을 사용하면 강연과 강의에 즐거움을 배가시키는 도구가 되기도 한다. 파워포인트를 응용하면 마음을 움직이는 강연자, 긍정 변화를 이끄는 위대한 교수자로 한 발자국 다가설 수 있다.

강의용 PPT는 다르다

02

파워포인트의 목적은 무엇인가? 사전적 정의에 따르면 다음과 같다.

> "여러 사람 앞에서 자신의 생각을 발표할 때 시각적
> 보조 자료로 활용할 수 있도록 도와주는 소프트웨어"

▲ 파워포인트 로고
출처 : http://blog.tocosk.com/en/10-powerpoint-facts/

그렇다면 누가 자신의 생각을 발표할까? 첫 번째로 회사에서 자료를 보고하고 공유하기 위해서 사용하는 경우가 대부분이다. 파워포인트는 진행 중이거나 결과를 수치적으로 보여주기 위한 보조적 도구로 사용된다. 두 번째는 경쟁 프레젠테이션이다. 자사 제품의 우수성을 설명하고 매출을 극대화하기 위해서 사용한다. 파워포인트는 이러한 우수성을 피력하기 위한 가시적 도구로 사용된다. 세 번째는 학교에서 학생들이 발표 수업이나 프로젝트의 결과를 발표할 때 사용한다. 자신들의 결과물을 소개하거나 증명하기 위해서 사용된다.

마지막은 강연자와 교수자이다. 그들은 학습자들의 긍정적인 변화, 긍정적인 삶을 위해서 사용한다. 빠르게 발전하는 스마트 시대에 새로운 정보를 제공하고 잊고 있었던 마음을 깨닫게 해주며 삶의 긍정적인 변화를 위해서 독려한다. 때로는 자신의 경험을 이야기하면서 학습자들에게 희망을 심어 주기도 하며 어떤 삶을 살아야 하는지 이야기를 해주기도 한다. 따라서 교수자들의 파워포인트는 앞서 말한 3가지 분류와 목적 자체가 완전히 다르다.

강연 파워포인트 VS 일반 파워포인트의 비교

종류	목적	특징	용도
강의용 PT	학습자들에게 교육을 하기 위함	새로운 정보를 주고 동기 부여하여 긍정 변화를 이끌기 위함	교수자들의 경험과 지식 전달용
경쟁 PT	특정 사업을 얻기 위해서 자신의 상품을 설명하기 위함	제품의 설명과 비교우위에 중심을 둠	제품 설명, 특성 및 이익, 비교우위 등 설명용
보고 PT	특정 집단 내부에서 정보를 보고하거나 공유하기 위함	각종 도표와 관련된 이미지로 만들어짐	데이터의 가시화(진척도, 매출의 추이, 생산량, 불량률)용
과제 PT	학습자들이 자신들의 프로젝트를 발표하기 위함	자신들이 이룬 성과에 대한 발표에 중심을 둠	학교 수업 발표용

▲ 목적별 파워포인트

이렇게 분명하게 목적이 다름에도 불구하고 시중에는 교수자들을 위한 파워포인트 책이 없었다. 대부분 매뉴얼 책이나 사내에서 업무보고를 하거나, 경쟁 PT를 위한 책뿐이었다. 대한민국에서는 필자와 같이 교육에 종사하는 교수자들이 약 50만 명이 있음에도 불구하고 왜 교수자를 위한 파워포인트 책은 없는 것일까? 이러한 의문점에서 이 책의 집필이 시작되었다.

교수자용 파워포인트는 다음과 같은 조건을 성립하여야 한다.

==첫 번째, 학습 목적에 맞는 파워포인트를 개발하는 것이다.== 따라서 해당 과정이나 스토리에 맞는 콘텐츠와 자료 수집이 필수적이다.

==두 번째, 학습자들에게 맞는 파워포인트를 만들어야 한다.== 우리가 강의를 하는 대상이 초·중·고등학생, 대학생, 직장인, 실버 세대까지의 다양한 대상자이니만큼 그 대상자를 위한 디자인과 가독성 등을 고려하여 만들어야 한다.

필자는 지난 16년간 교수자를 위한 파워포인트를 다루고 강의해왔다. 실전 경험을 바탕으로 강연, 강의용 파워포인트 구성과 작업, 그리고 시연까지 전반에 걸친 이야기를 하고자 한다.

교수자는 왜 PPT를 잘 다루어야 할까

03

디자인 시대 학습자들의 눈이 높아졌다

상품을 판매하는 각종 온라인 플랫폼은 예쁘고 편리하며 직관적인 UX : User Experience를 만들어 내기 위해서 많은 시간을 투자한다. 매출과 직결되기 때문이다. TV를 켜보라. 아름답지 않은 디자인이 없다. 특히 광고는 눈이 호강한다는 생각이 들 정도로 아름답고 멋지다. 아주 가끔 케이블 채널을 보다가 어딘가 모르게 투박한 느낌이 나는 광고가 나오면 '요즘 시대에 저런 광고가?'라는 생각까지 한다. 알고 있건 모르고 있건 우리는 하루의 상당 부분 디자인을 사용하고 소비하고 있다.

중·고등학생들은 하루의 반 이상을 학교에서 보내며, 대학생들의 수업을 진행하는 교수들은 파워포인트로 시작해서 파워포인트로 끝난다. 교육을 받는 일반인들은 하루 8시간을 꼬박 강사의 파워포인트 자료를 보면서 교육을 받는다. 이렇게 장시간 동안 보게 되는 파워포인트 자료가 초등학생 수준도 안 된다면 그 교수자는 집중을 이끌어 내기 쉽지 않을 것이다. 아마도 학습자들은 '요즘 시대에 저런 파워포인트 디자인을?'이라고 생각할 수도 있다.

인지 효과가 강력하다

1 | 감정을 일으켜 기억과 결합한다

아래 사진은 2015 가을의 길목, 전 세계를 뒤흔든 쿠르디의 사진이다. 필자는 새벽 조간 신문에서 이 사진을 보았을 때 전율을 느꼈고 하루 종일 가슴이 저리고 답답할 정도로 아픔을 느꼈다. 하늘로 떠난 쿠르디와 같은 세 살짜리 아이를 두었기 때문이다. 며칠 뒤 쿠르디의 살아 생전의 사진이 공개되면서 아픈 마음은 더욱 커졌다. 이 사진 1장으로 유럽 연합의 난민 정책에 커다란 변화를 가져왔다. 유럽 국가의 지도자들의 마음을 움직였고 필자는 유엔 난민 기구의 후원자가 되었다.

▲ 쿠르디의 사진

출처 : http://www.nytimes.com/2015/09/04/world/europe/syria-boy-drowning.html?_r=0

이처럼 이미지와 사진은 말로는 전달할 수 없는 감정을 표현하고 이야기한다. 영상은 더욱 강력한 도구가 될 것이다. 일부 연구에 따르면 텍스트 파워포인트를 본 후 3일이 지나면 대부분의 사람은 들은 내용의 10% 정도 밖에 기억하지 못한다. 하지만 이미지가 더해지면 그 비율은 65%로 치솟는다. 강력한 인지는 호기심을 유발하고 자기 주도 학습으로 인해 더 오랫동안 기억을 유지시킨다.

2 | 전체를 보여주고 관계성과 프로세스를 보여준다

학습 중에는 강의 전체 내용 중 한 곳에 빠져 흐름을 이해하지 못하는 경우가 생긴다. 또는 왜 이것을 배우고 있는지 그 의미를 잃어버릴 수도 있다. 도해는 정보의 관계성과 프로세스, 그리고 전체 구조를 한눈에 설명하고 이해시킬 수 있다. 인간의 뇌는 텍스트보다는 이미지와 도해 정보에 더 강력한 인지 작용을 하기 때문이다. 따라서 파워포인트를 잘 다루는 교수자는 자신의 강의 콘텐츠를 쉽고 빠르게 가르칠 확률이 높다.

아래의 그림은 필자가 진행하는 '윌파워 프로젝트' 강의 한 부분의 프로세스이다.

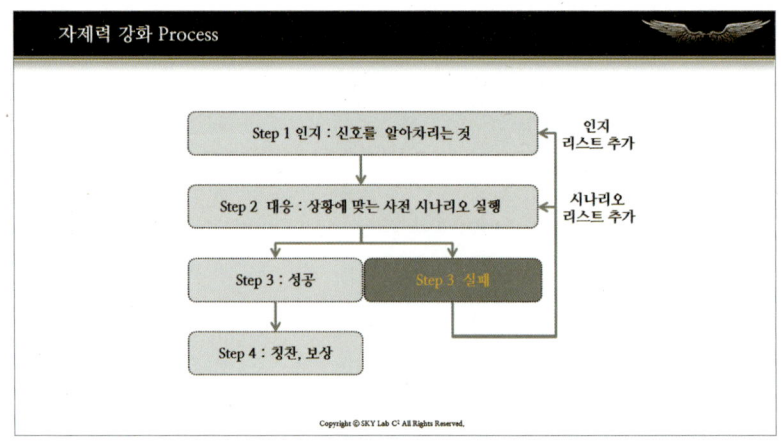

▲ 자제력 강화를 위한 프로세스 – Source : SKY Lab Willpower Project

3 | 빠르게 변화하는 시대 적응을 해야 한다

스마트 시대, 1인 미디어 시대, 사물 인터넷 시대, 클라우드Cloud 시대, 무인 자동차 시대의 서막. 이 모두 이 시대를 대변하는 말이다. 눈 뜨고 나면 세계 곳곳에서 스마트 혁명으로 촉발된 제품을 맞이할 수 있다. 우리의 학습자는 인류 역사상 가장 빠른 변화의 시대에 살고 있다. 빠르게 변화하는 시대에 교수자 또한 시대에 맞는 강의 준비가 필수적이다. 파워포인트를 이용하여 변화하는 시대에 적응하는 교수자가 되어 보자.

강의용 PPT의 종류를 알자

04

강의 파워포인트는 크게 2가지 종류로 나눌 수 있다. 자유 형식의 파워포인트와 디자인 박스 형식 파워포인트이다. 두 종류의 특징과 차이점을 알아보자.

자유 형식 파워포인트 Free Style PowerPoint

자유 형식 파워포인트는 특정 마스터나 디자인, 폰트를 정하지 않고 장표별로 각각의 형식을 갖고 있는 강의 파워포인트이다. 주로 강렬하고 심도가 높은 이미지를 사용하며 상징적인 숫자나 메시지적인 텍스트를 위주로 사용한다. 이 형식은 짧은 시간 동안 학습자 또는 청중의 마음을 움직일 필요가 있을 때 사용한다. 일반적으로 동기 부여나 자신의 경험을 전달할 때 사용하며 마음을 움직이는 강의에 주로 사용된다. 따라서 교재가 없는 경우가 대부분이다.

주로 대중 강연 파워포인트로 많이 사용되며 전체적인 정보 전달이나 자신의 내용을 이야기할 때 파워포인트의 형식이 된다. 자유 형식 파워포인트는 양날의 검劍과 같다. 디자인 감각이 미흡하거나 미적 감각이 부족할 경우 유치하거나 볼품없게 보일 수 있다. 반대로 뛰어난 미적 감각과 디자인 능력을 가지고 있다면 매우 높은 수준의 파워포인트를 만들어낼 수 있다.

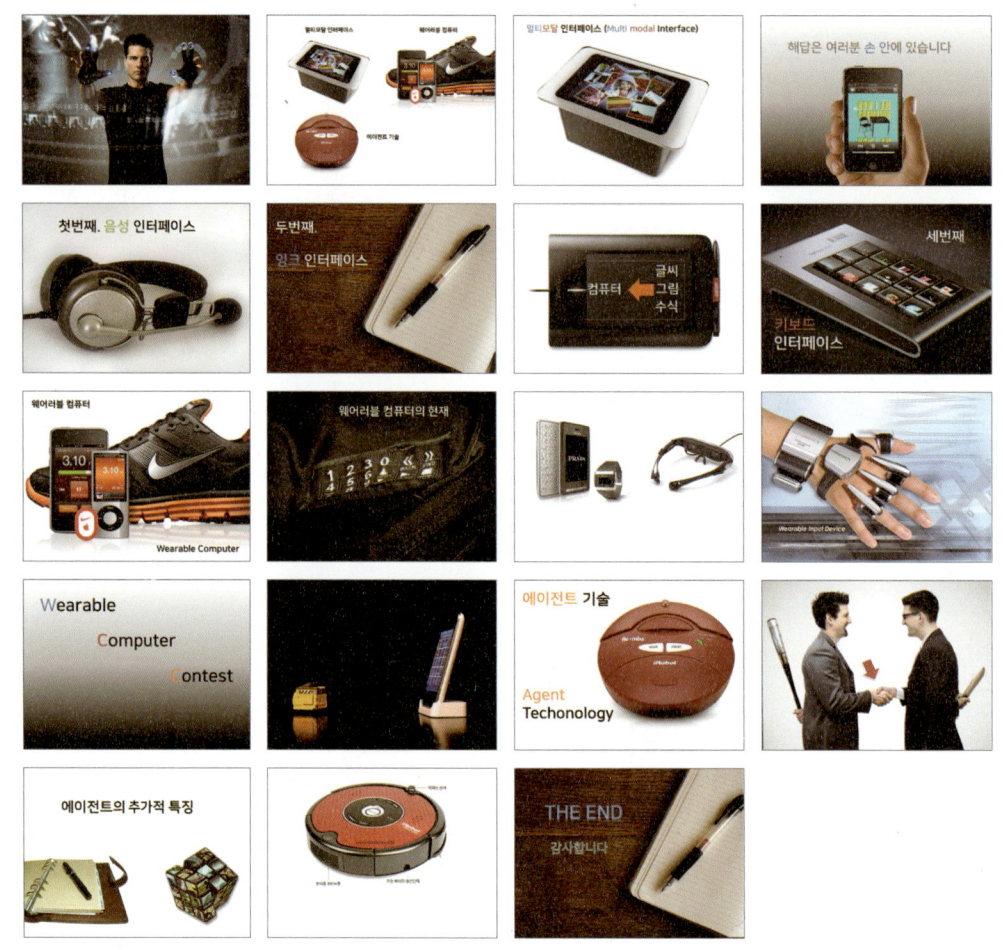

▲ 자유 형식 파워포인트

디자인 박스 형식 파워포인트 Design Box Style PowerPoint

디자인 박스라는 말은 필자가 만들어낸 강의 파워포인트 형식이다. 디자인 박스 형식은 마스터 디자인을 사용한다. 따라서 처음부터 끝까지 일관된 프레임과 디자인, 폰트, 도형, 표를 사용하며 모양이 유시히어 일체감을 준다. 주로 두해와 작은 이미지로 이루어져 있으며 장시간 강의용으로 사용하기 때문에 일부 유사한 패턴이 반복된다. 학교의 교사, 교수, 강사들이 사용하기 용이하며 시간이 길고 내용이 많은 경우에 사용한다. 따라서 교재를 사용하는 경우가 대부분이다.

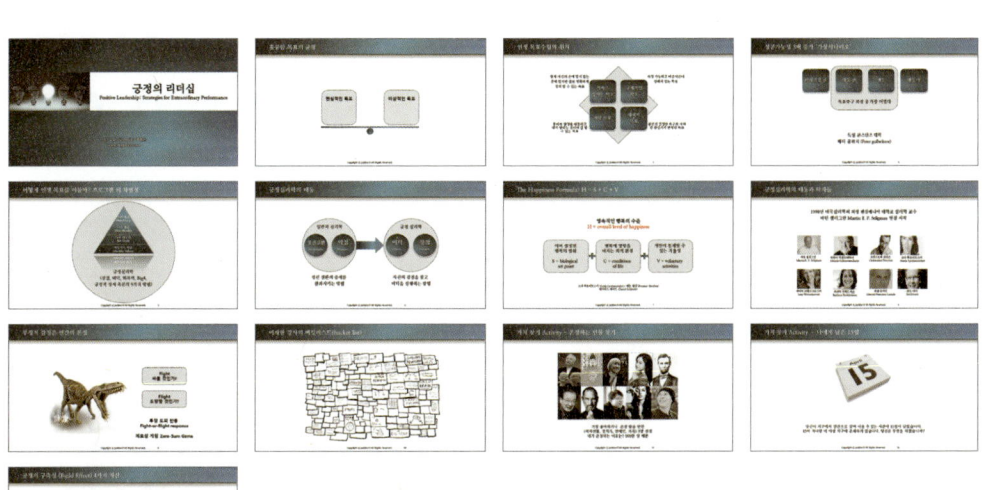

▲ 디자인 박스 형식 파워포인트

2가지 강의용 파워포인트의 특성을 비교하면 다음과 같다.

강의용 파워포인트의 종류

형식	자유 형식	디자인 박스 형식
사용자	강연자	교수자
특징	마스터, 컬러, 폰트 레이아웃이 자유로움	마스터, 컬러, 폰트 레이아웃을 동일화
표현	전체 이미지, 텍스트	도해, 작은 이미지
시간	짧은 경우가 많음	긴 경우가 많음
내용	동기 부여 & 변화	교수자의 강의나 수업
교재	사용하지 않는 경우가 많음	사용하는 경우가 많음
장점	심도 깊은 이미지, 짧은 메시지, 빠른 이해	전체적인 이해와 통일성이 둠
단점	디자인 감각이 미흡하면 완성도가 떨어짐	유사 패턴으로 지루하다고 느낄 수 있음

강파워 7원칙이란

05

강파워 7원칙은 교수자의 파워포인트 사용과 작업에 필수적으로 적용해야 하는 개념을 7가지로 정리한 원칙이다. 이 원칙은 환경의 구성, 핵심적인 작업 방식과 방법을 모아서 정립한 것이다. 이 원칙을 끊임없이 적용하면서 연습한다면 교수자 파워포인트 기술의 대부분을 얻을 수 있다.

원칙 1. 속도 Speed
빠른 작업 속도에 대한 환경 설정과 기술, 그리고 습관에 대한 원칙이다.

원칙 2. 프랙털 트리 Fractal Tree
교수자 데이터베이스 Database 구성과 환경 설정에 대한 원칙이다.

원칙 3. 머핀 박스 Muffin Box
파워포인트의 파일 구성 방식과 교안 기획에 대한 원칙이다.

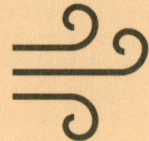

원칙 4. 에어 Air
파워포인트 경량화의 원칙이다. 관리의 편의성과 오류율을 낮춘다.

원칙 5. 비주얼 씽킹 Visual Thinking
생각을 그림으로 표현하는 원칙이다.
교안 작성의 가장 근본이 된다.

원칙 6. 무無 커서 Cursor
듀얼 설정의 필요성과
그 사용에 대한 원칙이다.

원칙 7. 오케스트라 Orchestra
강의용 파워포인트를 강력하게 만들어주는
소프트웨어와 하드웨어 사용에 대한 원칙이다.

강파워 7원칙 알아보기

원칙 1. 속도 Speed

눈이 없는 곤충들은 더듬이로 만지거나 페로몬으로 정보를 얻는다. 정보 통신 기술이 없던 시대에는 인간이 정보를 얻는 방법은 곤충과 다르지 않았다. 조선시대 파발擺撥처럼 누군가 와서 소식을 전해 주는 것밖에 없는 것이다. 그러나 스마트 빅뱅 이후 LTE, 카메라, GPS, 자이로스코프 센서로 인해 지구 반대편의 소식을 수 초 안에 알 수 있는 감각을 다수의 사람이 갖게 되었다. 곤충에게 더듬이 이외 또 다른 감각기관을 달아준 것과 다르지 않다. 이처럼 센서를 통해 사물과 사물, 사람과 사람이 상호 교감하고 정보를 얻는 것을 '디지센서스DigiSensus'라고 한다.

스마트 혁명으로 인류는 역사상 가장 빠른 정보 확산의 속도가 가능해졌다. 이제 많은 학습자는 정보를 스스로, 빠르게 찾을 수 있는 능력을 갖게 된 것이다. 이런 디지센서스로 인해 종종 교수자보다 많은 정보를 가지고 있는 학습자가 나타나기도 한다. 이러한 시대에 교수자 또한 빠른 대처가 필요하다. 학습 콘텐츠를 좀더 빠르고 유연하게, 변화시키고 전환할 수 있어야 한다는 의미이다.

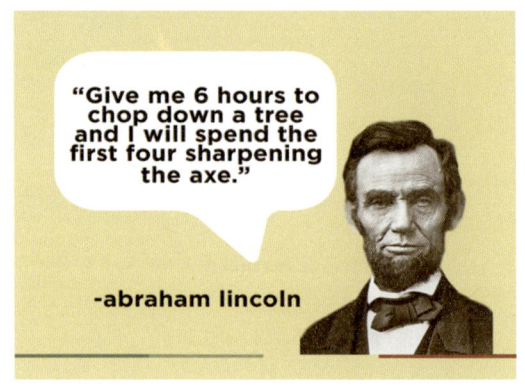

▲ 링컨의 말

출처 : http://www.robbcrocker.com/2014/10/heroes-hugs-hygiene/

에이브라함 링컨의 유명한 말이 있다. "나에게 나무를 벨 시간이 6시간 있다면 나는 4시간을 도끼를 가는데 사용하겠다"고 했다. 필자는 이 말에 크게 공감한다. 도끼의 날을 세우는 시간은 콘텐츠 구성요소를 고민하고 비주얼 씽킹을 하는 시간이라고 보면 되겠다. 실제로 파워포인트 작업을 하는 시간은 2시간이다. 이 시간 안에 빠르게 작업하는 것이다.

작업 속도가 빨라야 하는 이유는 더 있다. PC를 오래 잡고 있다는 이야기는 신체의 병을 불러올 확률이 높다는 것을 우리 모두가 알고 있는 이야기다. 우리는 모니터보다 푸르른 녹음과 자연 속에서 살아야 한다. 마우스를 오래 잡고 있다는 것은 오십견을 부르고 손가락에 관절염을 불러오는 가장 큰 원인이다. 파워포인트 작업 시간을 줄이고 짧은 시간 안에 질 높은 파워포인트를 만드는 기술이 바로 강파워 원칙 1 속도^{Speed}이다.

속도의 원칙을 위해서는 다음과 같은 방법을 사용해야 한다.
① 디자인 박스 작업을 체계적이며 빠르게 진행한다.
② 단축키를 생활화하여 왼손을 적토마로 만든다.

③ 프랙털 트리 개념을 이용하여 자료 검색에 시간을 많이 사용하지 않는다.
④ 이미지와 자료 사냥의 마스터가 된다.

원칙 2. 프랙털 트리 Fractal Tree

프랙털Fractal이란 부분과 전체가 똑같은 모양을 하고 있다는 자기 유사성 개념을 기하학적으로 푼 구조를 말한다. 단순한 구조가 끊임없이 반복되면서 복잡한 전체 구조를 만드는 것이다. 예를 들면 리아스식 해안선, 혈관 분포 형태, 나뭇가지 모양, 창문에 성에가 자라는 모습, 산맥의 모습도 프랙털 구조를 하고 있다고 할 수 있다.

▲ 눈의 결정체 모양

단순 구조가 반복되면서 그것이 전체의 구조를 만드는 것 중에 가장 보기 쉬운 하나가 눈의 결정이다. 눈의 결정은 육각형의 결정들이 모여 하나의 아름다운 결정을 이룬다. 특히 육각형은 도형 중에서도 가장 안정적인 도형이라고 말한다. 그 이유는 꼭지점의 각의 합이 항상 일정하기 때문이라고 한다. 그렇다면 프랙털 구조와 파워포인트와 어떤 관계가 있을까? 필자는 교수자의 자료 구성에서 프랙털과 유사한 안정적인 구조를 찾게 되었다.

프랙털이란 강의용 파워포인트의 효율적인 작업을 위한 PC의 폴더 트리Folder Tree의 구성을 말하는 것이다. 필자가 제안하는 Level 1~Level 4까지의 폴더링은 교수자가 가져야 할 최적의 구성이다. 일반적으로 이러한 트리를 로직 트리Logic Tree라고 부른다. 그러나 교수자의 폴더 트리는 하위 폴더가 상호 연관성이 깊고 유사 가지 형태를 추구하기 때문에 프랙털의 이름을 사용하고자 한다.

1 | 프랙털 트리 원칙 1 – 4가지 폴더가 하나의 파워포인트를 이룬다

하나의 강의안을 만들기 위해서는 아래의 4가지 폴더를 서로 반복적으로 사용되면서 그것이 전체의 강의 구조를 만드는 역할을 한다. 이것을 프랙털 트리의 핵심인 카트리지 시스템이라고 부른다.

작업에 필요한 많은 것들을 여기서 순차적으로 정리해 두고 추후 하나씩 꺼내서 조합하는 과정을 거치면서 만들어 내는 것이다.

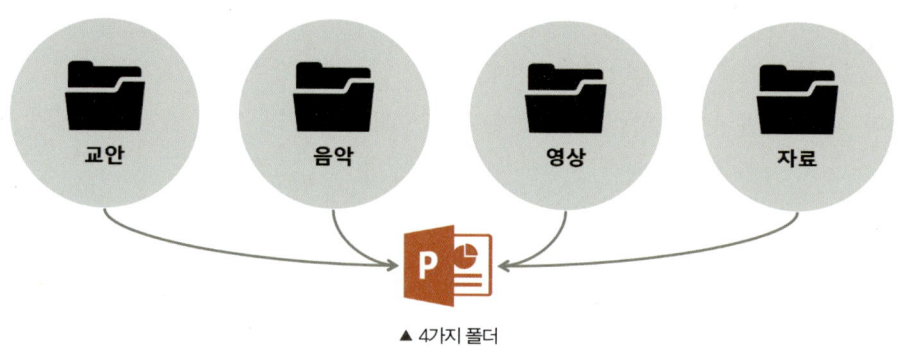

▲ 4가지 폴더

2 | 프랙털 트리 원칙 2 – 교안 폴더에서 Level 4 폴더까지만 만든다

전체로 보자면 하위 폴더는 4개 이하로 만드는 것이 좋다. 폴더 4개 이상을 내려가면 자신이 어떻게 구조화했는지 기억을 못하는 경우도 발생할 수 있으며 카트리지 시스템을 구축하는데 더욱 많은 시간이 소요된다.

▲ 교안 폴더의 Level 폴더

원칙 3. 머핀 박스 Muffin Box

애플은 새로운 제품이 나오거나 OS가 업데이트될 때마다 키노트Keynote를 한다. 그 공간에 모인 전 세계 애플 개발자들은 키노트를 보면서 쉼 없는 즐거움의 박수와 환호를 보낸다. 제품 출시되는 매장은 어떤가? 제품을 먼저 갖고 싶어 밤새 줄을 선다. 문을 여는 직원들은 카운트 다운으로 문을 열고 하이파이브로 그들을 맞이한다. 오랜 기다림 끝에 원하는 제품을 얻은 사람은 소리를 지르며 기뻐한다.

필자는 퇴근길 가족을 위해서 머핀을 구입해 간 적이 있다. 집에 들어서 아들에게 내밀자 마치 애플 디바이스를 손에 넣은 사람처럼 소리를 지르고 여기저기 신나게 뛰어 다녔다. 머핀을 같이 먹으면서 즐거운 웃음소리로 집안을 가득 채웠다. 그렇다. 인간은 누구나 좋아하는 것을 얻었을 때 행복해 하고 즐거워한다.

▲ 다양한 머핀 박스

〈좋은 수업과 설계〉를 집필한 정석기 교수는 좋은 수업에 대하여 다음과 같이 정의하였다.

"참여자들이 수업에 지적 호기심을 갖고 즐겁고 능동적으로 참여함으로써 학습하는 내용을 습득하는 것"

우리는 애플의 제품을 손에 넣은 것처럼, 머핀을 손에 쥔 아이처럼 교육 콘텐츠를 받아 들여야 한다. 이것을 위해서는 지적 호기심을 일으킬 수 있는 구성과 능동적으로 참여를 유도할 수 있는 강의 구성력이 있어야 한다.

이것이 필자가 생각하는 <mark>강파워 원칙 3 머핀 박스Muffin Box</mark>이다. 머핀 박스는 원칙 2 프랙털 트리Fractal Tree의 교안 폴더 Folder Level 3 또는 Level 4에 해당한다. 이곳에는 해당 강의 파일들을 시간별로 모아 두는 것이다. 1Hour 1File과 청킹, 2가지 원칙으로 이루어져 있다.

▲ 1Hour 1File

① <mark>1Hour 1File – 한 시간 단위로 하나의 파일을 만드는 원칙</mark>
② <mark>청킹 – 한 시간 단위를 여러 가지 참여 기법을 통해 만드는 원칙</mark>

원칙 4. 에어Air

애플 제품을 들여다 보면 감탄을 하지 않을 수 없다. 예쁘고 아름다운 UX와 직관적인 편의성은 수많은 시간 고민으로 만들어온 외골수적인 스티브 잡스의 모습이 떠오르는 듯하다. 이런 그의 제품에는 에어Air라는 이름이 붙어 있는 제품들이 있다. 이들은 대부분 군더더기 없는 아름다운 디자인과 극한의 세이브를 자랑한다. 이러한 독특한 아름다움 때문에 애플 팬들이 많아지는 것은 아닐까? 교수자의 파워포인트는 에어의 속성을 가져야 한다. 즉 아름답고 작고 가벼운 파워포인트를 만들어야 한다는 것이다. 파워포인트의 경량화 작업이다. 이것이 바로 <mark>강파워 원칙 4 에어Air</mark>이다.

1 | 왜 파워포인트가 커질까?

간혹 어떤 교수자의 파일을 보면 100MB 이상의 파일을 볼 수가 있다. 열고 닫는 속도 또한 오래 걸리고 가끔 문제를 일으켜 괴롭다고 호소한다. 파워포인트가 무거워지는 원인은 무엇일까?

그 이유는 크게 5가지로 구분할 수 있다.
① 용량이 큰 이미지 파일을 사용하는 경우
② 스마트아트 SmartArt를 너무 많이 사용하는 경우
③ 영상이 포함된 경우
④ 애니메이션이 너무 많은 경우
⑤ 불필요한 마스터를 가지고 있는 경우

▲ 비만 파워포인트

이러한 파워포인트는 다음과 같은 문제점을 일으킨다.
① 파워포인트 파일의 열고 닫는 로딩 속도가 현저하게 느려진다. 만약 건강 상태가 안 좋은 PC라면 더욱 오래 걸릴 것이다.
② 파워포인트의 오류 확률이 높아질 수 있다. 갑자기 오류가 나면서 열리지 않는 것이다.
③ 노트북이나 PC 공간이 부족해 클라우드에 넣거나 외장 하드를 구입해야 한다.

▲ 구름처럼 아름다운 파워포인트를 만들자

2 | 경량화 파워포인트를 만들자

가벼운 파워포인트는 위와 같은 문제를 일으키지 않는다. 에어의 원칙을 적용하여 함께 개선해 보자.

에어의 원칙을 적용한 개선 방법은 다음과 같다.
① 프랙털 트리 원칙을 적용하여 영상은 관련 폴더에 보관한다.
② 이미지는 저장하여 사용하고 삽입되는 이미지를 최소 무게로 줄여서 삽입한다.
③ 스마트아트는 마우스 오른쪽 버튼을 클릭하여 도형 속성으로 바꾼다.
④ 머핀 박스의 원칙을 적용하여 1Hour 1File로 청킹한다.
⑤ 페이지당 애니메이션의 양을 줄인다.
⑥ 불필요한 마스터 디자인이 섞여 있지 않은지 확인 후 삭제한다.

위의 방법을 적용할 경우 30~40페이지 이하의 파워포인트는 대부분 5MB 이하로 만들 수 있다. 가볍게 열리는 파일은 PC의 건강을 비롯하여 교수자의 마음까지 가볍게 할 것이다.

 **원칙 5. 비주얼 씽킹** Visual Thinking

필자의 아들이 28개월쯤 되었을 일이다. 말을 막 배우기 시작한 아들은 하고 싶은 말을 반복하면서 따라 했다. 어느 날 거실 소파에서 뒹굴며 놀던 아이를 스마트폰 영상으로 촬영하고 있었다. 이런 아들이 촬영하는 필자를 보면서 벌떡 일어나더니 이렇게 말하는 것이다.

"아빠 사가(사과)!"
"응? 뭐라고?"
"사가(사과) 사가(사과)"
"사과가 어디 있다는 거야? 어!? 애플 로고 사과?"
"응. 애프 사가(애플 사과). 애프 사가(애플 사과)"

▲ 반쯤 먹은 사과?

우리 부부는 아이폰 로고를 보며 사과라고 가르친 적이 없다. 그런데도 아이는 그것을 사과라고 인식을 하는 것이다. 아래 이미지는 울주 대곡리 반구대 암각화이다. 이 암각화는 선사시대에서 청동기 시대 전후의 것으로 추정된다고 한다. 아주 오래된 이미지임에도 불구하고 우리는 대부분 무엇을 말하는지 알 수 있다. 이것이 시각화의 힘이다. 특정한 이미지나 도해를 보고 그것이 무엇인지 어떤 의미를 가지고 있는지 이해할 수 있도록 만드는 것이다.

▲ 울주 대곡리 반구대 암각화
출처 : http://www.djenews.co.kr/news/articleView.html?idxno=93/

시각 자료를 만들기 위해서 우리가 가장 먼저 해야 할 일은 무엇일까? 노트북이나 컴퓨터의 전원을 켰다면 당신은 초보 교수자로 볼 수 있다. 시각 자료 구성의 시작은 종이와 펜으로 시작해야 한다. 작업하고자 하는 내용을 글과 이미지로 그려야 한다. 여기서 중요한 것은 생각의 제한을 두지 않는 것이다. 브레인 스토밍Brain Storming하듯이 나오는 대로 그려보고 쓰다 보면 종이에 초안이 만들어진다.

이미지와 글로 초안을 만드는 이유는 다음과 같다.
① 새로운 시각의 접근과 논리로 신선한 구조를 만들 수 있다. 새로운 정보를 만들어 내기도 하고 독특한 논리 구조가 생겨나기도 한다.
② MECE : Mutually Exclusive and Collectively Exhaustive할 수 있다. 항목들이 상호 배타적이면서 모였을 때는 완전히 전체를 이루는 것을 의미한다. 바꿔 말하면 '겹치지 않으면서 빠짐없이 나눈 것'이다.

이런 사전 자료는 전체를 조망할 수 있어 전체의 흐름을 만드는데 의미가 크다. 또한, 서로 겹치거나 중복되는 내용을 피해 작업을 할 수가 있다. 파워포인트를 열고 첫 페이지부터 1장씩 만들어 가다 보면 전체 흐름을 보기 어렵고 일부가 중복되거나 누락되는 일이 생긴다. 비주얼 씽킹은 전체를 조망하는 큰 이미지를 그리는 작업이다. 이것이 강파워 원칙 5 비주얼 씽킹Visual Thinking이다.

원칙 6. 무無 커서Cursor

당신이 호텔 식당에서 식사를 한다고 생각해 보자. 고급스럽고 아름다운 클래식 음악이 흐르고 옆자리 사람들도 모두 말끔하게 차려 입고 있다. 고급스런 서비스로 무장한 직원이 물과 와인을 따라준다. 대접받는 느낌이 매우 좋다. 옆 테이블에서 풍겨오는 음식 냄새가 마음을 한껏 부풀게 한다. 그런데 갑자기 시선을 떼지 못할 일이 생겼다. 직원 한 명이 그 식탁 위에 커다란 두루마리 화장지를 내려놓는 것이다. 가정용도 아니고 공공화장실에서 사용하는 대용량 두루마리 화장지 말이다. 당신의 기분은 어떨까?

▲ 두루마리 화장지가 웬 말인가

교수자의 파워포인트를 호텔 식당의 식탁이라고 생각해 보자. 많은 교수자들이 만든 식탁 위에 공공화장실용 두루마리 화장지가 하나 올라가 있다. 그것은 바로 커서cursor이다. 커서를 두루마리에 비유한 것을 보고, 두루마리가 아닌 것 같다고 생각할 분들도 있을 것이다. 그렇다면 커서란 무엇일까? 국어사전을 찾아보자면 '디스플레이 장치의 화면에서 입력 위치를 나타내는 표시'라고 되어 있다. 커서는 입력자가 내용을 입력하기 위한 도구이다. 따라서 커서를 보는 사람은 파워포인트를 작업하는 교수자이다. 정확히 보자면 학습자는 커서를 보고 있을 이유가 없다. 교수자는 학습자가 잘 차려진 식탁에서 식사를 할 수 있도록 도와줘야 하는 것이다.

필자가 본 어떤 교수자는 단 한 번도 정리해 본 적 없는 것 같은 바탕화면을 열어 학습자들에게 보여주며 여기저기 뒤지고 다니는 것을 본적이 있다. 폴더의 이름 또한 알집을 사용하면 제공되는 '종달새', '고니', '까치', '두루미', '원앙' 같은 폴더로 되어 있다. 그 교수자는 새들이 가득한 밀림 속에서 자신만이 알고 있는 길로 헤집고 나아가 파일을 찾아낸 뒤 강의를 시작하는 것이다. 강의 중간에도 자신이 원하는 정보를 보여주기 위해서 자신이 만들어낸 밀림을 뒤지고 다니다가 자신도 어디 있는지 모르겠다는 얼굴로 포기하는 모습도 보았다.

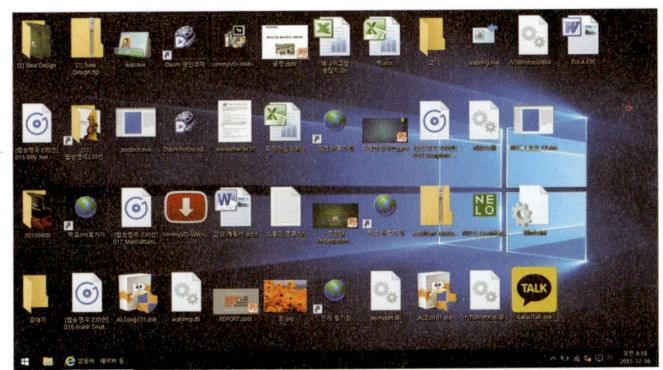

▲ 밀림 지대를 연상케 하는 바탕화면

필자는 오랜 시간 청소하지 않은 개인 화장실을 보는 듯한 느낌이 들었다. 그 교수자는 자신이 창조한 밀림을 모두 보여주면서도 창피함은 전혀 느끼지 못하는 얼굴이었다. 이 교수자의 모습 때문인지 강의는 두서 없이 느껴졌고 어딘지 모르게 정신 없었다.

무無 커서Cursor 원칙은 교수자의 작업 영역과 학습자의 노출 영역을 확실히 구분하는 것이다. 교수자가 작업하는 영역과 학습자에게 보여주는 영역을 완전히 구분하여 준비된 모습만 깔끔하고 정갈하게 보여줄 수 있어야 한다. 윈도우의 간단한 3가지 설정으로 우리는 깔끔하고 아름다운 호텔의 식탁을 만들 수 있다. 정성스럽게 준비한 테이블 셋팅과 오랜 노하우로 만들어낸 음식을 내 놓은 요리사처럼 우리는 학습자들에게 최적의 서비스를 제공해 보자.

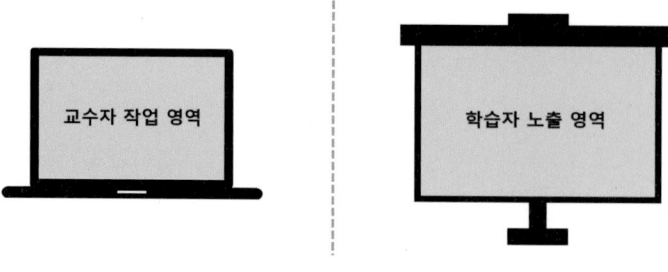

▲ 교수자 영역과 학습자 영역의 분리

원칙 7. 오케스트라Orchestra

오케스트라Orchestra는 관악기, 타악기, 현악기 모두가 함께 모여 연주하는 형태이다. 이 모든 악기가 모여서 하나의 큰 악기처럼 웅장하고, 감동적이며 아름다운 음악을 만들어 낸다. 오케스트라는 고대 그리스에서 연극을 공연할 때 연극 무대와 객석 사이에서 무용과 노래를 하고 악기 연주자가 앉는 공간이 있었는데 이 공간을 '오르케스트라'라고 불렀다는 것에서 유래되었다고 한다. 이들이 연주하는 음악은 오페라, 발레, 종교 음악, 가곡의 반주로도 사용된다.

▲ 연주 중인 오케스트라
출처: http://imgarcade.com/1/orchestra-drawing/

오케스트라 지휘자는 집단적 연주에 대해 몸동작을 통해 통일을 시켜 주는 사람이라고 한다. 또한 단순히 연주의 시작이나, 템포, 리듬을 통일할 뿐만 아니라, 뒤나믹, 아고긱, 프레이징을 비롯한 음악적 표현에 필요한 모든 해석을 연주자에게 지시하여, 작품을 재창조하는 연주가라고 한다.

파워포인트 작업에도 지휘자가 있다. 바로 파워포인트다. 파워포인트는 각종 소프트웨어와 하드웨어라는 악기의 앞에 서서 이들을 지휘한다. 그 지휘자가 파워포인트를 만드는 교수자이다. 교수자는 많은 악기들을 하나의 음악처럼 강연과 강의를 만들어 가는 것이다. 파워포인트의 형제격인 제품군의 특성을 이해하고 조화롭게 만드는 것이다. 대표적인 악기들로 윈도우, 윈도우 무비메이커, 프리젠터, 글꼴, 영상 플레이어, 음악 플레이어 등이 있다.

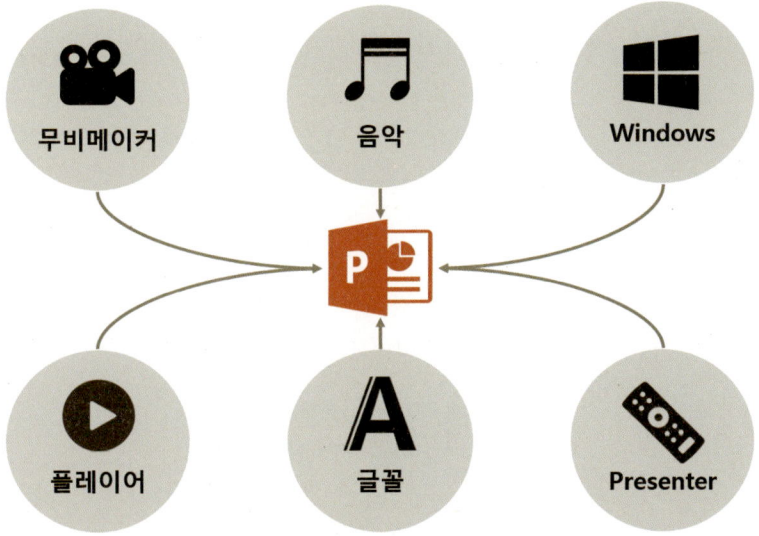

▲ 파워포인트를 중심으로 모두 상호작용을 한다

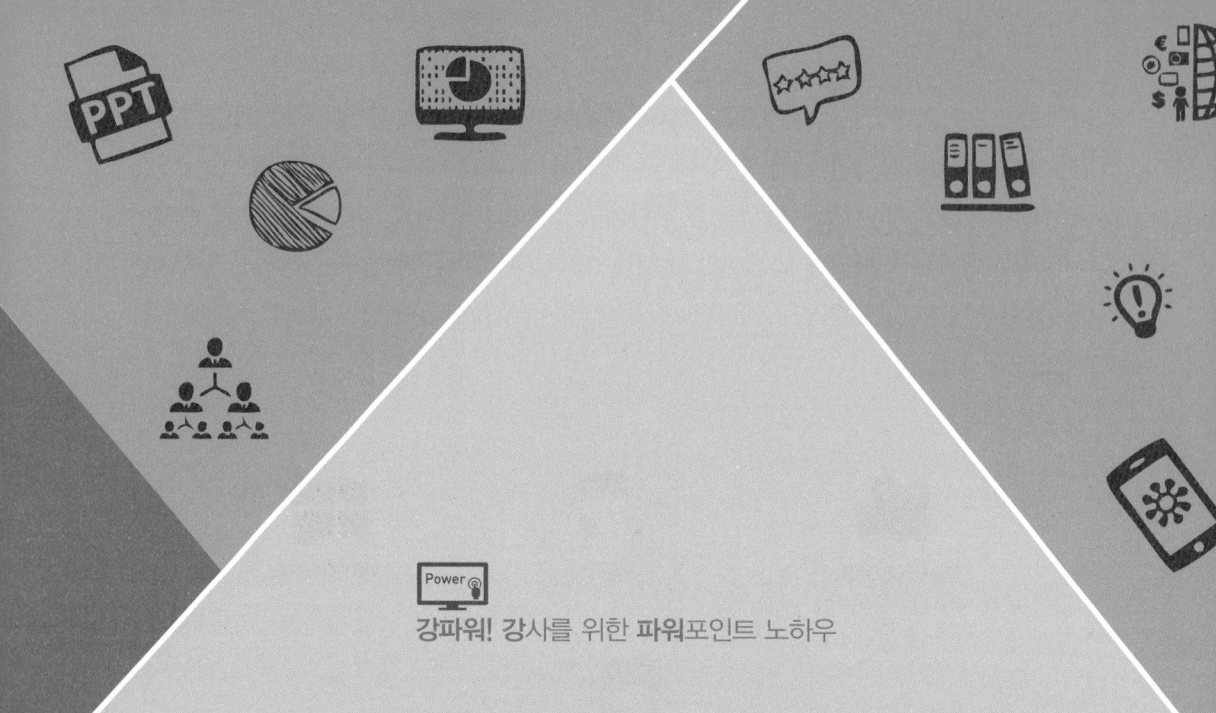

강파워! 강사를 위한 파워포인트 노하우

환경 구축
_노가다 PPT를 탈출하라!

좋은 집은 튼튼한 구조와 주변 환경이 좋은 곳이다. 강의용 파워포인트 또한 튼튼한 구조와 깔끔한 주변 환경을 필요로 한다. 이번에는 PC의 폴더 구성법, 강의용 파워포인트 파일 구성법, 파워포인트의 경량화, 빠른 작업을 위한 설정까지 교수자 파워포인트를 다루기 위한 기본 구성과 환경 설정에 대한 내용이다. 좋은 집을 만들기 위한 터잡기 과정이라고 볼 수 있다.

POWERPOINT FOR LECTER·TEACHER·PROFESSOR

환경 구축

교수자 PC는 다르다

01

'노가다'는 일본말이다. 한글로 표현하자면 '막일'이라 하는 것이 맞다. 흔히 우리가 사용할 때는 고되고 험한 일을 하는 사람, 특정 행위를 일컬어 말한다. 필자가 굳이 한글이 아님에도 사용하게 된 이유는 <u>강파워 원칙 1 속도 Speed</u> 때문이다. 속도의 원칙은 효율적인 작업 환경을 구성하고 빠른 작업 속도를 이용해서 파워포인트에 소요되는 시간을 최소화하고자 함이다. 이러한 작업 환경을 구축하기 위해서는 윈도우 PC를 사용하는 방법이 가장 중요하다고 할 수 있겠다. 지금부터 필자가 사용하는 PC와 그 환경을 소개하려 한다.

▲ 파워포인트 작업은 노가다ど-かた(dokata)와 다를 바 없다

작업용과 강의용이 나뉘는 것이 좋다

교수자용 PC는 작업용 PC와 강의용 PC를 나누어 사용하는 것을 권한다. 그 이유는 가장 효과적인 강의를 위해서, 또 강의용 PC의 건강을 지키기 위해서이다. 다음의 표는 필자의 작업용 데스크톱 PC와 강의용 노트북의 사용 용도를 표현한 것이다.

작업용 데스크톱 PC와 강의용 노트북의 분리

작업용 데스크톱 PC	강의용 노트북
• 대용량 영상 편집 • 포토샵 이미지 편집 • 파워포인트 작업 • 오피스를 이용한 잡무 • 은행 및 각종 결제 • 영화	• 강의 • 검색 • 메일

건강한 PC로 강의를 하자

강의용 PC가 노트북인 경우 포토샵Photoshop이나 동영상 렌더링Rendering을 하는 것은 근력 없는 어린 아이나 힘이 없는 노약자에게 노역을 시키는 것과 마찬가지다. 이런 약한 하드웨어에 각종 설치 프로그램과 은행 관련 프로그램, 그리고 영화까지 넣어 두었다면 그 PC는 중상을 당한 노약자와 다름 없다. 이러한 PC에서 강의용 파워포인트를 구동하다 보면 파일 하나 여는 것에도 힘겨워 한다. 또한 탐색기에서 C: 드라이브는 붉은 색으로 표시되며 힘겨워하고 있다.

강의용 노트북은 파워포인트 실행, 검색, 메일 확인 정도만 해야 한다. 각종 이미지, 영상, 은행, 및 결제 프로그램들은 건장한 데스크톱 PC에게 맡기는 것이 옳다. 필자는 실제 심한 중병을 앓던 노트북이 파워포인트를 최선을 다해서 돌리다가 장렬히 전사하는 경우도 본 적이 있다. 다음은 필자의 작업용 데스크톱 PC와 강의용 노트북의 하드웨어와 소프트웨어를 정리한 것이다.

작업용 데스크톱 PC과 강의용 노트북 비교

작업용 데스크톱 PC		강의용 노트북	
하드웨어	모니터 듀얼 모니터	하드웨어	SSD 노트북 128
	본체 HDD 5개		
소프트웨어	MS 오피스 2016	소프트웨어	MS 오피스 2016
	MS 무비메이커		MS 무비메이커
	포토샵		다음 팟플레이어
	다음 팟인코더		
	다음 팟플레이어		
	알씨		

업데이트에 신경 쓰자

이런 경험 있지 않은가? 강의나 수업을 하려는데 갑자기 노트북이 업데이트를 한다고 하루 종일 부팅을 하고 있는 것이다. 한국에서는 대부분 교수자들이 윈도우를 사용하고 있기 때문에 많은 교수자들이 종종 이런 경험이 있을 수도 있다. 평소 윈도우 업데이트를 꼼꼼히 체크하여 강의 중 업데이트가 되는 일이 없도록 주의하자.

▲ 업데이트의 중요성

이동 시에는 튼튼한 가방을 사용하자

실제로 필자는 강의를 하기 위해서 노트북을 열었을 때 노트북 액정이 깨진 경우도 있었다. 다행스럽게도 다른 하드웨어에는 영향이 없어 그대로 강의를 진행했지만 깨진 액정을 보는 내내 기분이 좋지 않았다. 만약 이동이 잦은 교수자라면 튼튼한 가방을 이용해서 노트북을 단단히 보호하자.

▲ 단단한 가방은 필수

환경 구축

프랙털 트리 Fractal Tree는 필수다

02

노가다どーかた(dokata) 작업을 탈출하기 위한 두 번째 환경 조성을 알아보자. 앞서 강파워의 7원칙에서 프랙털의 기본 개념에 대하여 이야기를 했다. 노가다 파워포인트를 탈출하기 위해서 프랙털 트리 원칙은 가장 필수적이다. 이 구성은 어디까지나 강의용 노트북을 이야기한다. 포토샵 작업이나 영상 작업 등은 대부분 데스크톱 PC에서 작업을 해오는 것으로 전제를 하고 다음과 같이 구성하는 것이다. 지금부터 프렉탈 트리의 2가지 핵심을 상세히 알아보자.

▲ 프랙털 트리의 나뭇가지 모양
출처 : http://lukaszkroenke.net/content

4가지의 폴더가 하나의 파워포인트를 이룬다

하나의 강의안을 만들기 위해서는 위의 4가지 폴더가 서로 반복적으로 사용되면서 그것이 전체의 강의 구조를 만드는 역할을 한다. 이것을 프랙털 트리의 핵심, 카트리지 시스템Cartridge System이라고 부른다. 파워포인트 작업에 필요한 것을 카트리지 시스템에서 순차적 정리를 하고 추후 하나씩 꺼내 조합하는 과정을 거쳐 만들어 가는 것이다. 이러한 카트리지 시스템을 구성해 두면 어떤 강의안이라도 노트북으로 매우 빠르고 효율적으로 콘텐츠를 재조합, 재창조를 해낼 수 있다. 실제 필자의 강의용 노트북 D: 드라이브는 다음과 같이 구성되어 있다.

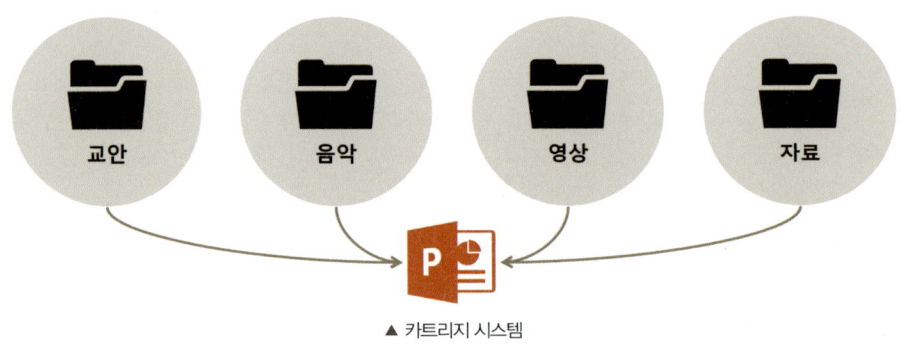

▲ 카트리지 시스템

이러한 시스템을 구축하지 않은 사례를 앞서 강파워 원칙 7 무無 커서Cursor에서 다룬 적이 있다. 이스트소프트의 알집Alzip을 사용하면 폴더명을 '딱따구리', '올빼미', '논병아리', '나무발발이', '가마우지'와 같이 제공한다. 새 이름으로 폴더를 구성하고 자신만의 생태계 구성해 둔 것이다. 혹시 독자 또한 새들이 가득한 밀림 속에서 자신만이 알고 있는 길로 헤집고 나아가 파일을 찾아 강의를 하지는 않는가? 이러한 상태로 정리가 되어 있다면 콘텐츠를 확대, 재생산은 고사하고 PC를 중환자로 만드는 지름길이다.

▲ 알집이 생성해주는 폴더로 만들어진 생태계

각 폴더에서 Level 4까지만 만든다

▲ Level 4까지의 폴더

효율적인 관리를 위해서는 최상위 폴더를 기본으로 하는 하위 폴더를 4개 이하로 만드는 것이 좋다. 폴더 4개 이상을 내려가면 자신이 어떻게 구조화했는지 기억을 못하는 경우도 있으며 카트리지 시스템을 구축하는데 더욱 많은 시간이 소요된다. 일반적으로 이러한 것을 <u>트리플 로직 트리</u>라고 부른다. 그러나 교수자의 폴더 트리는 하위 폴더가 상호 연관성이 깊고 유사 가지 형태를 추구하기 때문에 프랙털의 개념을 사용하게 되었다. 그렇다면 Level 1부터 상세 내용을 알아보자.

1 | 폴더 Level 1 – 교안, 영상, 음악, 데이터

교수자가 가지고 있는 교수용 폴더는 이렇게 4가지로 구분하는 것이 가장 바람직하다.

첫 번째, 교안 폴더는 강의에 사용하는 파워포인트 파일을 보관한다.
두 번째, 영상 폴더는 파워포인트에 사용되는 영상을 보관하는 폴더이다. 파워포인트 2010 버전 이상부터 영상 파일이 하이퍼링크의 개념이 아닌 파일 포함으로 적용된다. 따라서 파워포인트에 영상을 넣어두면 용량을 많이 차지하게 되어 오류율까지 높인다. 영상 폴더는 별도 관리한다.
세 번째, 음악 폴더는 교육에 사용하는 여러 콘셉트의 음악을 체계적으로 분류해둔 곳이다.
마지막, 데이터 폴더는 교안을 작성할 때 필요한 데이터를 보관하는 곳이다.

2 | 폴더 Level 2 – Program 1

두 번째 레벨에서는 가진 속성에 따라 프로그램 개념으로 분류된다.

교안 아래 폴더에는 교수자가 강의하는 교과 Level 1이 있다. 필자의 경우 기업 교육에서의 협상, 프레젠테이션 등을 강의하는 교수자이기에 이에 맞는 교과로 구성되어 있다. 영상 아래 폴더의 경우 교안 폴더에 대한 영상을 모아 두는 곳이다. 따라서 교안 폴더와 동일한 구조를 갖는다. 음악 아래 폴더는 분위기에 따른 폴더링이 중요하다. 즐거운 분위기 연출, 창의적인 작업, 내면의 대화, 팀원들과의 토론 등 분위기에 맞는 음악을 폴더로 준비한다. 데이터 아래 폴더는 교안을 작성하기 위해서 만들어 내는 새로운 파워포인트나 자료를 보관해 두는 곳이다. 즉 강의를 준비하는 곳이다.

3 | 폴더 Level 3 – Program 2

교수자에 따라 교안 폴더의 세 번째 레벨이 필요하지 않은 경우도 있다. 만약 이런 경우 폴더 Level 4의 내용을 이곳에 적용하면 된다. 영상 폴더의 경우 교안 폴더와 동일하다. 음악 폴더의 경우 창의적인 작업을 할 때는 Abba 앨범을, 서로 조용한 대화가 필요한 경우 유키구라모토의 앨범을 준비한다. 데이터 폴더의 경우 10분, 30분, 60분 단위로 구성한 활기Activity를 넣어 둔다.

4 | 폴더 Level 4 – Daily

마지막 레벨에서 교안 폴더는 3가지 원칙을 갖는다. 바로 날짜, 시간, 대상이다.

예를 들면 이런 이름이다.

15-02-09 8H 00기업 / 15-03-27 4H 00기업

이유를 함께 알아보자.

:: 날짜

교수자의 강의는 늘 업그레이드하게 된다. 작년에 했던 내용이 다르고 올해 강의하는 내용의 논리와 파워포인트 구조가 다를 수 있다. 이것을 보관해두는 것은 매우 중요하다. 상황에 따라서 기존에 작업해둔 자료가 더 적합할 수도 있기 때문이다. 날짜별로 보관하면 자신 강의의 변천사를 보는 듯하여 뿌듯한 느낌이 들 수도 있고 창피함에 얼굴이 상기되거나 추억에 잠기는 경우도 있다.

:: 시간

시간을 입력하는 이유는 시간별로 내용의 구성을 줄이거나 늘이기 때문이다. 어떤 경우는 2시간 동안 모든 이야기를 해야 하고 어떤 경우에는 같은 내용으로 4시간이 주어지는 경우도 있다. 따라서 시간에 맞는 어떤 논리를 사용했는지 아는 것은 매우 중요하다. 또한 폴더를 열어보지 않아도 몇 시간 강의인지 한눈에 알아볼 수 있다.

:: 대상

필자의 경우 제조업부터 IT, 마케팅 부서까지 기업 전반의 부서를 만난다. 따라서 그 강의가 어떤 회사의 대상자인지를 남겨 두는 것은 매우 중요한 일이다. 만약 학습자 대상이 한정적이라면 굳이 적어둘 필요는 없다.

프랙털 트리는 교수자의 개개인이 노가다 파워포인트를 탈출하기 위해서 만드는 교수자 PC의 생태계이다. 이 환경을 구성하고 있다면 강의 파워포인트를 응용하는데 매우 빠른 속도와 효율적인 작업이 가능해진다.

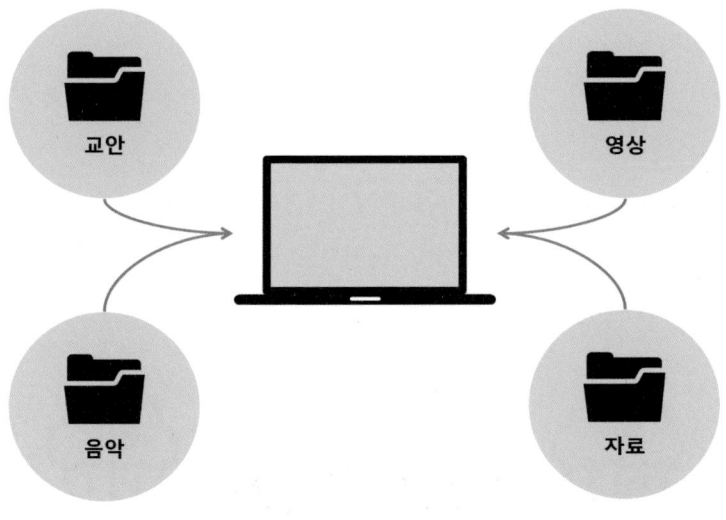

▲ 필자 노트북의 구성

환경 구축

머핀 박스 Muffin Box를 구성하라

03

앞서 함께 나눈 머핀 박스 이야기가 있다. 필자의 아들에게 준 맛있는 선물 말이다. 아이가 즐거워하고 신나는 모습 상상해 보면 참 즐거운 일이다. 필자는 강의가 선물이라 느껴야 한다고 생각한다. 아이처럼 순수하게 교육의 콘텐츠를 받아들이며 즐거움과 재미를 느끼는 것이 진짜 교육 아닐까? 논어에서는 학이시습지불역열호學而時習之不亦說乎라는 말이 나온다. '배우고 익히면 이 또한 기쁘지 아니한가?' 그렇다. 진짜 교육은 학이시습 머핀 박스가 되어야 한다.

그렇다면 어떻게 하면 교육이 머핀 박스가 될 수 있을까? 머핀 박스는 프랙탈 트리의 교안 폴더 Level 3 또는 Level 4에 해당하는 원칙으로 파워포인트 파일의 구성 원칙에 대한 이야기이며 학습자들에게 여러 가지 머핀을 맛보게 하는 작업이다.

▲ 1Hour 1File

1Hour 1File 구성하라

만약 독자께서 7시간 강의 또는 7차시 강의를 한다면 파워포인트 파일은 몇 개인 것이 좋을까? 1개인가? 아니다. 7시간의 강의를 위해서는 7개의 파일을 구성해야 한다. 왜 시간마다 구성해야 할까? 이유는 2가지이다. 청킹Chunking과 경량화 때문이다. 청킹은 강의 내용과 참여 방법, 그리고 강화에 대한 내용이며 경량화는 파워포인트 관리에 대한 내용이다. 경량화의 원칙은 바로 다음 장에서 상세하게 설명할 것이다.

1Hour 1File 개념은 하나의 사건으로 시작되었다. 기업에서 사내 강사 시절 3시간 강의 파일을 약 100여 장, 25MB가량의 용량 파일을 가지고 있었다. 어느 날 강의 중 노트북이 운영체제 오류를 일으키며 닫히게 되었다. 당시에는 별다른 생각 없이 재부팅 정도만 해두고 파일을 신경 쓰지 않았다. 며칠 뒤 강의를 하기 위해서 파일을 실행시켰다. 그런데 갑자기 열리지 않는 것이다. 몇 분 뒤 겨우겨우 열렸으나 이상하리만큼 로딩 속도가 늦었다.

▲ 파일의 오류

첫 시간을 마치고 쉬는 시간에 원인을 찾기 시작했다. 그러다 이상한 점이 발견되었다. 파일이 250MB로 10배 정도 커진 것이다. 그날 밤 원인을 찾기 위해서 백방으로 검색해 보았지만 찾을 수 없었다. 궁여지책으로 복사본을 만들고 페이지를 하나씩 지우고 다른 이름으로 저장을 시작했다. 100페이지 250MB 파일을 100여 차례 저장한다는 것은 참으로 무모한 짓이었지만 억울한 생각에 어금니 물고 견디며 저장을 해갔다. 작업 중 67페이지쯤 지우고 나자 파일 크기가 원래의 크기로 돌아오는 것이었다. 그때 알게 되었다. 오류는 일부 페이지에서 발생하기도 한다는 것이다.

그 사건 이후부터 **1Hour 1File** 개념을 도입했다. 20페이지 자료와 100페이지 자료가 문제를 일으키는 것은 차원이 다른 이야기다. 머핀 박스의 원칙은 사내 강사 시절 노트북의 수난으로 시작된 것이다. 위기는 위험한 기회라고 했던가? 그 이후 필자의 파워포인트 오류율은 낮아졌고 문제 해결은 수월해졌다. 필자의 강의를 예로 들자면 다음과 같은 구성을 갖는다. 시간별 구성마다 각각의 파워포인트를 구성하고 있다. 강의할 파워포인트를 1시간 단위로 잘라 놓는 것이다.

Muffin Box	Muffin
16-01-03 7H	[1] Opening 01 ICE Breaking
비즈니스 협상	[2] 기본적 이해 02 협상 정의 & 유형 분석
	[2] 기본적 이해 03 협상 BATNA & ZOPA
	[2] 기본적 이해 04 협상 실행 4기준, RO모델
	[3] 협상의 준비 05 상도 인삼 영상 및 토론
	[3] 협상의 준비 06 의사결정권자와 협상하라
	[3] 협상의 준비 07 협상 의제를 복수화하라

▲ 필자 머핀 박스의 머핀들

파워포인트 파일의 미리 보기를 하면 모든 파일의 첫 머리는 다음과 같이 표지 페이지로 동일하게 보이도록 구성한다.

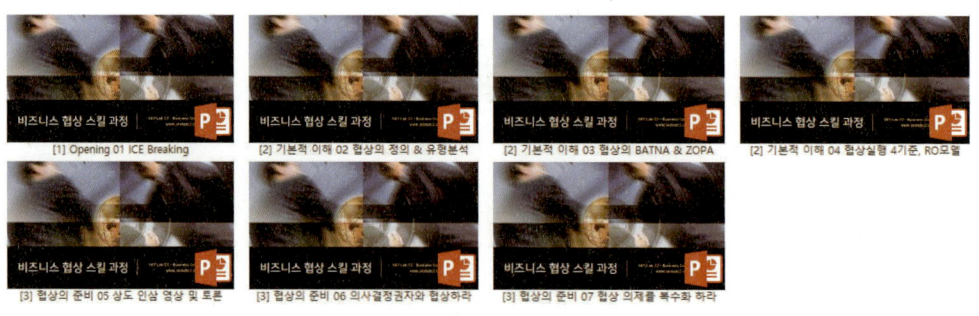

▲ 파워포인트 미리 보기 설정

1시간을 1개의 파일로 구성하면 다음과 같은 장점이 있다.
① 파일에 오류가 나거나 문제 시 해결 확률이 높다.
② 청킹 디자인이 용이하다.
③ 강의(수업) 흐름이 한눈에 보인다.

청킹Chunking하라

청킹은 원래 뇌 과학 관련된 용어이다. 그 정의를 보면 '기억 대상이 되는 자극이나 정보를 서로 의미 있게 연결시키거나 묶는 인지 과정'이라고 말한다. 창의적 교수법으로 유명한 밥 파이크Bob Pike는 그의 저서에서 청킹을 CPR 이론으로 주장한다. CPR이란 1시간 동안 내용Content, 참여Participation, 강화Review and Reinforce를 하나로 묶어 반복적으로 인지시킨다는 것이다. 또한 1시간에 3번의 반복을 하며 뒤로 갈수록 난이도를 높인다는 것이다.

▲ CPR 이론

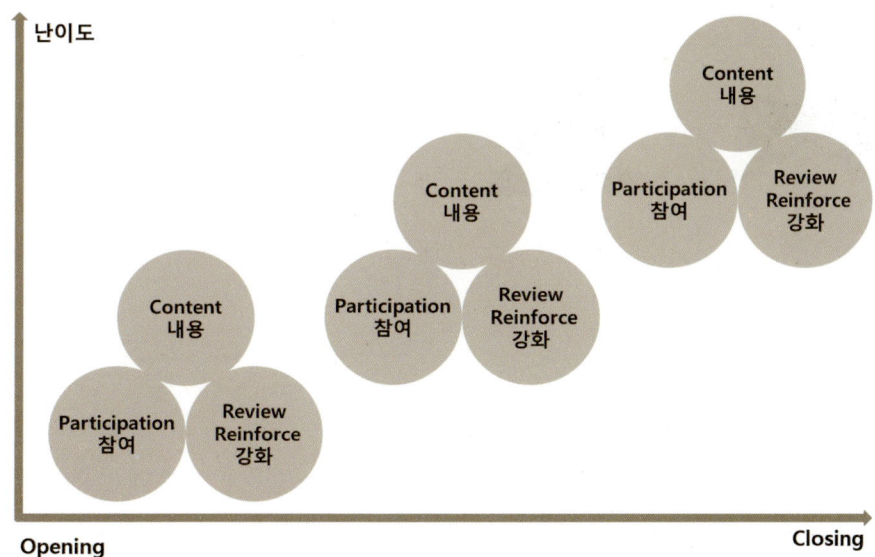

▲ CPR 이론과 난이도의 상승

이 이론에 일부분은 동의하나 일부는 현실적이지 못하다. 가장 큰 문제는 강화이다. 현실에서 20분 단위로 강화하는 것은 매우 어려운 일이다. 필자의 경험상 가장 효과적인 강화는 간헐적 강화 Interval Reinforcement이다. 교육이 마무리된 시점부터 몇 주 또는 몇 달 이후 간헐적으로 학습한 내용을 강화하는 것이다. 경험상 망각 곡선을 늦출 수 있는 가장 좋은 방법이라 생각한다.

그러나 이 CPR 이론이 가장 강력한 이유는 시간 단위로 덩어리, 즉 청킹으로 만들어야 한다는 주장 때문이다. 필자 또한 이 말을 크게 공감한다. 이러한 이유에서 1시간에 1개의 파일로 만들되 그 안에 내용과 참여 기법을 적절하게 만들어 넣어야 하는 것이다. 참여 기법은 다음과 같은 여러 가지 구성으로 되어 있다.

참여 방법의 종류

▲ 토론   ▲ 퀴즈   ▲ 창의적 작업   ▲ 문제 해결
▲ 게임   ▲ 설득   ▲ 진단   ▲ 협상

다시 머핀으로 돌아가 보자. 딸기 머핀은 향긋한 딸기향과 맛이 난다. 초코 머핀은 카카오의 맛과 달콤함이 풍긴다. 머핀은 각각의 고유한 특색을 가지고 있다. 강의도 머핀과 똑같다. 구성하고 있는 시간별로 서로 다른 맛을 가지고 있어야 하며 교육이 진행되면서 서로 다른 맛을 느낄 수 있어야 한다. 서로 다른 맛을 구성한다면 다음과 같은 덩어리 요소를 구성할 수 있다.

Muffin	Chunking
[1] Opening 01 ICE Breaking	내용 – 토론 – 내용 – 진단 – 영상 – 강화
[2] 기본적 이해 02 정의 & 유형 분석	내용 – 문제해결 – 내용 – 설득 – 내용 – 강화
[2] 기본적 이해 03 기본 이해 BATNA & ZOPA	내용 – 영상 – 토론 – 진단 – 협상 – 강화
[2] 기본적 이해 04 실행 4기준, RO모델	내용 – 문제해결 – 게임 – 강화
[3] 협상의 준비 05 상도 인삼 영상 및 토론	내용 – 협상 – 토론 – 발표 – 강화
[3] 협상의 준비 06 의사결정권자와 협상하라	내용 – 영상 – 토론– 발표 – 영상 – 토론 – 강화
[3] 협상의 준비 07 의제를 복수화하라	내용 – 협상 – 영상 – 토론 – 협상 – 강화

▲ 머핀과 청킹

그렇다면 참여 방법은 어떻게 만들 수 있을까? 교수법에 대한 교육을 받거나 관련된 책을 보는 것도 방법이다. 필자가 느끼는 최고의 참여 방법은 학습자들에 대한 관찰과 고민에 의해서 나온다고 생각한다. 학습자들을 보면서 여러 가지 참여 기법을 적용하다가 기존보다 발전된 참여 기법을 개발해 내는 것이다. 그리고 그 방법에 의해서 변화되거나 기뻐하는 학습자들을 보면 큰 기쁨과 희열을 느낀다.

이것이 교수자로 살아가는 보람이 아닐까?

04

독자님의 강의용 파워포인트의 용량은 평균적으로 얼마나 되는가? 필자의 파워포인트를 기준으로 볼 때 20페이지 기준 3~4MB 정도이다. 만약 30MB 이상을 가지고 있다면 다음과 같은 증세가 있을 확률이 있다. 파워포인트 로딩 속도가 매우 느리다. 만약 건강 상태가 안 좋은 PC라면 더욱 오래 걸릴 것이다. 파워포인트의 오류 확률이 높아질 수 있다. 갑자기 오류가 나면서 열리지 않을 확률이 높다. 마지막으로 강의용 PC 공간 드라이브가 부족해서 붉은 경고를 할 확률이 높다. 필자는 이러한 파워포인트를 비만 파워포인트, 동맥경화 파워포인트라고 부른다.

▲ 비만 파워포인트

가볍고 작은 파워포인트는 날렵하고 세련되다. 어떤 때는 아름답기까지 하다. '깃털처럼 가벼운 파워포인트 만들기', 이러한 원칙을 필자는 강파워 원칙 4 에어Air라고 부른다. 이것은 비단 속도와 작업의 효율성뿐만이 아니다. 가벼운 파워포인트는 강의용 PC와 교수자의 정신 건강까지 지킬 수 있다. 자칫 강의용 PC에 문제가 생기면 수많은 자료를 잃을 수도 있다. 이런 상황에 오면 교수자 또한 멘탈 붕괴가 올 확률이 높다. 가볍게 열리는 파일은 PC의 건강을 비롯하여 교수자의 마음까지 가볍게 할 것이다. 지금부터 구체적인 방법을 알아보자.

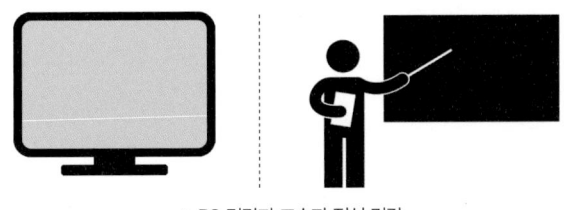

▲ PC 건강과 교수자 정신 건강

프랙털 트리 원칙을 적용한다

에어의 원칙은 여러 다른 원칙들과 유사성을 갖는다. 그 중 첫 번째는 프랙털 트리이다. 2010 버전부터 모든 영상은 파워포인트 파일 자체로 같이 저장되기 시작했다. 2007 버전까지는 링크 형태로 연결되었다. 링크의 편리한 점은 파워포인트의 경량화에 기여를 했지만 여러 가지 불편한 점을 가져왔다. 파일을 옮기면 플레이가 되지 않는 것이다. 일반적인 교수자들은 이러한 사실을 모르고 파워포인트 파일만 가져왔다가 낭패를 보는 경우가 종종 있었다. 물론 2013 버전부터는 연결과 파일 내 포함에 대한 선택이 가능해졌다. 이 부분은 '제2장 무비메이커는 동생이다'의 내용을 참조하자.

영상이 파워포인트에 함께 저장되면서 이러한 불편한 점은 사라졌지만 노트북이나 PC 용량의 문제점을 가져오기 시작했다. 필자는 이러한 이유에서 영상 폴더를 따로 관리하기 시작했다. 즉 사용하지 않은 파워포인트는 영상 페이지만 두고 영상을 제거한 뒤 저장해두는 것이다.

▲ 프랙털 트리는 형제 원칙들과 상호 작용한다

🖥 이미지를 최소 무게로 줄여서 삽입한다

구글에서 구한 이미지가 2MB라고 가정을 해보자. 만약 유사한 이미지를 10개만 삽입해도 파워포인트 용량은 곧 20MB를 넘게 될 것이다. 이것이 비만 파워포인트가 되는 지름길이다. 자연스럽게 파워포인트의 저장 용량과 오류율이 높아지며 로딩 속도는 저하될 것이다. 파워포인트는 이러한 속성을 알고 있다. 따라서 이미지 파일 자체를 파워포인트에 맞게 적용시키는 기능을 가지고 있다. 2가지 방식에 대해 알아보자.

 **방법 1 – 이미지 압축 옵션 사용하기**

이미지 압축 옵션은 파워포인트 내에서 이미지 파일 크기를 줄이는 방법이다. 이미지 압축 옵션 활용법은 다음과 같다.

01 이미지 개체를 클릭한 후 [그림 도구]–[서식] 탭–[그림 압축]을 클릭한다. [이미지 압축] 대화상자에서 압축 옵션을 설정한 후 [확인]을 클릭한다.

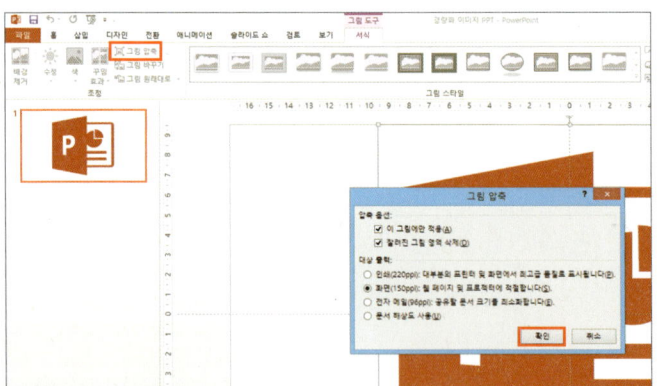

02 '압축' 기능을 활용하면 다음과 같이 파워포인트 파일 용량이 줄어든 것을 확인할 수 있다.

▲ 이미지 압축 전

▲ 이미지 압축 후

 **방법 2 – 이미지 저장 이후 다시 불러오기**

이미지를 파워포인트에 삽입 후에 이미지를 따로 저장한다. 따로 저장한 이미지를 활용하는 방법이다. 활용법은 다음과 같다.

01 이미지를 선택한 후 마우스 오른쪽 버튼을 클릭해 [그림으로 저장]을 클릭한다.

02 나타나는 대화상자에 저장을 한다. 이미지를 불러 올 때는 [삽입] 탭–[그림]을 클릭해 저장된 이미지를 다시 불러온다.

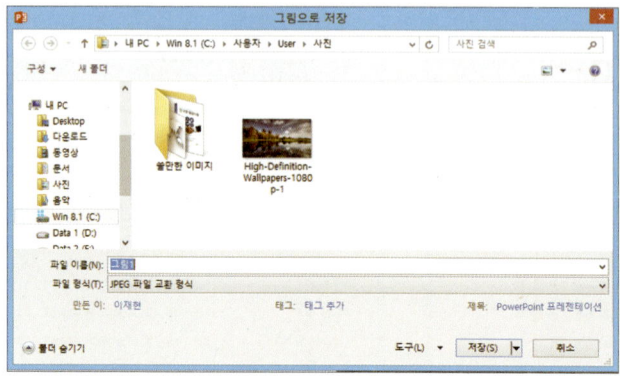

03 그림과 같이 파워포인트 파일 용량이 줄어든 것을 확인할 수 있다.

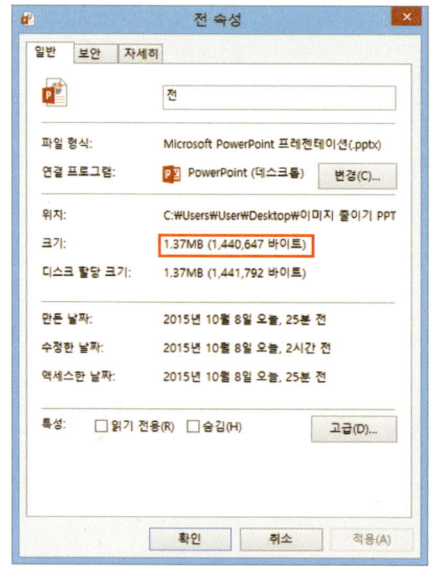
▲ 이미지 압축 전

▲ 이미지 압축 후

위와 같이 이미지로 저장 후 저장한 이미지를 삽입하면 다음과 같이 파워포인트 파일 용량이 줄어든 것을 확인할 수 있다. 파워포인트는 보여주기 위한 시각 도구이다. 따라서 파워포인트에 필요한 최소한의 해상도만 남기고 용량을 줄이게 된다. 이렇게 저장을 하게 되면 파워포인트는 최소의 용량을 유지할 수 있다.

:: 2가지 방식의 차이점

필자가 추천하고 싶은 방법은 방법 2이다. 그 이유는 성능 때문인데 정확한 수치는 아니지만 실제로 사용을 해보면 방법 1의 이미지 압축 옵션의 경우 60%~30%가량 용량을 줄여준다. 이 정도 압축도 좋다. 그러나 방법 2처럼 이미지 저장 이후 다시 불러오기하면 90%에서 최대 130%까지 용량을 줄여준다. 위의 사례를 보더라도 1.37MB에서 187KB로 변화된 것을 볼 수 있다. 현재 사용하는 파일의 용량이 부담스럽지 않다면 방법 1을, 용량이 부담스럽다면 방법 2를 사용하자.

스마트아트 SmartArt의 속성을 바꿔라

파워포인트 2007 버전에서 처음으로 선보인 스마트아트의 그 놀라움은 이루 말할 수 없었다. 마이크로소프트의 목적은 파워포인트 작업을 하면서 포토샵 사용을 최소화하겠다는 취지에서 시작되었다. 사용자 관점의 편의성과 여러 도해는 매우 유용했다. 그러나 얼마 가지 않아 문제가 발생하기 시작했다. 하나의 파일에 10개 이상의 스마트아트를 삽입한 파일이 심각한 오류를 일으키기 시작한 것이다.

파일이 열리지 않거나 그냥 깨지는 등 알 수 없는 잦은 오류가 발생했다. 이러한 이유를 마이크로소프트에서도 알게 되었을 것이다. 2010 버전부터는 스마트아트로 작업된 파일을 도형으로 전환할 수 있는 기능이 생겼다. 파워포인트의 사용 목적은 도형과 이미지다. 속성을 도형으로 전환하자 파일 크기는 작아졌고 오류율은 크게 낮아졌다.

스마트아트 속성 변경하기

01 [삽입] 탭-[스마트아트]를 클릭하고 [SmartArt 그래픽 선택] 대화상자에서 그래프를 선택하고 [확인]을 클릭한다.

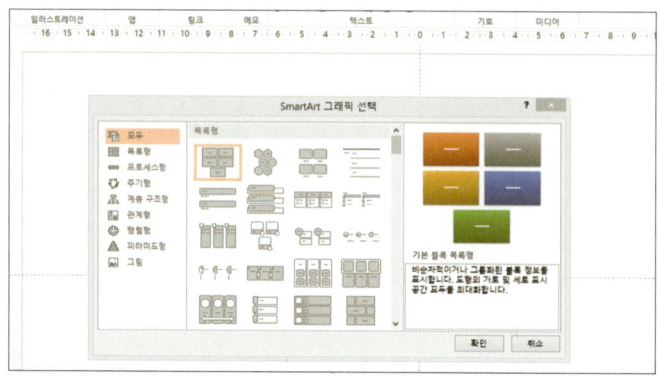

02 스마트아트에서 생성된 그래프에 마우스 오른쪽 버튼을 클릭하여 [도형으로 변환]을 클릭한다. 도형의 색을 변경하고자 하는 경우에는 스마트아트 그래프 상태에서도 가능하고 도형으로 변환한 후에도 가능하다.

03 스마트아트 속성이 변하면서 도형의 속성을 갖게 된다.

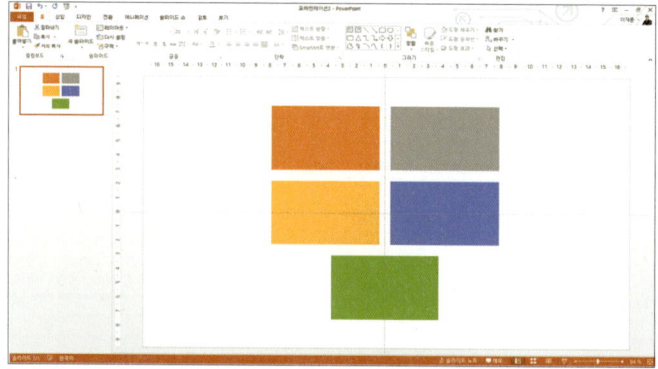

> **TIP** 여기서 주의할 점이 있다. 도형으로 변환되고 나면 다시 스마트아트로 돌릴 수 없다. 따라서 스마트아트 형태의 작업이 불가능해진다. 도형으로 돌리기 전에 완벽한 작업을 하거나, 원본 스마트아트는 그대로 두고 하나를 복사해서 그 것으로 도형을 만들어 작업하면 된다.

불필요한 마스터 디자인이 있는지 확인한다

모방은 창조의 어머니가 맞다. 그러나 모방을 했다면 흔적은 지우고 본인의 자료 만들어야 한다. 강의를 준비하기 위해서 다른 사람들이 작업한 파워포인트를 복사해서 붙이는 경우가 많다. 중요한 것은 어떤 자료를 가져다 붙일 때 그 파일에 적용된 마스터까지 같이 따라 온다는 것이다. 이 사실을 모르는 교수자가 매우 많다.

이것은 마치 자동차 트렁크에 200kg 바벨 뭉치 들고 달리는 것과 같다. 혼자 타는 자동차는 연비가 좋아야 할 것이다. 그러나 나도 모르는 사이에 올라탄 200kg 무게를 들고 달려야 하니 자동차는 기름을 더 소비해야 하고 가속에 힘겨운 것이다. 마스터 디자인을 만드는데 2MB가량의 크기로 만들었다고 생각해 보자. 여러 가지 좋은 것들을 취합하고 나니 몇 장이 되지 않는데도 20MB가 불어난 경우를 볼 수 있다. 이런 경우 다음과 같이 사용해 보자.

1 | 불필요한 마스터가 비만 파워포인트를 만든다

마스터는 교수자용 파워포인트 작업을 위해서 디자인, 레이아웃, 폰트, 안내선 등을 설정하는 곳이다.

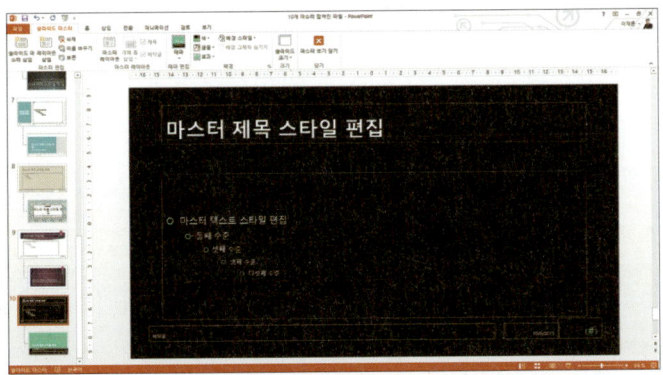

▲ 정리되지 않은 마스터

이 파워포인트에는 10개의 불필요한 디자인이 마구 들어와 있다. [보기] 탭-[슬라이드 마스터]를 클릭하면 복사하면서 따라온 마스터들이 들어있다. 이곳에서 확인하고 사용하지 않는 마스터는 지워서 없애도록 하자.

2 | 불필요한 마스터를 삭제하자

무겁게 들고 다녔던 마스터를 지워보자. 사용하지 않는 디자인은 모두 삭제가 된다. 그러나 종종 지워지지 않는 디자인을 만날 수 있다. 현재 사용하고 있기 때문이다. 만약 사용하지 않음에도 불구하고 지워지지 않는다면 오류의 확률도 있음을 기억하자.

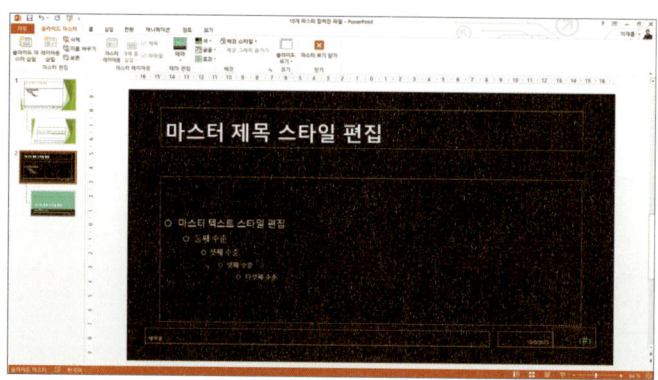

▲ 정리된 마스터

페이지당 애니메이션의 양을 줄인다

필자가 기업에 근무할 당시 라인 설계를 위한 파워포인트를 접한 적이 있다. 각 부속이 연결되는 과정을 애니메이션으로 만든 것이다. 1페이지에 애니메이션이 약 100여 개가 설정되어 있었다. 부속을 설계하기 위해서 이렇게 작업했다는 것을 이해하지만 1페이지의 100여 개 애니메이션을 재생하려다 보니 속도가 나지 않고 파워포인트, 노트북 또한 매우 버거워하는 것 같았다.

이런 경우 애니메이션을 바꿔야 한다. 만약 100개의 애니메이션을 사용해야 한다면 1페이지당 10개 정도의 애니메이션만 적용하는 것이다. 따라서 1페이지가 아니라 10페이지에 걸쳐 애니메이션을 하는 것이다. 이렇게 한다면 애니메이션의 부하를 어느 정도 줄일 수 있다.

일반적으로 1페이지에 애니메이션은 10개 이하로 적용해야 한다고 본다. 그 이유는 앞서 말한 과한 애니메이션은 재생 속도를 떨어트리기 때문이다. 또한 1페이지에서 20개 이상의 애니메이션을 하면 집중도 또한 떨어진다. 말하고 싶은 내용이 있다면 페이지를 복사하여 애니메이션을 분할하는 것을 추천한다.

애니메이션이 많이 필요한 파워포인트의 경우 여러 장에 나누어 애니메이션을 삽입하는 방법을 알아보자.

 애니메이션 나누어 삽입하기

01 다음과 같이 1페이지의 슬라이드에 많은 애니메이션이 있는 경우에는 다음과 같이 슬라이드 복제를 통해 애니메이션을 여러 슬라이드에 분산시키는 것이 좋다.

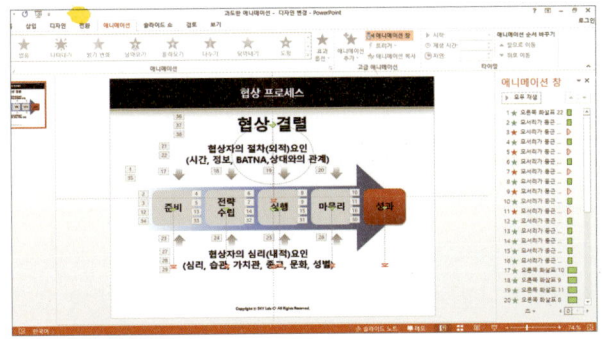

02 1번 애니메이션부터 11번 애니메이션까지 삽입한 이미지이다. 이 상태에서 슬라이드 복제를 해서 기존에 있던 애니메이션을 삭제하고 다음 애니메이션을 삽입한다.

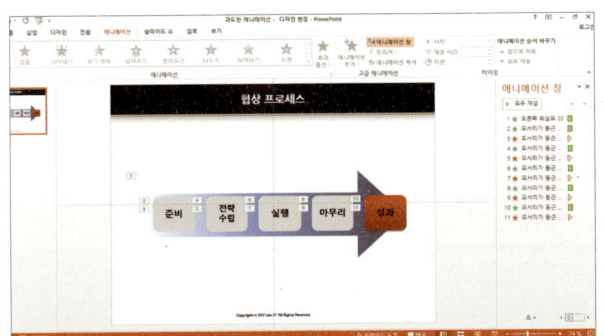

03   필요한 텍스트를 만들고 애니메이션을 설정한다.

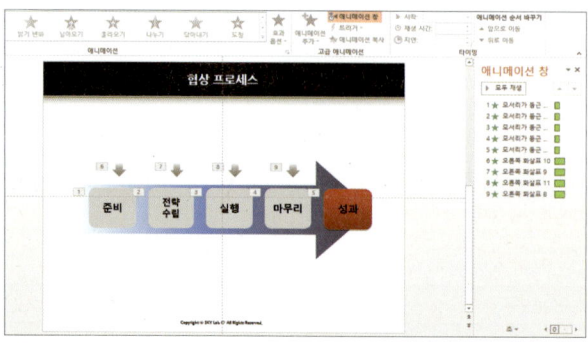

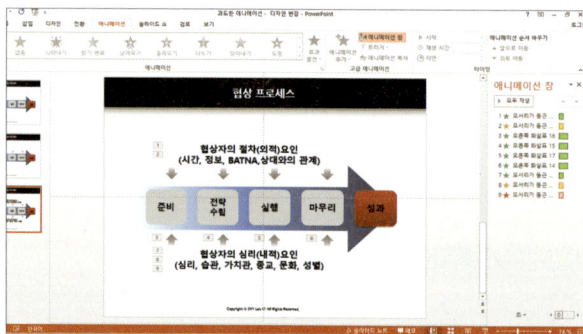

04   이처럼 1페이지에 많은 애니메이션이 있는 슬라이드를 여러 장으로 나누어 애니메이션을 삽입하면 슬라이드 쇼 속도를 정상적으로 유지할 수 있고 PC가 버거워하는 것을 방지할 수 있다.

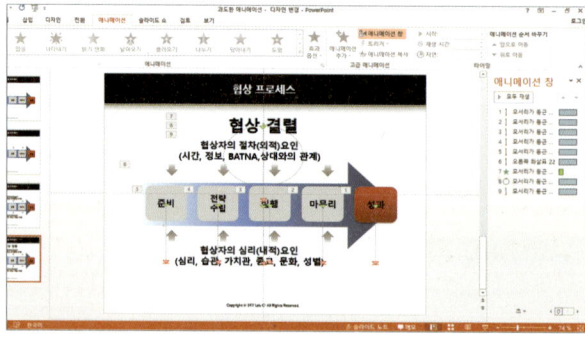

환경 구축

마스터 Master를 마스터하라

05

주먹구구식의 노가다 작업을 탈피하기 위한 세 번째는 파워포인트 마스터에 대한 이해이다. 영어사전에서 마스터, 'Master'를 찾아보면 가장 먼저 나오는 단어가 '주인'이다. 또 다른 의미는 '익히다, 통달하다'라는 의미를 가지고 있다. 파워포인트 작업에서 마스터를 이해하고 사용하는 것은 '노가다'를 줄이는 가장 획기적인 방법이다.

마스터란 무엇일까?

마스터는 파워포인트 전체를 통일감 있는 디자인과 서식으로 설정할 수 있는 부분이다. 흔히 템플릿이라고 불리는 것들이 마스터 디자인이라고 볼 수 있다. 필자는 가르치는 과목별로 디자인과 색을 달리하여 구분한다. 마스터의 이해는 속도의 원칙의 가장 중요한 요소 중 하나이다. 따라서 미리 디자인이 된 파워포인트를 가지고 작업에 임한다면 매우 빠른 속도로 작업을 할 수 있다.

마스터에서는 다음 같은 내용을 사전 설정한다.
① 슬라이드 크기를 4 : 3, 16 : 9 배율을 선정한다.
② 눈금자, 눈금선, 안내선을 설정한다.
③ 전체적인 색감과 레이아웃 등 디자인을 정한다.

마스터의 구성요소

마스터의 가장 위에 조금 큰 마스터 아래로 조금 작은 크기의 레이아웃이 11개가 있다. 마스터 최상위의 마스터를 최상위 마스터, 또는 모(母) 마스터라고 부르자. 그 이유는 본 마스터에 디자인을 하면 모든 전체에 똑같은 영향을 미치기 때문이다. 강파워 디자인에서는 사용하지 않는다.

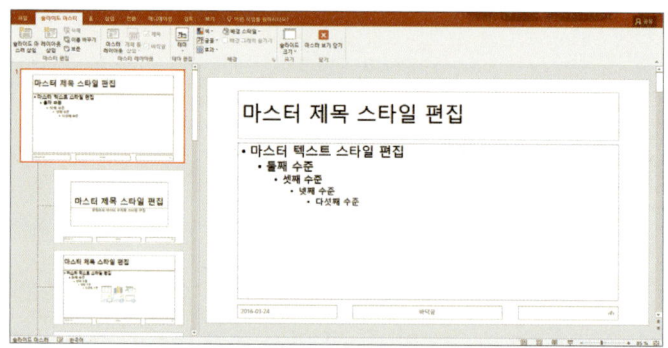

▲ 가장 위에 있는 마스터는 최상위 마스터는 또는 모(母) 마스터라고 한다

최상위 마스터 아래에는 11개의 레이아웃의 마스터들이 있다. 이들은 레이아웃 마스터 또는 자(子)마스터라고 부르며 각각의 개별적인 레이아웃과 개성을 갖고 있다.

슬라이드 마스터의 기본 구성(2010 버전)

4	콘텐츠 2개	
5	비교	
6	제목만	
7	빈 화면	
8	캡션 있는 콘텐츠	
9	캡션 있는 그림	
10	제목 및 세로 텍스트	
11	세로 제목 및 텍스트	

마스터 6형제만 남겨두자

모든 파워포인트 버전에는 11개의 레이아웃을 제공한다. 그러나 이 모든 레이아웃이 필요한 것은 아니다. 우리 작업에 필요한 것은 마스터 6형제이다. 6개는 다음과 같으며 이것을 제외한 다른 장표는 삭제해도 무방하다. 마스터 6형제 역할은 다음 표와 같다.

마스터 6형제

마스터	6형제	사용법
	표지 페이지 (=제목 슬라이드)	교수자용 파워포인트의 첫인상이다. 첫인상이 오래 가는 것처럼 신중하게 결정한다.
	내용 페이지 (=제목 및 내용)	가장 많이 사용되는 페이지이다. 바탕은 가능한 흰색을 추천한다. 유사한 여러 레이아웃으로 만들어도 좋다.
	구역 머리글 페이지	본 과정의 Chapter 또는 장(章) 구분을 뜻한다. 앞으로 진행될 내용을 축약하여 보여준다.
	메시지 페이지	중요한 내용을 메시지로 전달하기 위해서 사용된다. 다수의 페이지를 보유해도 좋다.
	영상 페이지	영상을 삽입하기 위해 사용하는 페이지이다.
	종료 페이지	하나의 머핀이 끝났음을 알리는 페이지이다. 잠시 쉬어간다.

메시지 페이지, 영상 페이지, 종료 페이지는 남아있는 레이아웃 중 하나를 골라서 레이아웃을 모두 지운 뒤 사용한다. 따라서 빈 페이지처럼 보일 것이다.

안내선과 눈금선, 스마트 가이드를 이해하자

최근 학습자들의 수준이 높아지면서 많은 교수자들이 균형이 잡힌 디자인과 깔끔한 디자인을 원한다. 파워포인트는 이미지, 텍스트 등 배치에 따라서 완성도가 달라지며, 레이아웃을 얼마나 깔끔하게 만드냐에 따라서도 달라진다. 자유 형식 파워포인트에서는 최소량의 텍스트 배치와 이미지로 승부를 보기 때문에 이러한 배치가 매우 중요하다. 디자인 박스 형식 파워포인트 또한 논리적 일관성이 매우 중요하다. 따라서 어떤 유형이든 안내선, 눈금선과 스마트 가이드를 잘 사용해야 한다.

1 | 안내선

안내선은 가로와 세로를 표시해주는 안내선이다. 개체를 잡지 않은 곳에서 마우스 오른쪽 버튼을 클릭하거나 Alt + F9 를 누르면 안내선이 표시된다.

:: 일반 안내선

안내선에 따라서 텍스트 이미지 레이아웃 등 구도를 잡는다. 이 안내선을 따라 작업하지 않은 파워포인트는 일관성이 없고 조잡한 느낌이 난다. 빈 공간에 마우스 오른쪽 버튼을 클릭한 후 [눈금 및 안내선]-[안내선]을 클릭하면 생성된다. 2016 버전부터는 세로, 가로 안내선 추가 기능이 추가됐다.

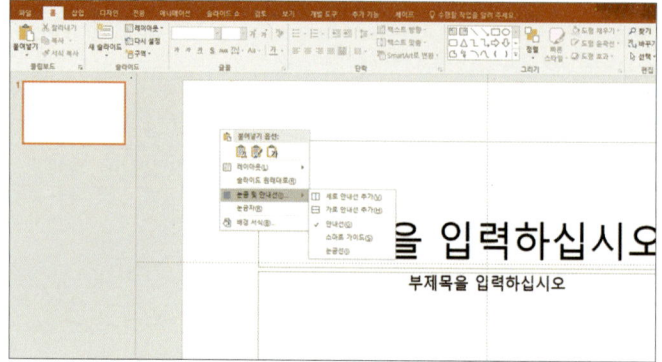

▲ 안내선 적용 방법

더 많은 안내선이 필요한 경우 [안내선] + Ctrl 을 누른 뒤 마우스로 드래그를 하면 여러 줄의 안내선을 만들어 낼 수 있다.

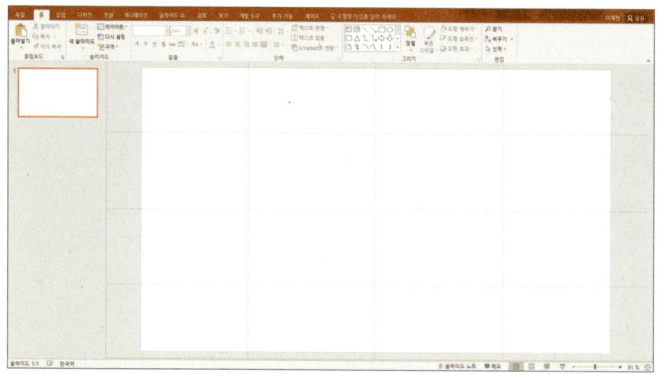

▲ 안내선 추가 방법

:: 마스터 안내선

2013 이전 버전의 파워포인트에서는 일반 안내선만 있었다. 그러나 안내선이 작업 환경에 드러났다는 것은 매우 불편한 일이다. 도형이나 다른 작업을 하면서 안내선을 자칫 잘못 클릭하여 없어지는 경우도 있고 원하지 않았음에도 생성되는 경우가 있었다. 안내선은 실행 취소(Undo, Ctrl + F9)를 해도 제자리로 돌아오지 않았다.

그러나 2013 버전부터는 마스터 안내선이 도입되었다. 마스터에 안내선을 그려놓고 작업을 시작하면 안내선으로 인한 실수가 거의 대부분 사라진다. 파워포인트 작업이 더욱 수월해 진 것이다. 마스터 안내선은 [보기] 탭-[슬라이드 마스터]를 클릭한 뒤 슬라이드 빈 공간에 마우스 오른쪽 버튼을 클릭하면 다음과 같이 메뉴가 표시되며 [눈금 및 안내선]-[안내선]을 클릭하면 붉은색 점선으로 표현된다. 여러 줄이 필요한 경우 일반 안내선과 마찬가지로 [안내선] + Ctrl 을 누른 뒤 마우스로 드래그를 하면 여러 줄의 안내선을 만들어 낼 수 있다.

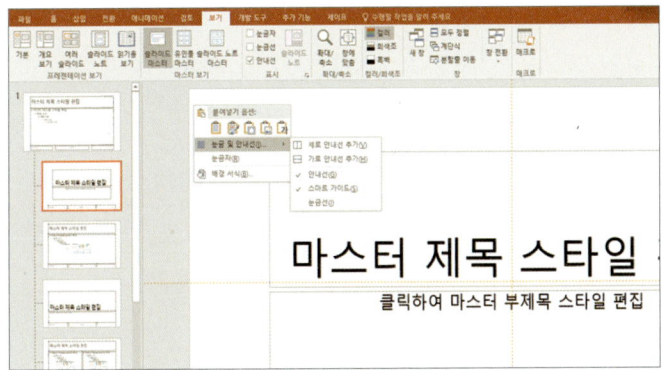

▲ 마스터 안내선

2 | 눈금선

안내선과 눈금선은 크게 2가지 차이가 있다.

첫 번째, 안내선이 개인이 줄 수를 수동으로 설정하는 방식이라면 눈금선은 바둑판처럼 격자 무늬를 두어 전체 레이아웃을 맞춘다.

두 번째, 안내선은 클릭과 드래그로 움직일 수 있지만 눈금선은 설정을 해두면 움직이지 않는다. 눈금선 표시 단축키는 Shift + F9 이다.

눈금선 생성하고 설정하기

01 빈 공간에 마우스 오른쪽 버튼 클릭 후 [눈금 및 안내선]-[눈금선]을 클릭하면 눈금선이 생성된다.

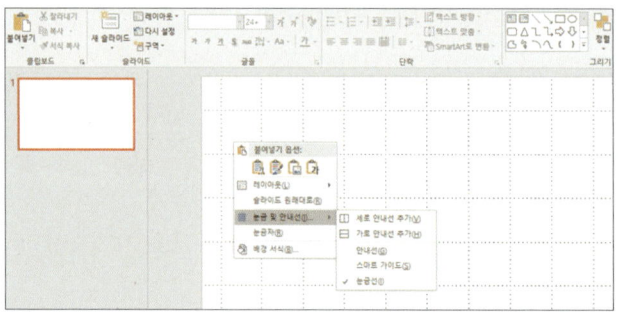

02 [보기] 탭-[옵션]을 클릭하고 [눈금 및 안내선] 대화상자에서 눈금선과 안내선의 격자 크기를 설정할 수 있다.

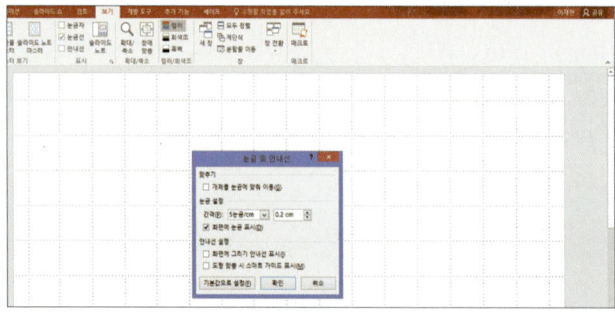

3 | 스마트 가이드

안내선과 눈금선을 기본으로 더욱 빠른 작업을 가능하게 하는 또 다른 기능이 있다. 바로 '스마트 가이드'이다. 이름 그대로 편리하게 기준선을 잡아주는 기능이다. 빈 공간에 마우스 오른쪽 버튼 클릭 후 [눈금 및 안내선]-[스마트 가이드]를 클릭한다.

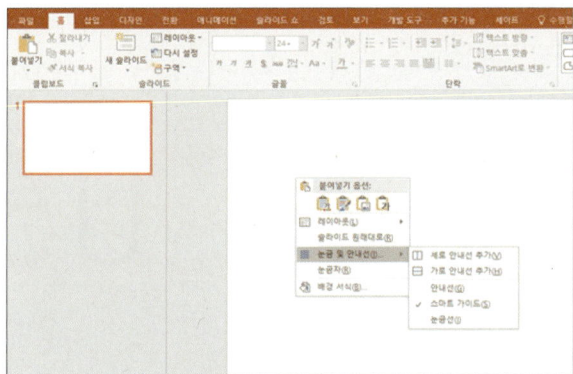

▲ 스마트 가이드 선택 방법

도형을 연속해서 3개 정도를 만들 경우 첫 번째 도형을 만들고 Ctrl 을 누르고 드래그하면 각 개체의 간격이 동일하게 유지되도록 붉은색 가이드 라인이 나타나는 것을 알 수 있다. 스마트 가이드는 주위의 다른 개체와 배열하고 싶을 때 빨간선으로 가이드를 잡아준다. 아름다운 파워포인트를 위해서 매우 유용한 기능이다. 선택해 두고 늘 사용하기를 권장한다.

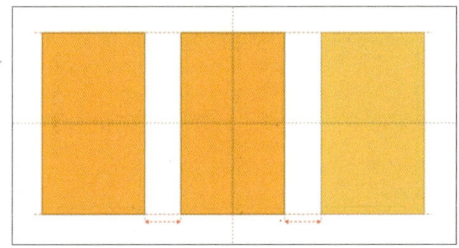

▲ 붉은 색의 스마트 가이드로 배열에 도움을 받을 수 있다

> **TIP** 한 화면에 텍스트나 도형을 여러 개 배치할 때는 마우스로 하나씩 끌어놓기보다는 한 개체를 기준으로 정렬하는 기능(파워포인트에서는 '맞춤' 기능)을 이용하는 것이 효율적이다.

환경 구축

디자인 박스를 만들어라

06

필자는 스타워즈의 전설적 인물인 마스터 요다를 좋아한다. 잘 모르고 보면 못생기고 키 작은 외계인이다. 그러나 제다이 기사단의 그랜드 마스터로서 기사들에게 정신적인 스승의 역할을 한다. 미래학자 멜린다 데이비스는 그의 저서 〈욕망의 진화〉에서 요다를 '요다이즘Yodaism', 세상의 어려움을 헤쳐 나가기 위해 강한 존재에 의존하는 현상으로 소개할 정도로 마스터 요다의 역할을 높이 평가했다.

▲ 스타워즈의 요다
출처: myfaroo.com/gamasutra.aspx

강의용 파워포인트에도 요다와 유사한 스승 역할이 있다. 바로 디자인 박스이다. 이것은 필자가 만들어낸 고유 명사로써 강의용 파워포인트의 생산성을 200% 올려 줄 수 있다고 생각한다. 디자인 박스의 구성은 최상위 마스터, 또는 모母 마스터는 제외하고 자子 마스터 6개를 이용해서 만든다. 앞서 말한 마스터 6형제를 이용해서 만드는 것이다.

마스터 6형제를 만들어라

마스터 6형제는 교수자용 파워포인트로 가장 최적화된 구성이라고 말할 수 있다. 다음의 표는 마스터 6형제의 예이다.

1 | 4 : 3 크기의 마스터 디자인

파워포인트 출시 초기부터 2010 버전까지 파워포인트 화면 비율 초기값은 4 : 3 비율이었다. 그러나 2013 버전 출시와 함께 초기값이 16 : 9로 변경되었다. 이 변화는 TV와 모니터, 스마트폰까지 많은 디바이스가 와이드 비율로 나오기 때문으로 생각된다. 16 : 9는 4 : 3보다 상하는 변함없고 좌우가 더 넓어졌다고 보면 된다. 비율이 달라짐에 따라서 디자인이 달라진다.

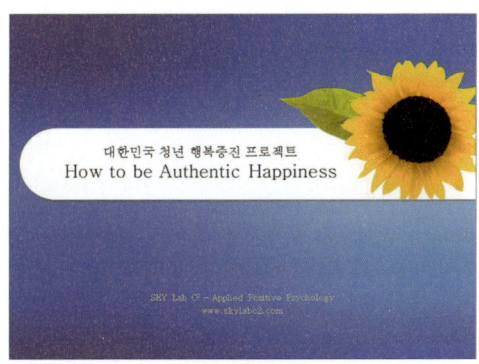
▲ 표지 페이지

▲ 구역 머리글 페이지

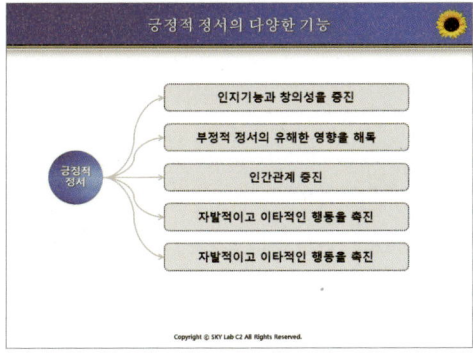
▲ 내용 페이지

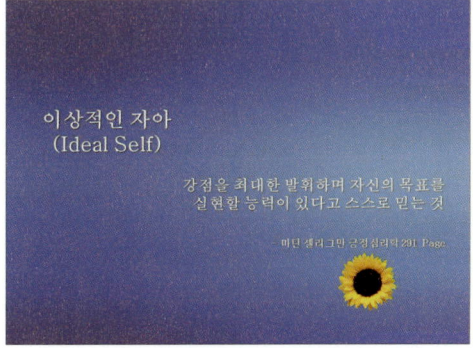
▲ 메시지 페이지

▲ 영상 페이지　　　　　　　　　　　　▲ 종료 페이지

2 | 16 : 9 크기의 마스터 디자인

16 : 9 비율은 좌우가 늘어난 만큼 여백을 이용한 디자인에 용이하다. 그러나 기존의 4 : 3 크기의 자료를 복사하여 붙여넣기하면 레이아웃이 어수선하게 변형된다. 수정 작업이 불가피하다.

▲ 표지 페이지　　　　　　　　　　　　▲ 구역 머리글 페이지

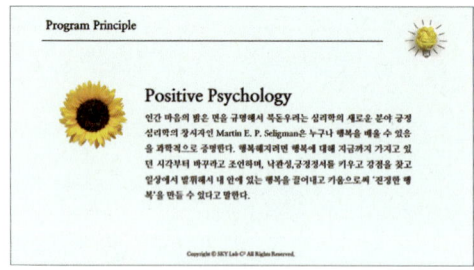

▲ 내용 페이지　　　　　　　　　　　　▲ 메시지 페이지

▲ 영상 페이지

▲ 종료 페이지

🔆 모든 것은 하나의 이미지에서 시작된다

파워포인트 작업에서 가장 중요한 것은 일관성이다. 일관성을 지키기 위해서는 색감을 유사하게 사용해야 하고 도형과 도해 간의 유사 컬러를 중요한 포인트로 가지고 가는 것이 매우 중요하다. 그러나 도형과 도해 간의 유사 컬러를 사용하기 위해 파워포인트에서 제공하는 컬러로는 한계가 있고 그 방법 또한 여러 번의 클릭을 해야 하는 등 불편함이 따른다. 이러한 경우 필자가 제안하는 강력한 툴을 이용해 보자.

구글에는 무료 이미지가 매우 많다. 1차적으로 1장의 이미지를 선택한다. 선택 이후 여러 이미지와 함께 합성하여 디자인 레이아웃을 만들어 본다.

1 │ 이미지 자르기

다음은 필자가 실제로 강의하는 하나의 디자인이다. 하나의 이미지에서 각 부분별로 정한다. 그리고 이 부분을 각각 잘라내기를 해보자.

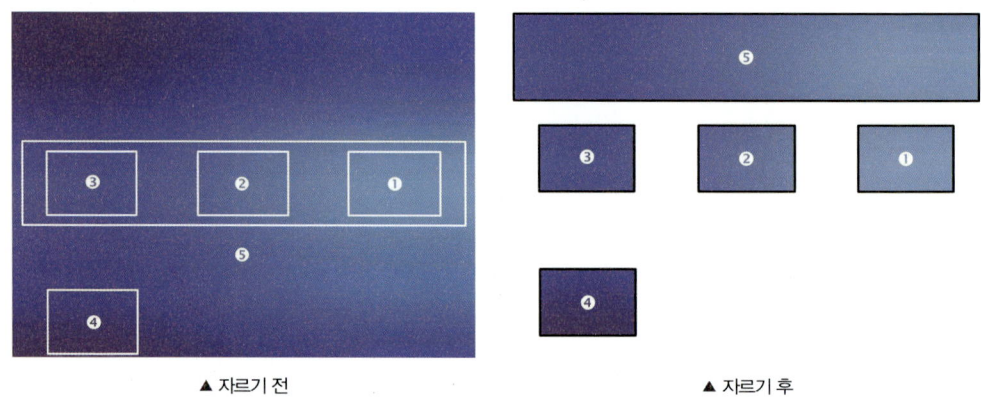

▲ 자르기 전　　　　　　　　　　　▲ 자르기 후

2 │ 이미지 저장하기

각 이미지별로 저장을 한다. 하나의 폴더에 모아둔다. 특히 5번은 그러데이션이 있음으로 회전을 시켜가면서 여러 가지 버전으로 저장해 둔다. 5번의 경우는 여러 각도로 잘라서 6, 7, 8번으로 만들어 둔다. 다음과 같은 이미지들이 폴더에 만들어 진다. 이제 적용할 수 있는 컬러는 모두 준비되었다. 이제 일원화된 디자인을 만들어 보자.

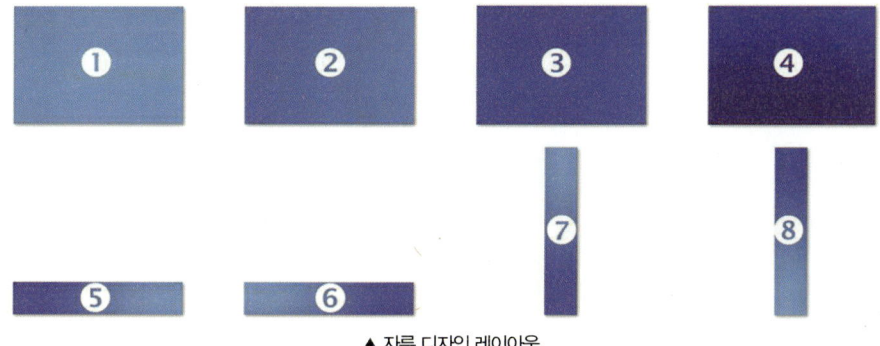

▲ 자른 디자인 레이아웃

3 | 이미지 활용하기

이렇게 잘라낸 이미지를 이용하여 다음과 같은 도해나 차트 그래프를 만들어 보자. 도형에 채워 넣기하여 원하는 도형이나 그래프에 넣으면 된다. 하나의 이미지를 이용해서 일관된 디자인을 유지할 수 있다.

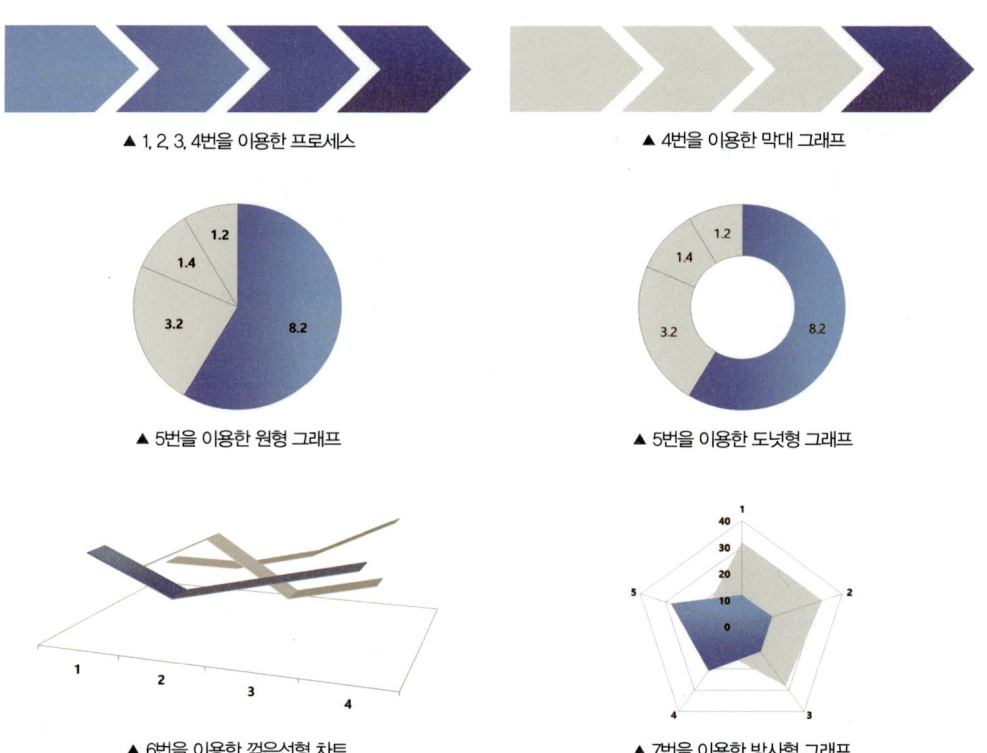

▲ 7번을 이용한 피라미드 도해

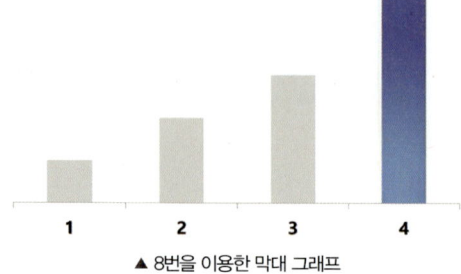
▲ 8번을 이용한 막대 그래프

환경 구축

단축키는 적토마赤兎馬이다

07

적토마赤兎馬는 삼국지에 나오는 전설적인 말이다. 이 말은 적색의 갈기를 휘날리며 반월도를 휘두르는 관우를 태우고 적진을 종횡무진 달렸다. 관우는 왼손에는 말의 고삐를, 오른손에는 그 유명한 반월도를 들었다. 비록 소설 속 이야기지만 관우 입장에서는 목숨을 내놓고 싸우는 전장에서 적토마는 한 몸과 같은 존재였을 것이다. 교수자들에게 이러한 한 몸 같은 친구가 필요하다. 우리의 전장은 화살이 빗발치는 곳이 아닌 키보드와 마우스가 중요한 곳이다. 적진을 향해 달리는 것은 적토마가 아닌 왼손이며 병장기는 반월도가 아닌 오른손이다.

▲ 단축키는 적토마

🖥 왼손 사용을 늘려보자

우리 뇌는 좌뇌와 우뇌로 이루어져 있고 중추 신경을 거치면서 우리 몸의 우측 부분과 좌측 부분을 교차하여 관장하는 것으로 알려졌다. 우뇌는 주로 창조, 종합, 예술, 운동 등을 담당하며 좌뇌는 효율, 분석, 과학, 사고 등을 담당한다. 중요한 사실은 우뇌에 의한 영향을 많이 받는 왼손잡이들은 대다수의 오른손잡이보다 창의성이 뛰어나다고 한다. 그래서일까? 아인슈타인과 다빈치 등 상당수의 천재적인 사람들이 왼손잡이로 유명하다.

작업에서 단축키의 비율을 높인다는 것은 왼손의 사용을 늘린다는 의미이다. 왼손을 사용하면 좌뇌 사용 비중이 높아지면서 창의성이 높아질 확률이 높다. 당연히 파워포인트는 창의성과 직결된다.

🖥 왼손 사용으로 건강을 지키자

정보화 시대 이후 생긴 몇 가지 질병들이 있다. 마우스 사용으로 인한 손목과 어깨 통증, 과도하게 모니터를 바라보다 생기는 일자목 증후군, 변비, 시력 감퇴까지 발병한다. 왼손으로 턱에 괴고 오른손으로 장시간 마우스를 딸깍거리기만 한다면 당신의 건강은 이러한 증상에 노출될 수 있다. 따라서 왼손 사용으로 작업시간을 대폭 줄이기 위해서는 빠르게 움직이는 왼손 단축키가 필수적이다.

▲ 손목터널증후군 · 일자목 증후군 · 변비 · 시력 감퇴

하루 5분 단축키의 힘!

하루 5분 단축키 연습을 통해서 시간을 단축해 보자. 작업 시간을 1/2로 줄이겠다는 의지를 가지고 시작을 해보자.

하루 5분 실천하기

 타이머 준비	타이머를 꺼내자. 스마트폰에도 기본 타이머와 각종 앱이 많이 있다. 쿠킹 타이머도 좋고 스톱워치도 좋다. 5분 설정을 하고 그 시간만큼은 반드시 단축키만 쓰겠다는 의지를 다진다.
 하루 5분, 한 달	이미지 저장은 마우스 오른쪽 버튼 클릭 + S + Enter 이다. 의지를 가지고 매일 5분씩 만 단축키 타임을 갖고 연습을 한다. 이런 시간을 한 달만 지내면 대부분의 단축키를 외울 수 있다. 하루 5분 단축키 타임을 가져라!

> **TIP** 2013 버전 이상부터 '스마트 가이드' 기능으로 간격 조정과 정렬을 기본적으로 해주기 때문에 레이아웃 잡기가 매우 편하다. 따라서 클릭 수가 줄었고 작업 시간이 더욱 감소되었다.

단축키 모음

파워포인트 작업에 유용한 단축키와 강의용 단축키를 다음과 같이 제공한다. ⓒ는 **Ctrl**을, ⓢ는 **Shift**를, ⓐ는 **Alt**를 의미한다. 즉 **S** 위의 ⓒ는 **Ctrl** + **S**를 눌러 실행한다는 의미이다.

1 | 강파워 작업용 핵심 단축키 모음

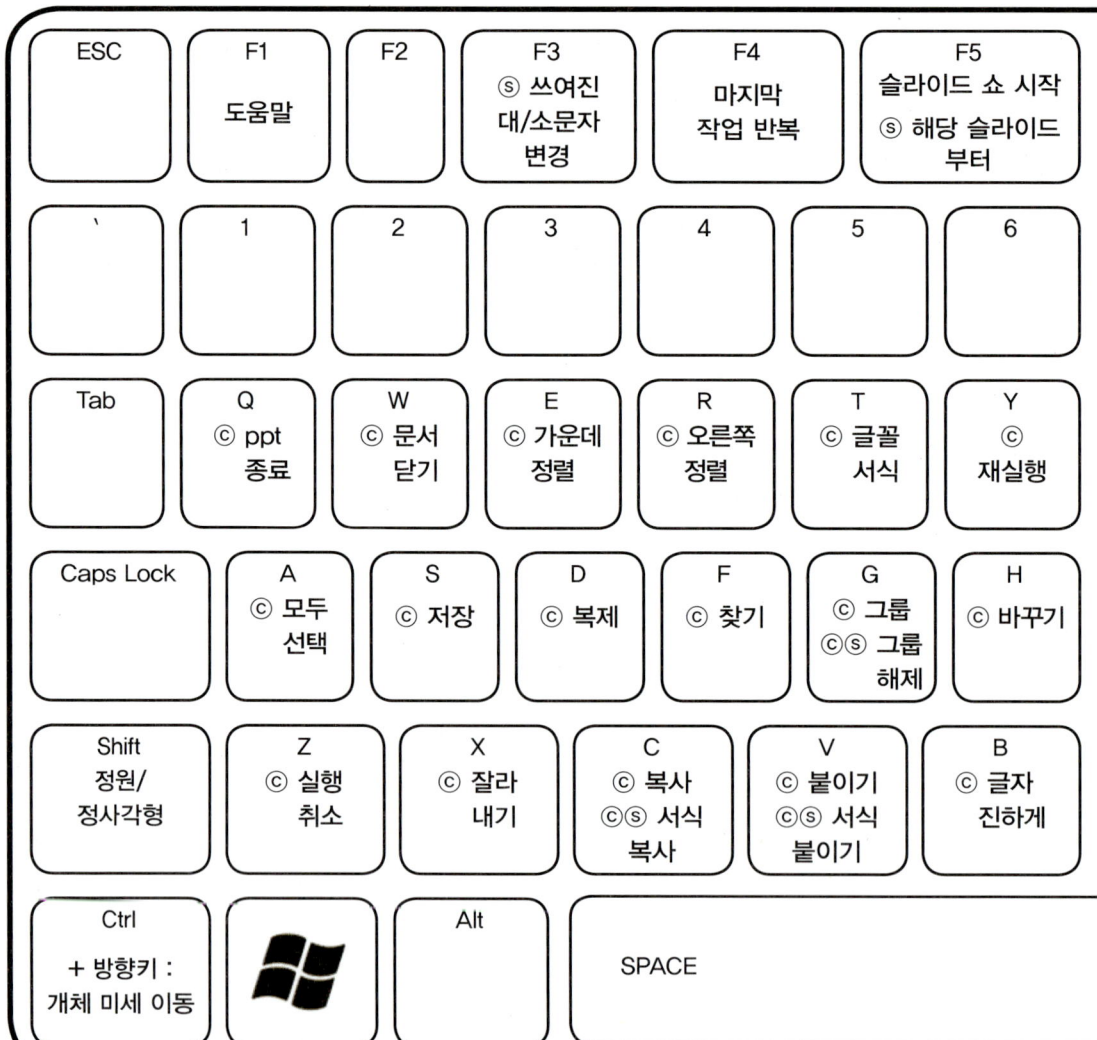

2 | 강파워 강의용 핵심 단축키 모음

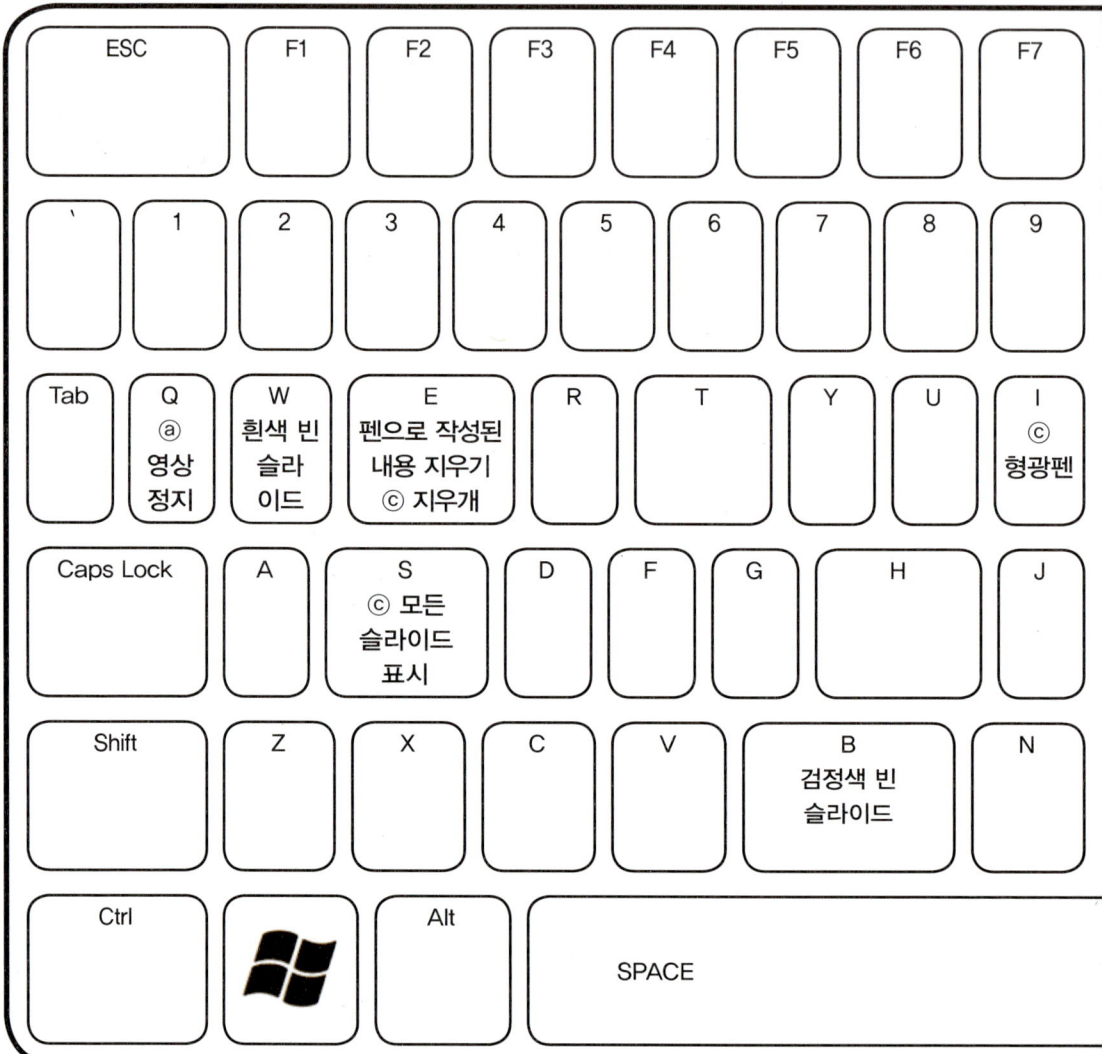

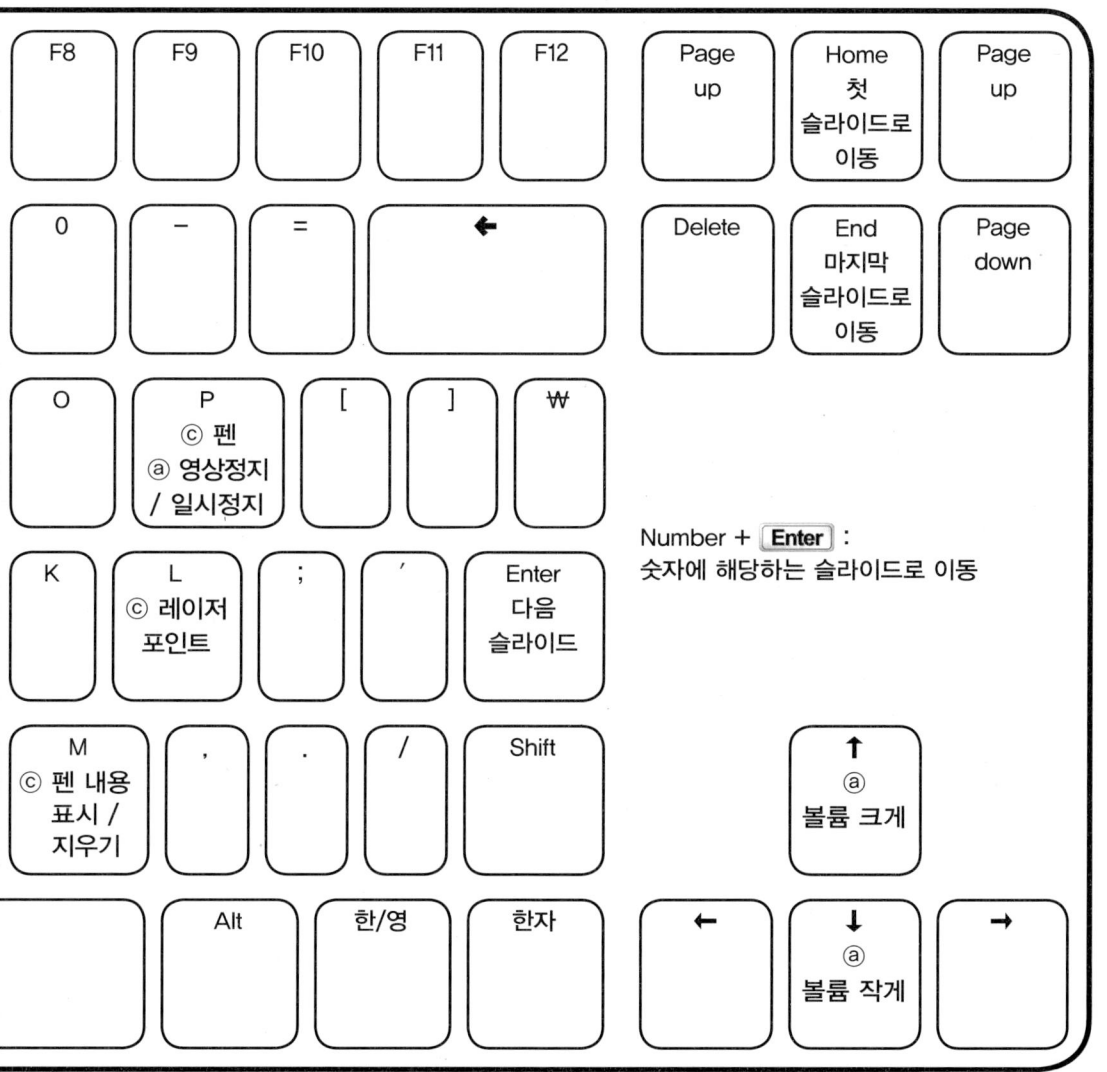

3 | 단축키 사전

:: 작업용 단축키

Function		Shift + Function	
F1	도움말	Shift + F3	영어 대/소 텍스트 변경
F4	마지막 작업 반복	Shift + F5	해당 슬라이드 슬라이드 쇼
F5	슬라이드 쇼 시작	Shift + F9	격자 ON/OFF
F6	마우스 없을 때 사용		
F7	맞춤법 검사		
F12	다른 이름으로 저장		

Ctrl + 알파벳			
Ctrl + F1	리본 메뉴 ON/OFF	Ctrl + M	새로운 슬라이드
Ctrl + F2	인쇄 미리 보기	Ctrl + N	새 문서 열기
Ctrl + A	개체, 슬라이드, 도형, 글자 등 모든 것 선택	Ctrl + O	파일 열기
Ctrl + B	글자 진하게	Ctrl + P	인쇄
Ctrl + C	복사	Ctrl + Q	파워포인트 종료
Ctrl + D	개체, 슬라이드, 도형, 글자 등 모든 것 복제	Ctrl + R	오른쪽 정렬
Ctrl + E	가운데 정렬	Ctrl + S	파일 저장
Ctrl + F	[찾기] 대화상자	Ctrl + T	글꼴 서식
Ctrl + G	그룹	Ctrl + U	글자 밑줄
Ctrl + H	[바꾸기] 대화상자	Ctrl + V	붙여넣기
Ctrl + I	글자 기울이기	Ctrl + W	문서 닫기
Ctrl + J	양쪽 맞춤	Ctrl + X	잘라내기
Ctrl + K	하이퍼링크 삽입	Ctrl + Y	실행 취소 복구
Ctrl + L	왼쪽 정렬	Ctrl + Z	실행 취소

Ctrl + Shift + 알파벳					
Ctrl + Shift + C	서식 복사		Ctrl + Shift + 방향키		개체 크기 미세 조절
Ctrl + Shift + D	슬라이드 복제		Ctrl + Shift + +		자동 간격 위 첨자 서식 적용
Ctrl + Shift + F	글꼴 변경		Ctrl + Shift + →		단어별 블록 선택
Ctrl + Shift + V	서식 붙여넣기				

Ctrl + 기타				
Ctrl + [	글자 커짐	Ctrl + Space Bar	수동 텍스트 서식 제거
Ctrl +]	글자 작아짐	Ctrl + 드래그	개체 복사
Ctrl + 방향키	개체 미세 이동	Ctrl + 텍스트 3번 클릭	텍스트가 속한 단락 전체 선택
Ctrl + +	자동간격 아래 첨자 서식 적용	Shift + 방향키	개체 크기 조절
Shift + Enter	단락 나누지 않고 줄만 바꿈	Shift + 드래그	정사각형 정원 등

:: 슬라이드 및 슬라이드 쇼 관련 단축키

슬라이드 관련			
Enter	다음 슬라이드	End	마지막 슬라이드로 이동
Delete	슬라이드 삭제	Home	첫 슬라이드로 이동

슬라이드 쇼 관련			
Number + Enter	Number 슬라이드로 이동	B	검정색 빈 슬라이드 표시
Ctrl + S	모든 슬라이드 표시	W	흰색 빈 슬라이드 표시
Ctrl + L	레이저 포인터	Ctrl + E	지우개
Ctrl + P	펜	M	예행 연습 중 마우스 클릭 사용
Ctrl + M	펜으로 작성한 내용 숨김/표시	Ctrl + I	형광펜
Esc	슬라이드 쇼 종료	E	'펜' 기능으로 작성된 내용
Alt + P	동영상 재생/일시정지	Alt + Q	동영상 정지
Alt + ↑	볼륨 크게	Alt + ↓	볼륨 작게

환경 구축

빠른 작업을 위한
설정과 변환을 하자

08

산업 혁명 이전의 속도와 스마트 시대의 속도의 가치는 판이하게 다르다. 다음의 표는 서울에서 부산까지의 교통 수단 종류와 비용이다. 시간에 따라서 지불하는 비용이 달라진다. 2018년 평창 동계 올림픽에서는 세계 최초로 5G 서비스를 선보인다고 하니 진정 우리는 속도의 시대에 살고 있는 것이다.

서울~부산의 교통 수단·종류·비용

교통 수단	금액	시간
🚌	32,000	4.5시간
🚆	53,300	2.5시간
✈	62,400	55분

파워포인트 작업 속도가 빠르다는 것은 타이핑이 빠르고 단축키를 잘 사용한다는 의미만은 아니다. 손으로 실행하는 작업의 시간을 단축시키는 것은 어느 정도 한계가 있다. 파워포인트의 작업 속도가 빠르다는 것은 동일한 작업을 반복하지 않고 한번에 하고 작업 중 여러 단계를 거치지 않는 작업의 단순화도 포함된다. 클릭 수를 줄이거나 설정 변

경, 도형 변환 등으로 반복적인 작업 횟수를 줄이는 것이다.

인간에게 평등한 것은 오로지 시간뿐이 아닐까 생각한다. 우리 모두에게 주어지는 24시간을 차별화되게 사용한다는 것은 진정한 경쟁력이자 경쟁우위를 뜻하며 원하는 삶을 살기 위한 지름길이다. 앞서 함께 알아본 '마스터를 마스터하라', '디자인 박스를 만들어라', '단축키는 적토마다'와 이번 장은 강파워 원칙 6 속도Speed에 대한 설정법과 작업에 대한 이야기다. 그럼 파워포인트 작업 속도를 올려 보도록 하자.

필요한 기본 도형과 텍스트를 설정한다

스마트 워크의 기본은 단순 반복적인 일을 패턴화하거나 최소화하는 것이다. 기본 도형 설정과 텍스트 설정은 해당 작업에 단순 반복을 줄여주는 기초 작업 중 하나이다. 만약 이 작업을 하지 않는다면 도형이나 텍스트를 작성할 때마다 디자인과 설정을 해야 하는 불편함이 있을 것이다. 설정법을 알아보고 강의안 작성에 도입해 보자.

1 | 기본 도형 설정

원하는 도형을 만든 뒤 마우스 오른쪽 버튼 클릭을 한다. 나타나는 메뉴에서 [기본 도형으로 설정]을 클릭하면 파워포인트를 작성하는 내내 동일한 도형을 만들 수 있다.

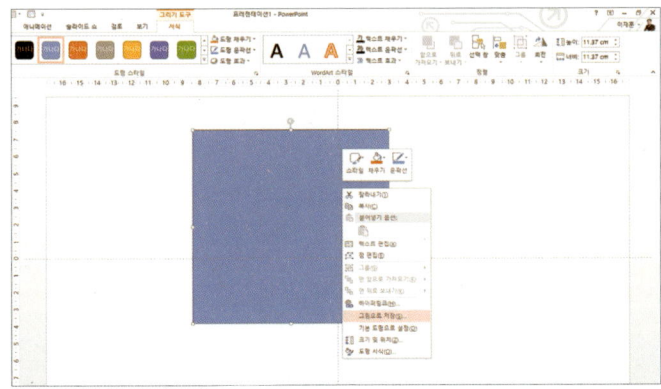

▲ 기본 도형으로 설정

2 | 도형 복사 이후 도형 편집

 **도형 편집하기**

01 도형을 선택한 후 [그리기 도구]–[서식] 탭–[도형 편집]–[도형 모양 변경]을 클릭하여 도형의 모양을 다른 모양으로 변경할 수 있다.

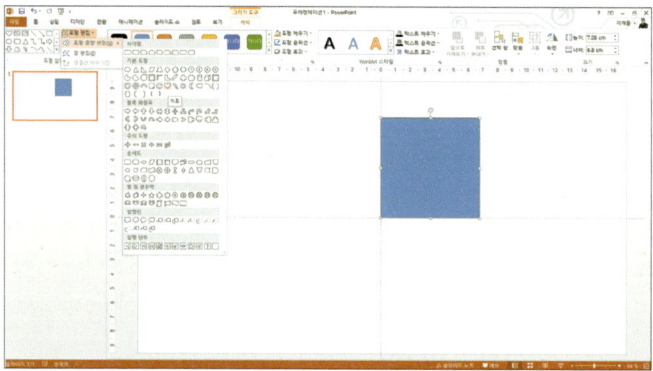

02 다음과 같이 정사각형이 하트 모양으로 변경된 것을 확인할 수 있다.

03 점을 이용해 원하는 도형으로 변형이 가능하다. 도형을 선택한 후 [그리기 도구]-[서식] 탭-[도형 편집]-[점 편집]을 클릭한다.

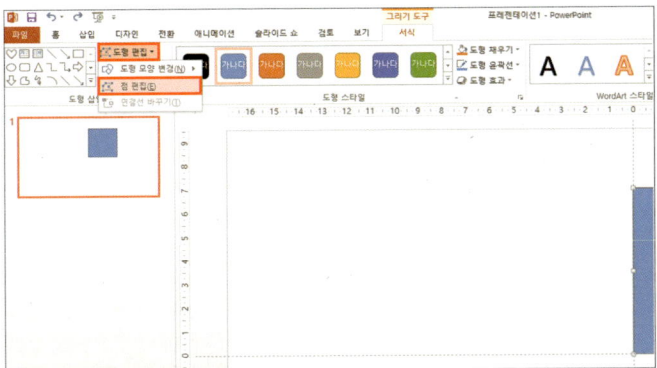

04 [점 편집]을 클릭하면 다음과 같이 모서리에 검은 점이 나타난다.

05 검은 점을 클릭하면 다음과 같이 2개의 흰색 점이 나타나는데 이때 검은 점은 직선, 흰색 점은 곡선으로 변형시킬 수 있다.

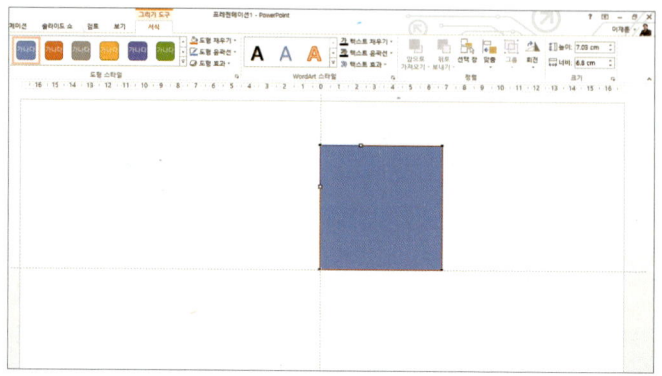

06 검은 점과 흰색 점을 클릭한 상태에서 원하는 방향으로 드래그하면 다음과 같이 다양한 모양의 도형을 만들 수 있다.

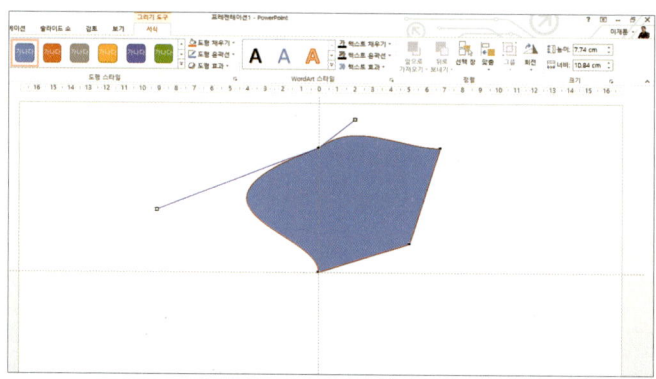

3 | 기본 텍스트 설정

텍스트 상자를 기본 텍스트 상자로 설정하고 작업을 하면 매우 빠르고 일관된 텍스트 상자를 사용할 수 있다. 강파워 원칙 1 속도Speed에 입각하여 최대한 빠른 속도로 작업을 할 수가 있다. 원하는 텍스트를 작성한 뒤 마우스 오른쪽 버튼 클릭을 한다. [기본 텍스트 상자로 설정]을 클릭하면 이 파일에서 텍스트 상자로 작성하는 경우 동일한 텍스트 상자를 만들 수 있다.

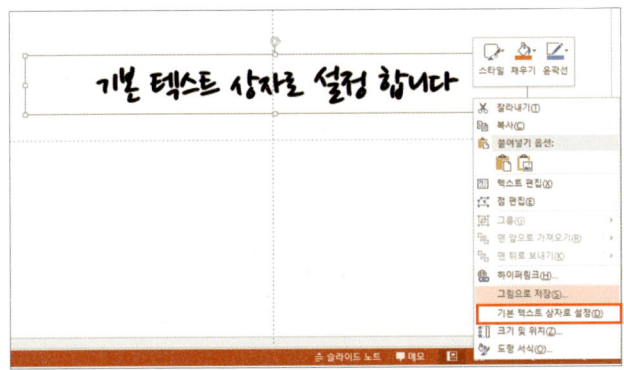

▲ 기본 텍스트 상자로 설정

4 | 실행 취소 설정

우리가 작업을 하다가 작업 상태를 뒤로 돌리고 싶을 경우 실행 취소 단축키인 `Ctrl` + `Z`를 눌러 과거 작업으로 돌아간다. 이때 일정 작업 이상은 돌아갈 수 없는 경우가 있다. 파워포인트의 기본적인 실행 취소 설정은 20회로 정해져 있다. 이것을 최대한 늘리면 작업의 상당 부분의 실행을 취소할 수 있다.

[파일] 탭-[옵션]을 클릭하고 [PowerPoint 옵션] 대화상자에서 [고급]을 클릭하면 [편집 옵션]-[실행 취소 최대 횟수] 항목이 있는 것을 확인할 수 있다. 이곳의 숫자를 '150'까지 늘려주면 실행 취소 횟수가 '150'으로 늘어나 작업이 더욱 용이해 진다.

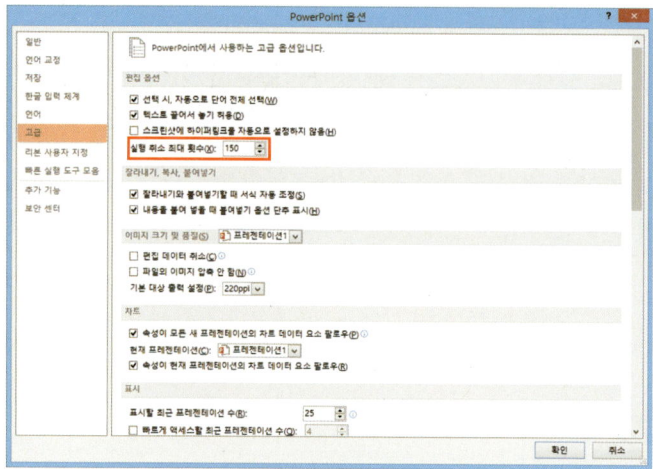

▲ 실행 취소 횟수 늘리기

5 | 빠른 실행 도구 모음 설정

파워포인트 작업 시 마우스로 일일이 메뉴를 클릭하다 보면 작업 시간이 오래 걸린다. 자주 사용하는 메뉴를 빠른 실행 도구 모음으로 만들어서 활용하면 두세 번씩 클릭하는 수고로움을 덜어 줄 수 있고 작업 속도도 빨라진다. 빠른 실행 도구 모음을 설정하는 방법에 대해 알아보자.

 **빠른 실행 도구 모음 추가하기**

01 파워포인트 상단 메뉴 바에 있는 빠른 실행 모음 메뉴를 클릭한다. 나타나는 메뉴 중 빠른 도구 모음에 추가하고자 하는 메뉴를 선택해 추가한다. 메뉴에 추가하고자 하는 메뉴가 없는 경우에는 [기타 명령]을 클릭한다.

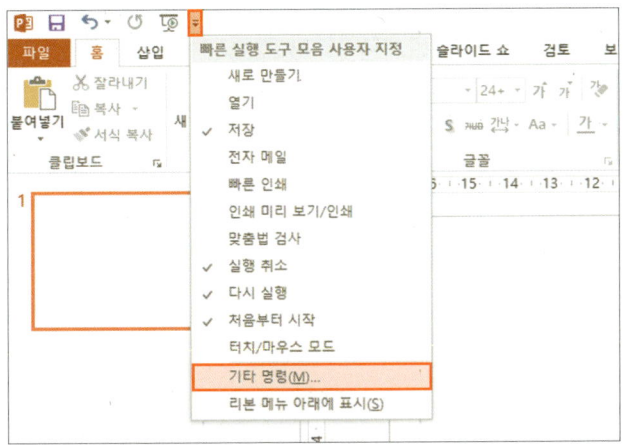

02 [기타 명령]을 클릭하면 다음과 같은 새로운 대화상자가 나타난다. 왼쪽에서 메뉴를 선택해 [추가]를 클릭하면 추가되며 아래쪽의 [확인]을 클릭해 작업을 완료한다.

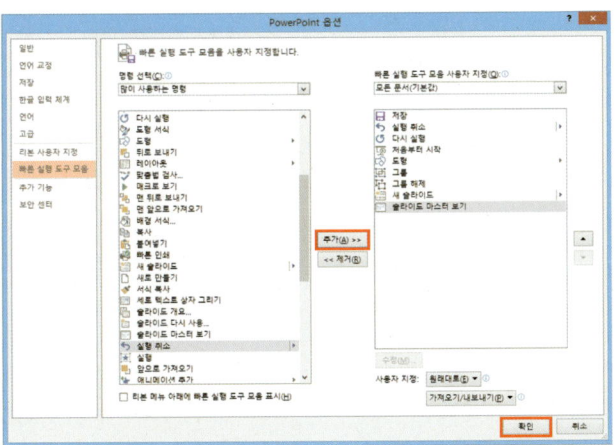

03 모든 작업을 마치면 다음과 같이 빠른 실행 도구 모음에 추가한 기능들이 아이콘화되어 보여진다.

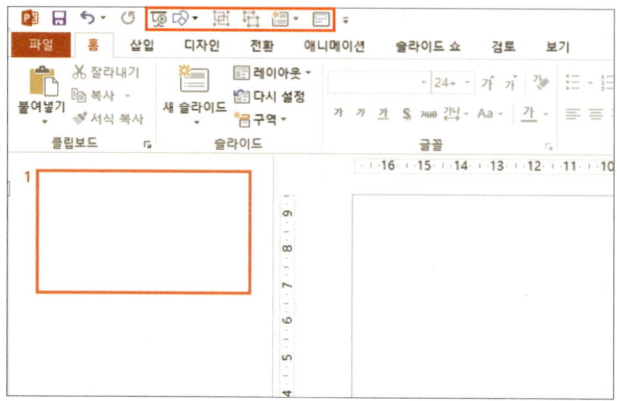

TIP 필자는 [도형], [그룹], [그룹 해제], [새 슬라이드], [슬라이드 마스터 보기]를 추가했다.

6 | 리본 사용자 지정

파워포인트 작업 중에 가장 많이 눈이 가는 곳이 리본 메뉴일 것이다. 작업에 필요한 실행 메뉴를 선택하는 것이 리본 메뉴이기 때문이다. 이러한 리본 메뉴를 자신의 작업 환경에 적합하도록 설정한 후에 작업한다면 그만큼 작업 속도도 빨라지고 메뉴를 찾아 헤매는 시간은 줄어들 것이다.

▲ 리본 메뉴

리본 메뉴 사용자 지정하기

01 [파일] 탭-[옵션]을 클릭하면 [PowerPoint 옵션] 대화상자가 나타난다. 왼쪽의 [리본 사용자 지정]을 클릭한다.

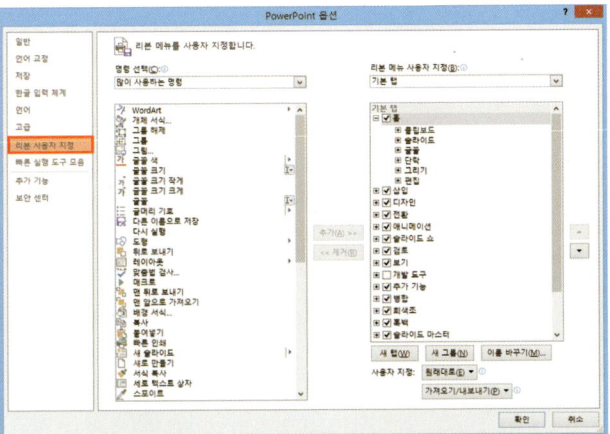

02 다음과 같이 오른쪽에 [리본 메뉴 사용자 지정] 목록이 나타나면 [새 탭]을 클릭한다.

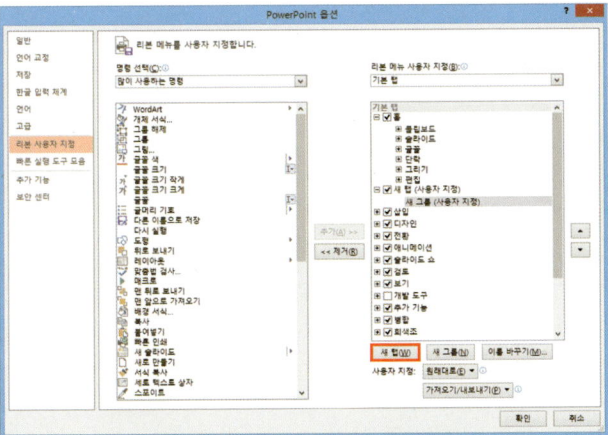

03 다음과 같이 새 탭이 생성된 것을 확인할 수 있다. 새 탭의 이름을 변경하기 위해 [새 탭] 위에서 마우스 오른쪽 버튼을 클릭하여 [이름 바꾸기]를 클릭한다.

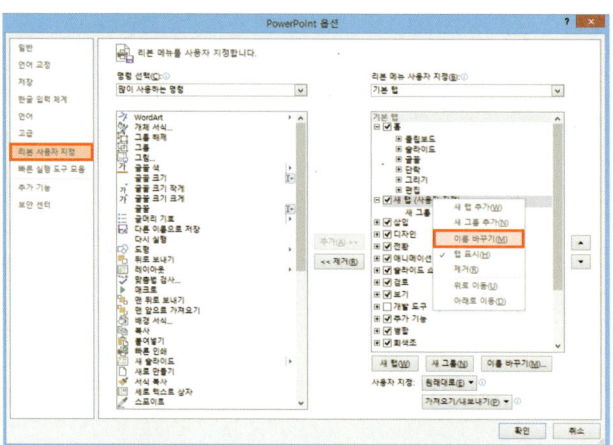

04 [이름 바꾸기] 대화상자가 나타나면 원하는 리본 메뉴 이름을 입력하고 [확인]을 클릭한다. 여기서는 '내 메뉴'라고 입력했다.

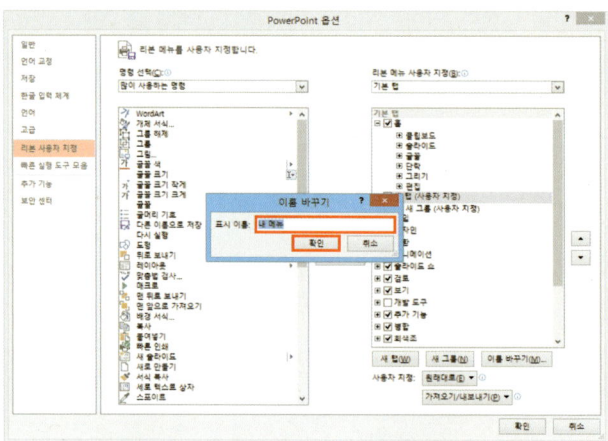

05 다음과 같이 [내 메뉴]가 생성된 것을 확인할 수 있다. [명령 선택] 목록에서 [내 메뉴] 탭에 설정할 명령을 선택하여 추가하고 아래쪽의 [확인]을 클릭한다.

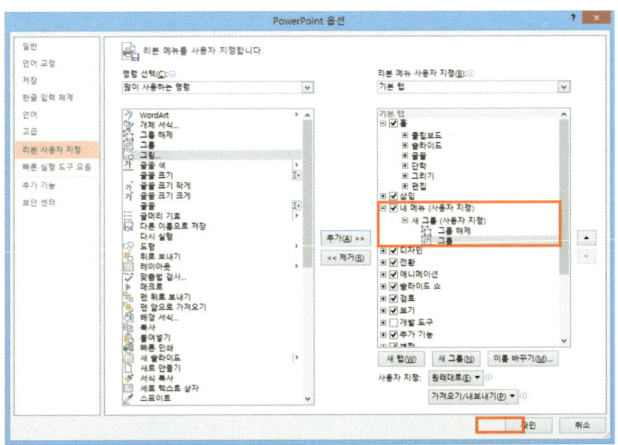

TIP 필자는 편의상 [그룹]과 [그룹 해제]를 설정했다.

06 다음과 같이 리본 메뉴에 [내 메뉴] 탭이 생성된 것을 확인할 수 있다.

 강파워! 강사를 위한 **파워포인트 노하우**

작업 방식
_강의용 PPT는 이렇게 작업하라!

〈SBS 생활의 달인〉 프로그램을 보면 모든 달인들은 작업 방식이 남다르다. 그래서 더욱 많은 양과 빠른 속도로 결과물을 만들어 낸다. 이번에는 파워포인트 작업 방식에 대한 노하우를 배워 본다. 레이아웃 설정법과 정보와 이미지 사냥에서 활용까지 현장에서 사용할 수 있는 내용을 다룰 것이며, 도형 그래프와 인포그래픽, 차트까지 실전적인 자료 작성을 함께 알아보겠다.

POWERPOINT FOR LECTER · TEACHER · PROFESSOR

작업 방식

삼분할 법칙을 이용하라

01

사진 전문 온라인 매거진 'COOPH'가 유명 사진 작가 스티븐 맥커리의 도움을 받아 '사진 구도 법칙 9가지'를 설명한 영상을 유튜브에서 본 적이 있다. 사진을 취미로 여기는 필자에게는 멘토의 가르침과 같은 영상이다. 스티븐 맥커리의 구도의 법칙은 10가지로 정리되어 있다. 그 중에서 가장 첫 번째는 삼분할 법칙Rule of Thirds이다. 가장 먼저 나온 이유는 가장 중요하다는 이야기가 아닐까 생각한다. 지금부터 이러한 삼분할 법칙에 대해 알아보자.

Power 삼분할 법칙 Rule of Thirds

삼분할 법칙이란 사진을 찍으려는 대상을 가로, 세로 각각 3등분하고 각 교차점들에 관심의 포인트를 두는 것이다. 말은 어렵지만 사실 매우 가까이에 있다. 우리가 사용하는 모든 카메라와 카메라 앱에서 격자라고 불리는 표시가 바로 그것이다. 다음의 이미지는 필자의 스마트폰 격자이다.

▲ 일반적인 스마트폰의 격자 모양

다음 이미지는 필자의 아이폰 카메라에 격자가 교차하는 부분을 붉은 색으로 표시하였다. 이 곳이 삼분할 지점이다. 삼분할만 이해해도 아름답고 멋진 사진을 찍을 수 있다.

▲ 삼분할 법칙을 응용한 필자의 사진들

이것은 비단 사진뿐만이 아니다. 파워포인트에서도 이와 같은 아름다움을 만들어 낼 수 있다. 구글에서 'Rule of Thirds'란 키워드로 검색만 하더라도 다음과 같은 이미지가 검색된다. 즉 이미지의 구도와 배치의 기본이라고 볼 수 있는 것이다.

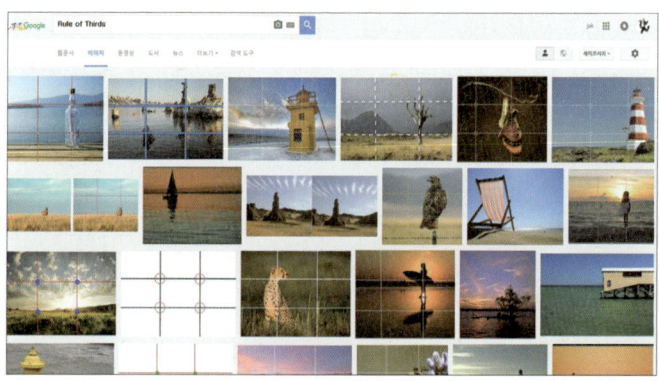

▲ 구글 검색 화면

황금 분할 Golden Section

고대 그리스인들 중 피타고라스 학파는 기하학이 매우 발달하였다. 이들은 자신들의 상징인 오각형 별 모양 안에서 가장 완벽하고 조화로운 비율이라고 불리는 황금 비율을 발견했다고 한다. 정오각형 안에 대각선은 별 모양을 만들고 그 안에는 다시 정오각형이 만들어진다. 별 안에 모든 점이 황금 분할이라는 것이다. 계산을 하자면 선분을 한 점에 의하여 2개의 부분으로 나누어, 그 한쪽의 제곱을, 나머지와 전체와의 곱과 같아지게 하는 지점을 이야기한다. 이 지점을 1 : 1.618이라고 한다.

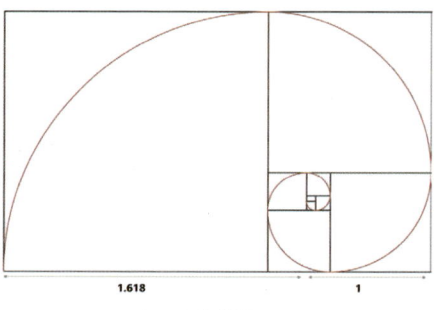

▲ 1 : 1.618

고대 그리스인과 일부 예술가들은 자신의 건축물과 작품에도 황금 분할을 적용했다. 파르테논 신전의 바닥과 측면도 같은 흐름으로 적용되며 레오나르도 다빈치의 비트루비안 맨과 비너스 조각상에도 적용된다. 유튜브에서 'Nature by Numbers(Fibonacci Sequence & The Golden Ratio)'라는 영상을 보면 지구 상에 존재하는 수많은 식물의 씨앗과 곤충의 몸에도 수많은 황금 비율이 있다는 것을 증명해 준다. 이 뿐만이 아니다. 유튜브에서 'Golden Section'이란 키워드로 검색해 보면 수많은 영상들이 황금 분할을 이해시켜 준다. 황금 분할은 앞서 말한 삼분할 기법과 매우 유사하다는 것이다.

다음의 이미지는 황금 분할과 삼분할 위치를 겹쳐 놓은 것이다. 매우 유사한 자리를 하고 있다.

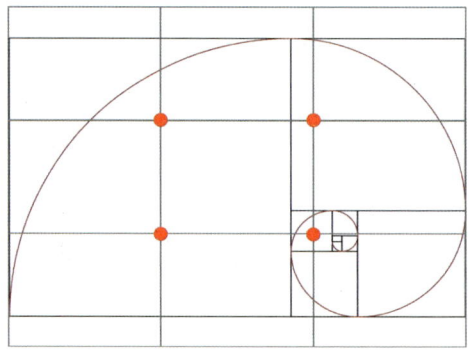

▲ 황금 분할 + 삼분할

안내선으로 삼분할과 황금 분할을 만들자

안정적이고 아름다운 구조가 파워포인트에 들어갈 수 있다면 정말 좋은 파워포인트가 될 것이다. 필자는 안내선을 이용해 삼분할 구조를 만들고 파워포인트를 시작하라고 권하고 싶다. 안내선에 대한 내용은 앞서 '마스터를 마스터 하라'에서 충분히 언급되었다. 삼분할은 일반 안내선이 아닌 마스터 안내선을 사용하기로 한다. [보기] 탭-[슬라이드 마스터]를 클릭하고 `Alt` + `F9`를 눌러 안내선을 보이게 하자. 안내선을 추가적으로 만들기 위해서는 `Ctrl`을 누르고 잡아 당기면 쉽게 복사할 수 있다.

2013 버전 이전까지는 새로운 페이지를 만들면 표준 4 : 3 비율이었다. 2013 버전부터는 와이드 스크린 16 : 9 비율이 나오기 시작한다. 기본 값으로 와이드 스크린을 제공한다는 것은 그만큼 많은 사람이 와이드 스크린 크기에 적응하고 있다는 이야기다. 표준 4 : 3 비율과 와이드 스크린 16 : 9 비율의 삼분할은 큰 차이가 있다. 따라서 다른 적용이 필요하다.

표준 4 : 3 비율의 경우 세로축의 전체 크기는 24.14cm이다. 가운데 안내선을 기준으로 양쪽으로 12.07cm이다. 반으로 나누면 6.35cm가 된다. 따라서 6.4cm로 양쪽으로 나누면 된다. 가로축의 경우 전체 크기는 19.04cm이다. 반은 9.52cm이므로 다시 반으로 나누면 4.76cm가 된다. 따라서 4.8cm로 나누면 삼분할에서 가장 가까운 상태가 된다. 이렇게 셋팅을 하면 가운데 십자 안내선과 삼분할 안내선이 동시에 존재하는 4×4 메트릭스 모양이 나온다.

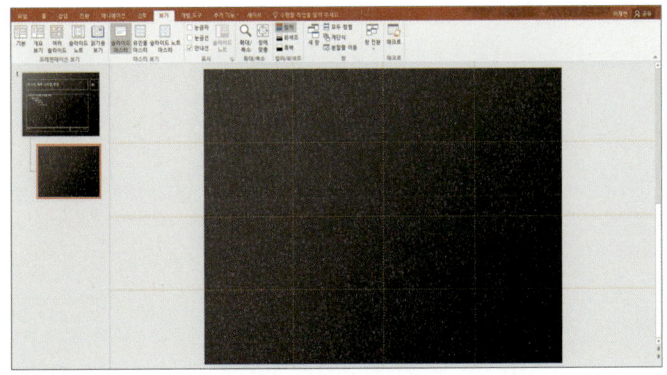

▲ 표준 4 : 3 비율의 삼분할

와이드 스크린 16 : 9 비율의 경우 세로축의 전체 크기는 33.86cm이다. 가운데 기준으로 양쪽으로 16.93cm이며 반으로 나누면 8.47cm이 된다. 8.47cm를 양쪽으로 나누면 된다. 가로축의 경우 4 : 3 비율과 동일하다. 따라서 4.8cm로 나누면 삼분할에서 가장 가까운 상태가 되며 4×4 메트릭스 모양이 나온다.

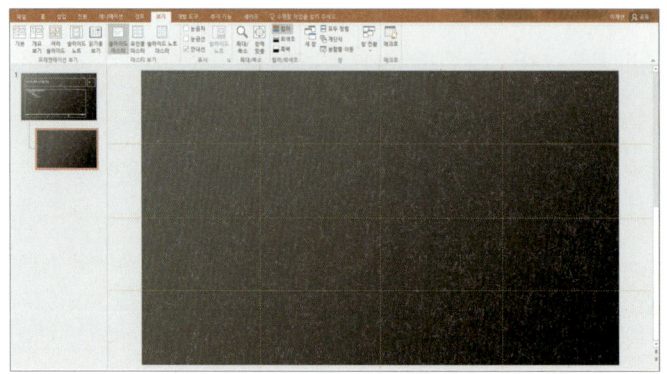

▲ 와이드 스크린 16 : 9 비율의 삼분할

만약 세밀한 안내선을 만들고 싶다면 마우스로 드래그할 때 Alt 를 누르자. 세밀한 안내선을 만들 수 있다. 2016 버전부터는 마스터 6형제 모두 마스터 안내선을 따로 만들 수 있다. 따라서 다양한 레이아웃을 더욱 잘 만들 수 있다. 이 작업을 마치고 이미지와 텍스트를 배치하면 다음과 같은 배치를 갖는다.

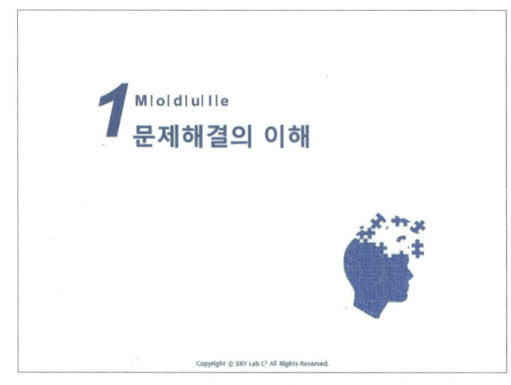

▲ 표준 4 : 3 비율의 디자인
출처: http://hypnosispower.co.uk/shop/problem-solving

▲ 와이드 스크린 16 : 9 비율의 디자인
출처 : http://gwanumsa.org/intro04/3009

모든 장표에 황금 분할을 넣어야 한다는 것은 아니다. 그러나 가장 안정적이고 아름다운 레이아웃의 구성을 위해서는 반드시 알아야 하는 구성이다.

작업 방식

이미지 사냥의 기술

02

삼시세끼의 어촌편 시즌 1 유해진씨의 낚시를 본적 있는가? 대어의 꿈은 사라지고 아버지의 무거운 어깨로 돌아왔지만 빙그레 웃음지으며 즐거워했던 모습이 기억난다. 필자는 이미지를 구하는 것을 낚시로 비유한다. 낚시를 가기 위해서는 중요한 3가지를 먼저 선정해야 한다. 가장 먼저 무엇을 낚을 것인지를 선정하는 것이다. 두 번째는 어떻게 낚을 것인가?이다. 이미지 사냥의 방법상의 문제이다. 마지막으로 어디서 낚을 것인가?이다. 즉 낚시 포인트를 설정하는 것이다. 이제 체계적인 이미지 낚는 법을 배워보자.

1. 무엇을 낚을 것인가?
- 구하고자 하는 목표물을 말한다. 일단 예를 들어서 '목표'라는 키워드로 관련된 이미지를 낚아 보자.

2. 어떻게 낚을 것인가?
- 낚시를 하기 위해서는 미끼와 떡밥이 필요하다. 미끼는 곧 키워드 핵심 키워드이다. 떡밥은 키워드와 연관된 단어를 칭한다.

3. 어디서 낚을 것인가?
- 확인할 필요가 있겠지만 아쉽게도 국내에서 제공하는 대부분의 검색 엔진은 저작권에 걸려있다. 유료 결제가 가능한 사이트에서 일부 무료로 이용할 수도 있다. 이 부분은 뒤에서 설명하겠다. 따라서 필자가 추천하는 이미지 낚시 포인트는 구글 이미지이다. 여기서 구한 이미지 또한 사용 권한을 잘 살펴야 한다.

🖥️ 무엇을 낚을 것인가

일반 직장인들이 가장 많이 사용하는 오피스 프로그램은 엑셀이다. 엑셀 사용법을 어느 정도만 알면 일반적인 보고서를 작성하고 사용하는데 문제가 없다. 그런데 문제는 모든 것을 엑셀로만 한다는 것이다. 실제로 엑셀을 파워포인트처럼 만들어 셀을 넘기면서 보고하는 사람을 본적도 있다. 분명히 알아두자. 엑셀은 숫자와 수식을, 파워포인트는 시각 자료를 만드는 데 그 목적이 있다. 시각 자료의 핵심은 이미지다. 따라서 가장 중요한 것은 교수자의 강의, 또는 강연 콘셉트에 맞는 이미지를 선정하는 것이다. 이를 위해 낚시에 필요한 미끼, 즉 키워드를 먼저 준비한다. 지금부터 우리의 키워드는 '목표'로 정하도록 하겠다.

🖥️ 어떻게 낚을 것인가?

1 | 연관 단어 찾기

미끼는 키워드이며 떡밥은 연관 단어라 했다. 미끼가 준비가 되었다면 떡밥을 준비해 보자. 첫 발로 '목표'와 관련된 연관 단어를 찾아보자. 네이버의 국어사전을 이용하여 목표와 관련된 연관 단어를 찾아 보면 다음과 같다.

▲ '목표' 연관 단어
출처 : 네이버 사전 비슷한 말

연관 단어 검색 결과(8개)

목표(미끼)	목표
유사어(떡밥)	표준, 표적, 정곡, 목적, 길잡이, 과제, 과녁, 강령

목표에 대한 이미지 검색 키워드는 8개로 늘어났다.

2 | 연관 단어에 대한 영문 단어 찾기

우리의 낚시 포인트는 세계적인 검색 엔진 구글이다. 따라서 영문 키워드를 찾는 것은 매우 중요한 포인트이다.

연관 단어 검색 결과(19개)

목표(미끼)	목표
유사어(떡밥)	Goal, Aim, Objective
	표준, 표적, 정곡, 목적, 길잡이, 과제, 과녁, 강령
	Standard, Target, Mark, Point, Purpose, Guide, Task, Doctrine

2차 검색 결과 19개의 유사어와 영문 키워드가 생겨났다.

3 | 연관 단어의 동의어 찾기

파워포인트는 우리의 낚시 포인트를 넓혀준다. 바로 동의어를 찾는 방법이다. 파워포인트에서 키워드를 설정한 뒤 마우스 오른쪽 버튼 클릭을 하고 [영어 동의어]를 클릭하면 관련된 키워드가 보여진다. 'Goal'에 대한 동의어를 찾아보면 다음과 같다.

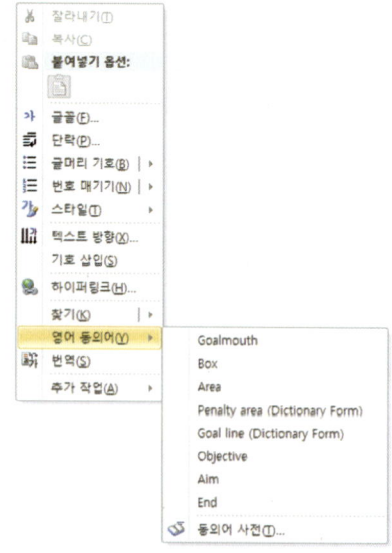

▲ 영어 동의어

여기서 중요한 것은 네이버 국어사전의 연관 단어와 마이크로소프트의 동의어 사전은 매우 다른 결과를 나타낸다는 것이다. 그러나 생각해보자. MS 오피스는 서양인들이 만든 소프트웨어이다. 구글 또한 서양인들이 많이 사용하기 때문에 그들의 정서에 맞는 검색을 하는 것이 매우 중요하다.

연관 단어 검색 결과(29개)

목표(미끼)	목표
유사어(떡밥)	Goal, Aim, Objective
	표준, 표적, 정곡, 목적, 길잡이, 과제, 과녁, 강령
	Standard, Target, Mark, Point, Purpose, Guide, Task, Doctrine
MS 동의어(떡밥)	Goalmouth, Box, Area, Penalty Area, End
	골문 입구, 박스, 지역, 처벌 지역, 끝

3차 검색 결과 29개의 결과를 모았다. '목표'라는 한 단어를 가지고 검색하는 것과는 다른 엄청난 양의 결과물을 만들어 낸 것이다. 이러한 다양한 유사어와 동의어를 통해서 양적, 질적으로 매우 우수하고 풍부한 이미지를 낚을 수 있다. 그러나 여기서 멈춘다면 학습자들의 마음을 움직이는 교수자는 아니라고 본다. 실시간으로 학습자들이 '목표'에 대하여 어떻게 인지하고 느끼는지에 대한 생각을 알아낼 수 있다. 바로 스마트 시대의 도래와 함께 만들어진 빅 데이터Big Data가 있기 때문이다.

4 | 빅 데이터를 이용하기

N스크린, 빅 데이터, 사물인터넷 등 우리의 삶을 송두리째 바꿀 변화의 바람이 불고 있다. 이미지를 낚기 위해서 가장 눈여겨보아야 할 것은 바로 빅 데이터이다. 우리가 강의를 하고 있는 학습자들에 관한 사항에 대해서 어떤 연관성을 가지고 생각하는지 알아보기에 매우 좋은 툴이기 때문이다. 최근 기업들도 빅 데이터에 큰 관심을 갖고 있다.

'피곤한 월요일 오후 2시 16분, 푸딩(pudding)하자!'라는 광고를 시작한 CJ는 2~3주 간 네이버 블로그, 카페와 트위터 등에서 '힘들다, 쉬고 싶다, 찌뿌둥하다'와 같이 피곤함을 나타내는 단어가 들어간 문장 6억 5000만여 건을 수집해 자체 시스템으로 분석했다고 한다. 그 결과 '월요일 오후 2시 16분'이 사람들이 일주일 중 가장 피곤하게 느끼는 순간이라 결론을 내렸다는 것이다.

▲ CJ의 푸딩 제품

교수자가 대기업의 마케팅 부서처럼 할 수는 없을 것이다. 그러나 우리에게도 간단하고 쉬운 빅 데이터를 검색할 수 있는 곳이 있다. 바로 다음의 <u>소셜 메트릭스</u>Social Metrics이다. 'insight.some.co.kr/searchKeywordMap.html' 주소로 접속하면 다음과 같은 빅 데이터 분석에 의한 탐색어 맵을 만날 수 있다. 이 단어는 '목표'라는 단어를 넣을 때 연관된 키워드를 보여주는 맵이다.

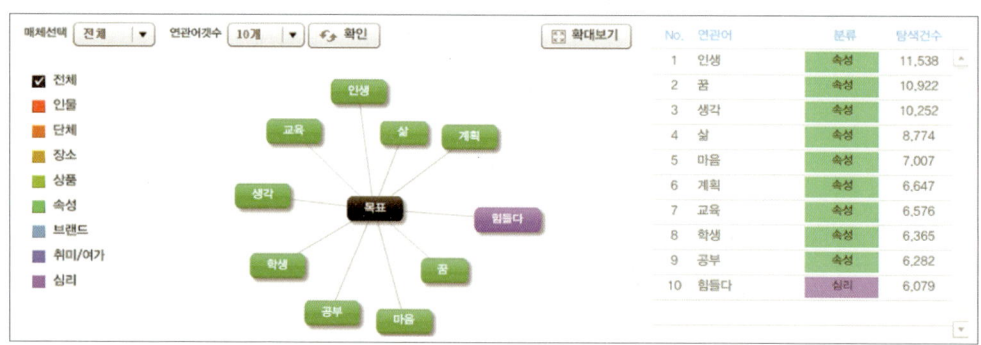

▲ 다음 소셜 메트릭스

결과 내용을 이용하여 탐색 키워드를 만들면 다음과 같다.

연관 단어 검색 결과(46개)

목표 단어(미끼)	목표
	Goal, Aim, Objective
연관 단어(떡밥)	표준, 표적, 정곡, 목적, 길잡이, 과제, 과녁, 강령
	Standard, Target, Mark, Point, Purpose, Guide, Task, Doctrine
MS 동의어(떡밥)	Goalmouth, Box, Area, Penalty Area, End
	골문 입구, 박스, 지역, 처벌 지역, 끝
빅 데이터 탐색어 (떡밥)	교육, 계획, 학생, 꿈, 힘들다, 인생, 공부, 마음, 생각, 삶
	Education, Plan, Student, Dream, Thought, Life, Study

4차 결과 46개의 키워드로 이미지를 검색할 수 있다. 자 이제 미끼를 이용하여 떡밥을 모두 준비하였다. 이제 낚시터로 가서 월척을 낚아 보자.

▲ 월척을 낚아 보자

어떻게 낚을 것인가?

낚시터는 매우 많다. 국내 사이트부터 해외 사이트까지 이미지를 낚을 곳은 여러 곳이 있지만 역시 최고의 낚시터는 구글이다. 구글은 전 세계인이 가장 많이 사용하는 검색 엔진이다. 따라서 가장 많은 정보를 가지고 있으며 상상을 초월하는 양의 이미지를 보유하고 있다. 그렇다면 어떻게 이 낚시터에서 월척을 낚을 수 있을지 함께 상세히 알아보자.

1 | 기존에 설정한 디자인과 유사 컬러를 찾아라

구글 이미지에 '목표'라는 단어를 검색하면 다음과 같은 이미지들이 나타난다.

▲ 목표 관련 이미지

당신의 디자인 박스를 보자. 어떤 컬러의 콘셉트로 시작하였는가? 만약 그 컬러가 갈색이라고 가정해 보자. 본 이미지들은 갈색 계열의 디자인에 잘못 삽입되면 너무 튀고 작업하고자 하는 컬러와 너무 상반된 컬러가 될 수도 있다. 따라서 취지에 맞는 유사 컬러의 이미지를 찾는 것이 매우 중요하다.

:: 유사 컬러의 이미지 찾기

구글의 검색 화면에서 여러 설정으로 재검색을 할 수 있다. 우리는 컬러를 선택해 보자. 구글 이미지 검색 화면에서 [검색 도구]-[색상]에서 [갈색]을 선택해 변경한다.

▲ 컬러 설정 화면

이렇게 검색을 하면 다음과 같은 이미지가 검색된다.

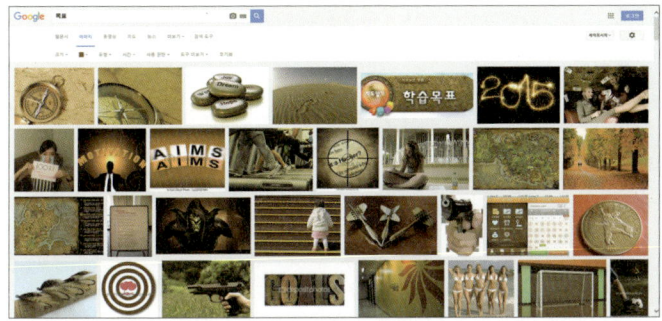

▲ 컬러 검색 화면

필자의 강의는 목표와 가치를 찾는 활동이다. 학습자들에게 이렇게 질문하기 위한 이미지가 필요하다.

"여기 무한의 힘을 발휘할 수 있는 Magic Stick이 있습니다.
이 순간 단 한 가지를 한다면 무엇을 하겠습니까?"

따라서 '목표'를 'Magic book wand'로 키워드 변경하고 다음과 같은 이미지를 찾아 삽입했다.

▲ 디자인 일관성을 유지하는 이미지
출처: http://www.thewandcompany.com/PressResource.html

갈색의 상단 프레임과 이미지가 적절하게 잘 어울리는 것을 볼 수 있다. 만약 이러한 과정을 거치지 않는다면 다음과 같은 결과물이 나올 수 있다. 전체적으로 통일성을 가질 수 없는 파워포인트가 될 것이다.

 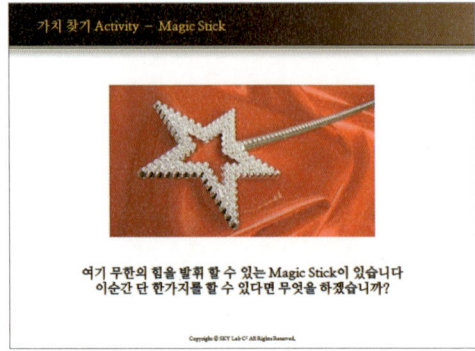

▲ 일관성을 잃어버린 디자인

출처 : http://www.ecomguide.com.au/ecommerce-experts-blog/is-there-a-magic-wand-for-ecommerce-success/
출처 : http://thesavvysistah.com/the-magic-wand-of-forgiveness/

2 | PNG를 찾아라 – 색에서 투명 필터를 사용하라

PNG란 Portable Network Graphics의 줄인 말로서 비손실 그래픽 파일 포맷의 하나이다. 특히 문제가 얽힌 GIF와 JPG 포맷의 문제를 해결하고 개선하기 위해 만들어졌다고 한다. 대부분의 PNG 파일은 다른 이미지 파일과는 다르게 투명층을 지원한다.

다음 예제는 실행력에 대한 실제 교안이다. 역산 스케줄을 표현하기 위해서 필요한 시계 이미지를 넣었다. 만약 투명층이 존재하지 않는 JPG나 GIF 파일을 잘못 사용하게 되면 오른쪽 이미지와 같은 결과를 가져오게 된다.

▲ PNG 파일을 전략적으로 이용하자

출처 : http://www.cnncd.com/with-photoshop-shape-layers-and-smart-objects-a-representation-of-deadlinetime-symbol-free-alarm-clock-psd-icon/
출처 : http://urbanoalvarez.es/

그렇다면 어떻게 PNG를 구할 수 있을까? 함께 검색 방법을 알아보자.

:: 키워드 + PNG로 검색하는 방법

원하는 키워드와 'PNG'를 함께 붙여 검색한다. 앞서 예제처럼 역산 스케줄을 이야기할 때 떡밥 키워드는 'Deadline'으로 선정하였다. 구글 이미지에서 'Deadline PNG' 키워드 검색을 하면 다음과 같은 결과가 검색된다.

▲ 키워드 + PNG로 검색 화면

이미지를 클릭했을 경우 이미지에 격자 무늬가 생겨난다면 PNG 파일이라고 이해하면 된다.

▲ 격자 무늬가 있는 PNG 파일

:: 구글 옵션으로 검색하는 방법

앞에서 컬러를 선택해 검색해 보았다. 구글 옵션에서는 유형, 크기, 색상, 사용 권한 등을 선택해 검색할 수 있다. 여기서는 유형을 선택해 보자. [검색 도구]–[유형]에서 [클립아트]를 선택하면 관련된 PNG 파일이 검색된다.

▲ PNG 파일 검색 화면

필자의 경험상 실제 검색되는 검색양은 옵션을 활용한 방법보다 키워드 + PNG 방법이 더 많은 것 같았다. 따라서 원하는 이미지가 나올 때까지 2가지 옵션을 모두 사용해보자.

3 | 손 이미지를 찾아라 – 라인 아트를 찾아라

최근에는 다양한 손 이미지가 유행이다. 구글 옵션을 활용해 보자. [검색 도구]–[유형]에서 [라인 아트]를 선택하면 손으로 그린 듯한 이미지가 검색된다. 필자가 가장 많이 이용하는 방법 중 하나이다.

▲ 라인 아트 검색 화면

4 | GIF를 찾아라 – 애니메이션을 찾아라

GIF는 Graphics Interchange Format의 줄인 말로서 요약 이미지의 전송을 빠르게 하기 위해 압축 저장하는 방식 중 하나이다. 여러 장의 이미지를 1개의 파일에 담을 수 있는, 움직이는 이미지로 유명하다. [검색 도구]-[유형]에서 [애니메이션]을 선택하면 움직이는 이미지를 검색할 수 있다.

▲ 움직이는 GIF 파일 검색 화면

5 | 저작권을 확인하라

가장 중요한 저작권이 남아 있다. 구글 이미지가 있다 하여 원하는 만큼 사용할 수 있는 것은 아니다. 목표에 대한 이미지 검색 이후 [검색 도구]-[사용 권한]을 클릭해 보면 사용할 수 있는 권한에 대한 옵션을 볼 수 있다.

▲ 사용 권한 설정 화면

사용 권한 정리

라이선스로 필터링 안함	저작물 보호 이미지와 저작물 사용 이미지 모두 검색한다. 저작물 보호 이미지를 사용할 경우 저작권에 위배될 수 있으니 주의를 요한다.
수정 후 재사용 가능	이미지 수정이 가능하며 상업적 용도 또는 비상업적 용도로 재사용이 가능한 이미지를 검색한다.
재사용 가능	이미지 수정은 할 수 없으나 상업적 용도 또는 비상업적 용도로 재사용이 가능한 이미지를 검색한다.
수정 후 비상업적 용도로 재사용 가능	이미지 수정이 가능하며 비상업적 용도로만 재사용 가능한 이미지를 검색한다.
비상업적 용도로 재사용 가능	이미지 수정은 할 수 없으며 비상업적 용도로 재사용 가능한 이미지를 검색한다.

6 | 여러 낚시터를 돌아보자

구글도 좋지만 또 다른 낚시터를 다음과 같이 준비해 보았다. 꼭 필요하다면 구매할 수도 있겠지만 무료Free로 제공되는 이미지를 활용하자. 무료 이미지를 사용해도 강의용 파워포인트에는 충분하다고 생각한다.

:: 이미지 전문 낚시터

이미지 낚시터

사이트	설명
https://www.flickr.com	깔끔한 인상을 주는 해외 무료 이미지 사이트이다. 사용자들이 직접 찍은 사진이나 활용도 높은 고퀄리티의 이미지가 많은 곳이다. 우리나라의 경우 야후 서비스가 중단되는 바람에 페이스북을 통한 회원 가입이 필요하다.
http://www.morguefile.com	별도의 회원 가입이 필요 없다. 조금 불편한 점은 사진이 무료와 유료로 나뉘어져 있고, 작가의 허락이 필요한 경우도 있다. 하지만 모그 파일의 메인에 [Free Photos]를 클릭하면 많은 이미지를 찾을 수 있다.
https://pixabay.com	한글 지원이 되는 이미지 사이트이다. 사진 사이즈 선택이 가능하며, 무료와 유료가 명확하게 나뉘어져 있어 활용하기 용이하다.
http://www.photl.com	방대한 양의 이미지를 찾을 수 있는 사이트이다. 회원 가입 후에 자유롭게 이미지를 활용할 수 있다. 유료 이미지와 무료 이미지를 제공하고 있으며, 유사한 이미지를 카테고리 형식으로 모아주기 때문에 통일감 있는 이미지 활용에 용이하다.
http://www.imagebase.net	별도의 회원가입 없이 활용할 수 있다. 사람, 사물, 자연 등으로 카테고리가 분류되어 있어 활용하기 편리하다. 파워포인트 템플릿으로 쓸만한 이미지가 따로 있어 파워포인트에 활용하기 용이하다.

:: **픽토그램**pictogram **전문 낚시터**

픽토그램이란 '이미지picture'와 '전보telegram'의 합성어로, 국제적인 행사 등에서의 사용을 목적으로 제작된 이미지 텍스트이자, 언어를 초월해서 직감으로 이해할 수 있도록 표현된 그래픽 심벌Symbol을 말한다. 최근에는 인포그래픽Infographic이 유행하면서 픽토그램으로 많은 자료를 만들어 낸다. 다음의 사이트에서 질 좋은 이미지를 낚아보자.

픽토그램 낚시터

사이트	설명
www.thenounproject.com	페이스북으로 가입이 가능하다. 가장 많은 양의 자료를 보유하고 있다
www.flaticon.com	회원가입도 필요 없이 PNG, SVG, EPS 등 다양한 형식의 픽토그램을 얻을 수 있다.
www.iconfinder.com	페이스북으로 가입이 가능하며 검색 후 [RRICE-FREE]에 체크하면 무료 자료를 구할 수 있다.

이미지 활용의 기술

03

낚시 기술을 활용해 이미지를 낚았다면 이제 활용하는 수순으로 들어가 보자. 파워포인트는 워드나 엑셀과는 달리 이미지 활용에 최적화된 도구이다. 파워포인트 슬라이드를 작성할 때 텍스트와 함께 이미지를 활용하는 것이 좋다는 이야기는 수없이 들었을 것이다. 다음 이미지를 한번 보자.

▲ 이미지 유무에 따른 비교 슬라이드
출처 : http://www.un.org/apps/news/story.asp?NewsID=52126#.VsxHto9OKM8

전달하고자 하는 메시지에 관련 이미지를 첨부했더니 더욱 전달력이 상승하고 기억하는 데도 효율적임을 알 수 있다. 수치의 차이는 있지만 텍스트를 볼 때는 10%의 기억력 상승, 이미지로 볼 때는 60%의 기억력 상승, 텍스트와 이미지를 함께 볼 때는 80%로 기억력이 상승한다는 연구 결과가 있다. 교수자 입장에서 학습자에게 지속적인 기억으로 남게 하고 싶다면 이미지를 효율적으로 활용해야 할 것이다. 파워포인트를 작성하는데 필요한 이미지 활용법에 대해서 알아보자.

 이미지 자르기

활용하고자 하는 이미지에 불필요한 부분이 있는 경험이 있을 것이다. 이 경우 필요한 부분만 남기고 나머지는 잘라낼 수 있다. 이미지 활용에 있어 가장 기초라 할 수 있다. 이미지를 자르는 방법은 다음과 같다.

파워포인트에서 이미지 자르기

01 원하는 이미지를 삽입한다.

02 이미지에서 보트 부분을 포함해서 위, 아래, 좌, 우 부분을 잘라내 보자. [그림 도구]-[서식] 탭-[자르기]-[자르기]를 클릭한다.

03 자르기 메뉴를 선택하면 이미지에 굵은 격자 모양이 생성된다. 격자 모양을 드래그하여 불필요한 부분을 자르면 된다. 이미지에서 회색으로 된 부분이 삭제될 부분이다.

04 자를 부분을 지정한 후에 이미지가 아닌 부분을 클릭하거나 Esc 를 눌러 불필요한 부분을 제거할 수 있다.

출처: http://wallpapergoo.com/high-resolution-wallpapers-on-wallpaper-goo-1067/high-resolution-wallpapers-on-wallpaper-goo-1067/

📺 이미지 배경 제거하기

배경이 없거나 하얀색 배경 이미지, 또는 PNG 파일 이미지를 활용하면 배경 제거 없이 활용할 수 있으나 세상 일이 그렇게 쉽지만 않다. 내가 필요한 이미지는 배경이 있는 경우가 대부분이다. 이미지를 선정하고 나서 '배경 없이 이미지만 있으면 좋겠는데..'라는 생각을 한 번 쯤은 해봤을 것이다. 배경을 제거한 이미지는 깔끔한 느낌을 준다. 배경 제거 기능은 파워포인트 2010 버전부터 지원하는 기능이다. 이미지의 배경을 제거하는 방법은 다음과 같다.

파워포인트에서 이미지 배경 제거하기

01 이미지에서 딸기의 뒷 배경을 제거해 보자. [삽입] 탭―[그림]을 클릭해 원하는 이미지를 삽입한다.

02 이미지를 선택한 후 [그림 도구]―[서식] 탭―[배경 제거]―[배경 제거]를 클릭한다.

03 보라색으로 표시되는 부분이 제거될 부분이다. 이미지 내에 생성된 네모 상자를 클릭하여 밖으로 드래그하면서 제거될 부분을 지정한다. 제거될 부분이 보라색으로 지정되지 않는 경우에는 배경 제거 메뉴 중에 [보관한 영역 표시], [제거할 영역 표시]를 클릭해서 이미지를 보관하거나 제거할 수도 있다.

04 제거할 배경 지역을 지정한 후에 이미지가 아닌 부분을 클릭하거나 Esc 를 눌러 배경을 제거할 수 있다.

출처: http://7-themes.com/7004863-strawberry-fruit-wallpaper.html

삽입한 도형에 이미지 넣기

파워포인트 자료를 제작하다 보면 텍스트 및 도형 디자인에 따라 이미지를 도형에 넣는 것이 효과적인 경우가 있다. 도형 안에 이미지를 넣는 방법에 대해 알아보자.

 **파워포인트에서 도형에 이미지 넣기**

01 [삽입] 탭-[도형]을 클릭해서 이미지를 넣을 도형을 삽입한다.

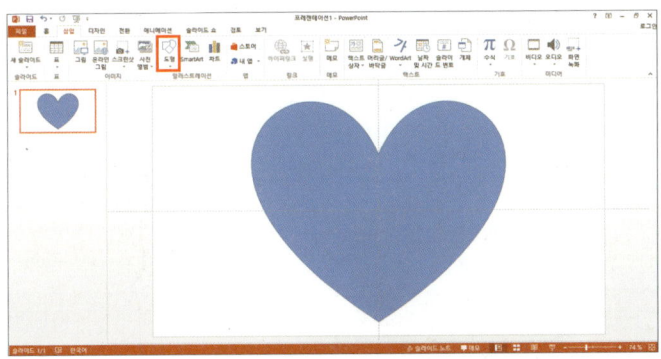

02 [그리기 도구]-[서식] 탭-[도형 채우기]를 클릭한 후 [그림]을 클릭한다.

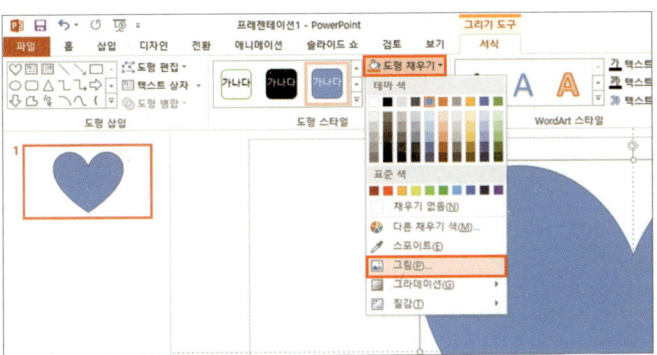

03 [그림 삽입] 대화상자가 나타나면 도형 안에 삽입시킬 이미지를 선택하고 [열기]를 클릭해 도형에 삽입한다.

04 다음과 같이 도형 안에 선택한 이미지가 삽입된 것을 확인할 수 있다.

출처 : http://webneel.com/40-beautiful-flower-wallpapers-your-desktop

Power 이미지 색 변경하기

이미지를 활용함에 이미 제작한 슬라이드 디자인 색과 너무 동떨어지는 경우가 있다. 파워포인트 문서의 전체적인 통일감을 위해서는 이미지도 같은 계열의 컬러를 활용하는 것이 좋다. 다음 그림을 한번 보자.

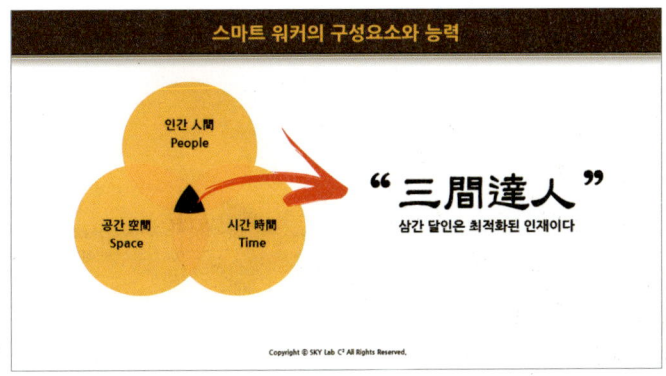

▲ 어울리지 않는 컬러

예시의 경우 디자인과 텍스트는 모두 노란색 계열과 검은색을 사용하고 있다. 삽입한 화살표 이미지가 빨간색이어서 왠지 이질감을 준다. 물론 독자 중에 이러한 색이 더 좋다고 생각하는 독자도 있을 것이다. 취향의 문제이다. 그러나 전체적인 파워포인트의 디자인과 색감을 비슷하게 가져가는 것이 통일감을 주고 안정적이다. 그럼 빨간색 이미지를 유사한 검은색 계열로 바꿔 보자.

이미지를 선택한 뒤 [그림 도구]-[서식] 탭-[색]을 클릭해 원하는 컬러를 선택한다. 원하는 컬러를 선택하면 위와 같이 디자인 및 텍스트와 일체감 있는 이미지로 변환시킬 수 있다.

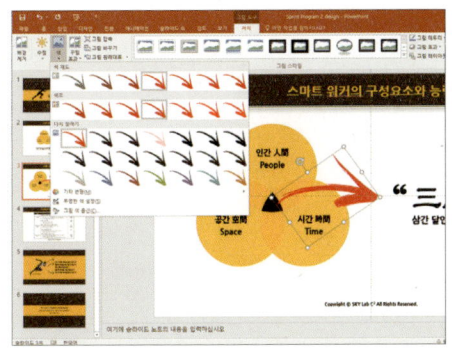 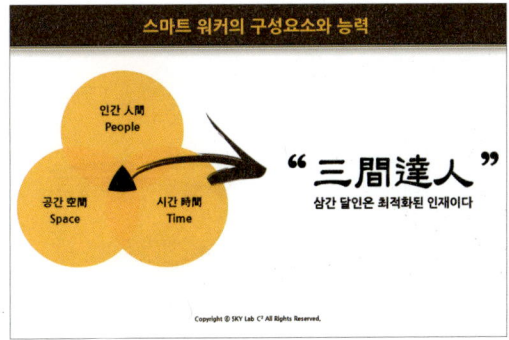

꾸밈 효과 활용하기

이미지를 활용함에 있어 원본 이미지 그대로 사용하는 것도 중요하지만 이미지를 조금 꾸며서 활용하는 것도 아주 좋은 활용 방법이 될 것이다. 요즘 유행하는 블러Blur 효과도 꾸밈 효과에서 나타낼 수 있다. 꾸밈 효과는 이미지를 선택한 후 [서식] 탭-[꾸밈 효과]를 클릭해 설정할 수 있다. 꾸밈 효과에 어떤 효과가 있는지 알아보자.

▲ 원본 이미지

▲ 표식

▲ 연필 회색조

▲ 연필 스케치

▲ 선 그리기

▲ 분필 스케치

▲ 페인트 스트로크

▲ 페인트 브러시

▲ 확산 네온

▲ 흐리게

▲ 밝은 화면

▲ 수채화 스폰지

▲ 필름 입자

▲ 모자이크 방울　　　　　　　　▲ 유리

▲ 시멘트　　　　　　　　▲ 질감 표현

▲ 열십자 에칭　　　　　　　　▲ 파스텔 부드럽게

▲ 플라스틱 워프　　　　　　　　▲ 강조

▲ 복사 ▲ 네온 가장자리

> 작업 방식

정보를 낚아라

04

▲ 교수자 지도 유형

위의 유형 중에 당신은 어떤 교수자인가? 필자도 수많은 교수자를 만나 보았지만 D Type 교수자를 만나는 일은 쉬운 일이 아니다. 가르치는 것의 핵심은 이해가 쉬운 사례와 은유를 담은 메타포Metaphor이다. 이런 사례와 은유는 모두 어디서 오는 것일까? 필자의 경험에 의하면 넓고 깊은 정보를 바탕으로 생겨난 개념적 사고에 의해서 생겨난다. 개념적 사고는 '전체를 바라보는 눈과 같다. 넓고 깊은 정보를 보기 위한 도구는 이미 우리 손에 들려있다. 스마트 디바이스'다.

얼마 전 미래창조과학부 조사에 의하면 스마트폰 이용자의 평균 사용시간은 4.1시간이라고 한다. 사용하는 앱은 1위가 모바일 메신저, 2위가 뉴스 검색, 3위로는 온라인 게임이 차지했다. 이 책을 읽는 당신의 스마트 디바이스의 용도는 무엇인가? 위의 순위처럼 속칭

'카톡폰'인가? 성공하는 교수자들은 정보 수집에 스마트 워커가 되어야 한다고 생각한다. 이는 교수자의 지도 유형 중 D Type 교수자가 될 수 있는 지름길이다. 스마트 디바이스를 이용한 정보 사냥 방법을 함께 알아보자.

정보 낚시의 환경을 구성하자

낚시 환경 조성은 디지털 생태계 구축과 그 맥을 같이 한다. 생태계를 만들기에 가장 좋은 곳은 구글, 네이버, 애플, 마이크로소프트 등이다. 필자의 경우 네이버와 마이크로소프트를 동시에 사용하는 환경을 추구하고 있다. 메일과 캘린더, 그리고 주소록의 기본 영역부터 정보를 찾는 영역, 그리고 온·오프라인 오피스 사용, 클라우드 영역과 커뮤니케이션 영역으로 분류하여 2가지로 함께 시스템 구성을 하고 있는 것이다.

이렇게 통합적으로 하나로 진행하는 것이 매우 중요하다. 예를 들어 메일은 한메일을 사용하고 연락처는 네이버와 연동, 클라우드는 구글을 사용한다면 매우 번거롭고 효율성은 떨어진다. 따라서 스마트 통합 관리는 한 곳으로 집중하는 것이 매우 중요하다.

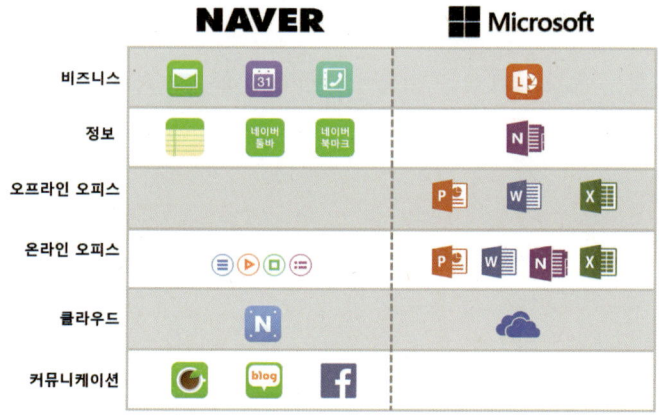

▲ 네이버와 마이크로소프트를 이용한 생태계 구축

그리고 이 2가지 환경은 스마트 디바이스와 PC 간의 동기화가 가능해 매우 편리하다.

국내 정보 낚시의 절대 강자 네이버

스마트 빅뱅 이후 필자는 수많은 사이트와 생태계 구축을 위해서 노력해왔다. 사용해 본 결과 각각의 장단점이 있지만 국내 환경에서의 구축에는 네이버가 으뜸이다. 구글 또한 유사한 서비스가 있고 일부 우위가 있으나 콘텐츠와 커뮤니케이션 부분이 아쉽다. 네이버는 신문, 사전, 캐스트와 같은 국내 정서의 콘텐츠가 가득하다. 더불어 타인과 소통할 수 있고 개인의 브랜드를 성장시킬 수 있는 강력한 네이버 블로그가 있다. 카페와의 연계성도 탄탄하다. 인터 트렌드(http://trend.logger.co.kr/trendForward.tsp)에 의하면 현재 다음과 같은 86%가 넘는 사람들이 네이버에서 콘텐츠를 소비하고 있는 것이다.

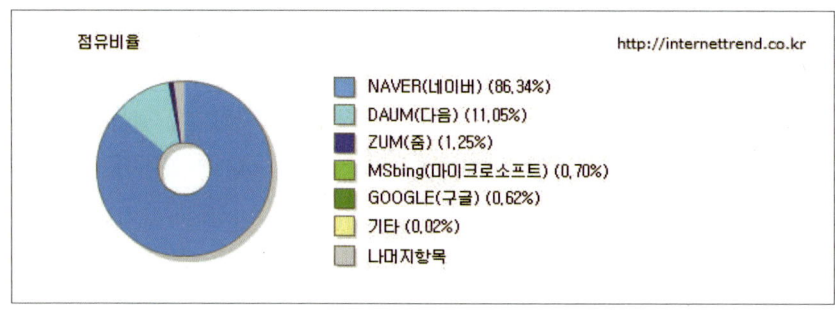

▲ 2016년 3월 25일 집필 기준

따라서 필자의 모든 정보의 핵심은 네이버가 되며 그곳에서 정보가 확대, 재생산된다.

1 | 네이버 북마크하자

네이버 북마크는 네이버가 보유하고 있는 콘텐츠를 한곳으로 모으는 가장 핵심 수단 중 하나이다.

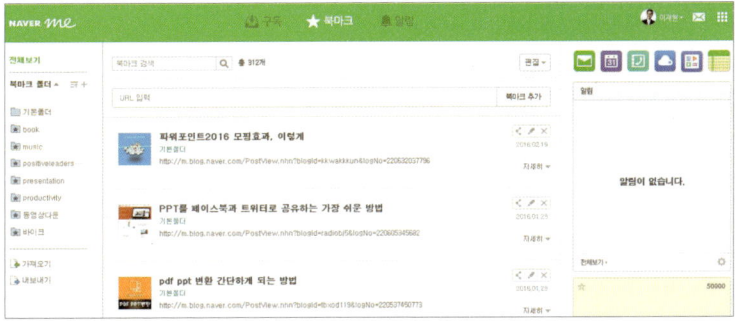

▲ 네이버 북마크

이동 중이나 자투리 시간에 스마트 디바이스를 보다가 필요한 자료를 본다. 만약 글로벌 금융에 관련된 자료가 필요하다면 읽다가, 다음의 그림과 같이 하단의 별 표시 북마크를 터치하면 바로 북마크로 저장이 된다.

 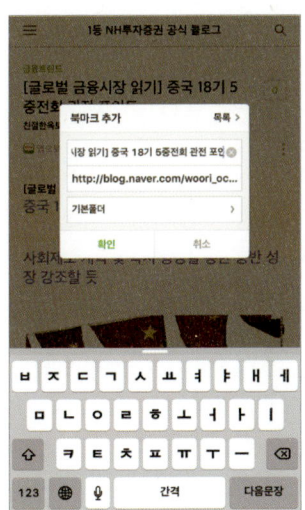

▲ 북마크 추가 방법

북마크한 내용들은 데스크톱 PC에서 확인할 수 있다. 또한 관련된 내용을 폴더로 구성하여 관리할 수 있다. 때로는 종이 신문을 보다가 스크랩하고 싶은 내용이 있다면 기사를 검색한다. 검색한 뒤 내용이 있다면 북마크를 해둔다. 또는 검색이 되지 않을 경우 스마트폰으로 촬영을 한다. 촬영한 뒤에 네이버 메모장이나 원노트로 넣어 두기도 한다.

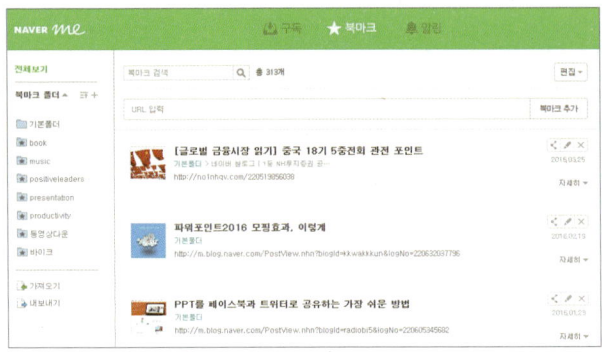

▲ 네이버 북마크

2 | 네이버 툴바로 모으자

네이버 툴바는 네이버가 가지고 있는 대부분의 자료를 검색하고 수집하고 편집하는 기능을 가지고 있다. 'tools.naver.com/service/toolbar/index.nh'에는 더욱 상세한 내용이 있다. 참고하여 사용하면 매우 편리한 정보 사냥 도구가 되니 참고하도록 하자.

▲ 네이버 툴바

네이버 툴바의 기능

북마크	북마크한 내용을 볼 수 있다.
캡처	보고 있는 내용을 이미지로 저장할 수 있다.
메모	간단한 메모를 바로바로 할 수 있다.
보내기	원하는 곳으로 해당 페이지를 보낼 수 있다.
퀵패스	자신의 개인 디바이스의 로그인을 할 수 있고 다른 사이트 자동 로그인도 돕는다.

3 | 페이스북을 이용해 보자

페이스북을 처음 시작했을 때 <u>뉴스피드</u> News Feed의 개념은 매우 낯설었다. 보고 싶지 않은데 내가 알지도 못하는 사람의 정보를 왜 보여주는지 이해가 가지 않았다. 개인이 알고 있는 내용이 상호 교환되어 전파된다는 뉴스피드의 개념이 SNS의 핵심이라는 것을 이해하기까지는 수개월이 걸렸다. 그러나 페이스북 사용 4년째인 지금, 필자는 창의적인 교수자라면 반드시 페이스북을 해야 한다고 말하고 있다. 교수자의 페이스북 사용 원칙은 3가지만 알면 된다.

▲ 페이스북 뉴스피드

<u>첫 번째, 전략적 [좋아요]를 사용한다.</u>
학습에 필요한 단체나 개인, 유명인, 그리고 브랜드, 관심 분야에 좋아요를 누른다. 또는 필요한 그룹에 가입을 한다. 이렇게 해두면 매일 아주 유용하고 양질의 자료들이 뉴스피드로 쉼 없이 올라온다. 하루 3분 뉴스피드를 올려보는 것만으로도 매우 빠른 정보를 얻을 수 있고 지구 곳곳의 이야기를 빠른 속도로 알 수 있다.

<u>두 번째, 정보를 저장한다.</u>
뉴스피드에 필요한 자료가 보이면 공유하여 자신의 타임라인에 둔다. 필자의 경우 일주일에 한 번 가량 수집한 자료를 정리한다. 네이버 자료는 북마크로 보내고 네이버 이외 자료는 복사하거나 캡처를 하여 원노트로 클립핑을 한다.

<u>세 번째, 불필요한 정보는 걷어낸다.</u>
불편한 글을 올리거나 상업적인 느낌이 나는 친구나 단체는 과감하게 팔로우 취소, 좋아요 취소를 눌러서 걷어낸다. 심각한 경우에는 게시물 신고나 친구를 끊기를 할 수도 있

다. 하루 3분 터치로 청정 페이스북을 만들어 보자.

4 | 블로그의 새 글을 보자

블로그의 새 글은 뉴스피드의 개념과는 다르게 조금은 단순하다. 이웃을 맺은 사람의 새로운 글이 올라오면 보여주는 것이다. 따라서 관심 있는 블로그를 관심 블로그로 등록해 두고 블로그 앱을 보면 관심 분야의 새 글이 끊임없이 올라온다. 자신의 일과 관련된 파워블로거들과 이웃 또는 서로 이웃을 맺어 두자.

▲ 블로그 이웃 새글 화면

벤치마킹 낚시를 하자

기존에 있는 교수 학습안을 몇 해가 지나도록 앵무새처럼 읽고 말하는 교수자가 있는 반면 꾸준히 콘텐츠를 변화시키는 부지런한 교수자도 있다. 새로운 정보와 변화하는 시대에 맞는 해석은 교수자에게 가장 중요한 일이 아닐까? 새로운 정보를 얻는 일도 중요하지만 다른 교수자의 자료나 정보를 보는 것은 학습하는 교수자로서 매우 중요한 일이다. 그렇다면 어떻게 타인의 자료를 찾을 수 있을까?

1 | 구글에서 자료를 낚자

구글에는 다른 교수자들, 즉 관련업을 하는 사람들이 올린 수많은 자료들이 존재한다. 이 자료를 찾기 위해서 filetype : tag를 활용해 보자. 검색하고자 하는 단어와 확장자를 넣으면 된다. 예를 들어 원하는 자료가 '인간관계'라면 '인간관계.PPT'로 검색해 보자. 키워드 + PNG 이미지 검색 방법과 비슷하다.

▲ 구글에서의 확장자 검색

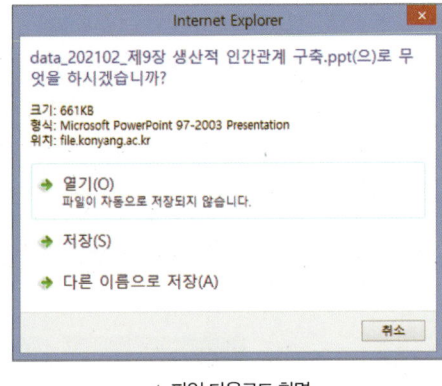

▲ 파일 다운로드 화면

가장 상위에 검색된 페이지를 클릭하는 순간 파워포인트 파일 다운로드를 묻는 창이 나타난다. 검색 키워드에 확장자만 붙이면 어떤 파일이든 자료 낚기는 가능하다.

프로그램별 확장자

파워포인트 확장자	인간관계.ppt, 인간관계.pptx
워드 확장자	인간관계.doc, 인간관계.docx
엑셀 확장자	인간관계.xls, 인간관계.xlsx
포토샵 확장자	인간관계.psd
아크로뱃 확장자	인간관계.pdf

2 | 슬라이드 쉐어를 열어 보자

타인의 슬라이드를 보는 것은 벤치마킹에 가장 좋은 수단이다. 슬라이드를 공유하는 사이트 중에서 가장 많은 양의 콘텐츠를 품고 있는 곳은 'www.slideshare.net'이다. 이 사이트는 프레젠테이션 파일이나 PDF, 워드 파일 등을 공유하는 사이트로서 방대한 자료를 가지고 있다. 자료가 카테고리별로 잘 정리되어 있어 원하는 주제를 찾기도 편하다. 회원가입을 하면 원하는 자료를 PDF 형태로 다운로드할 수도 있다.

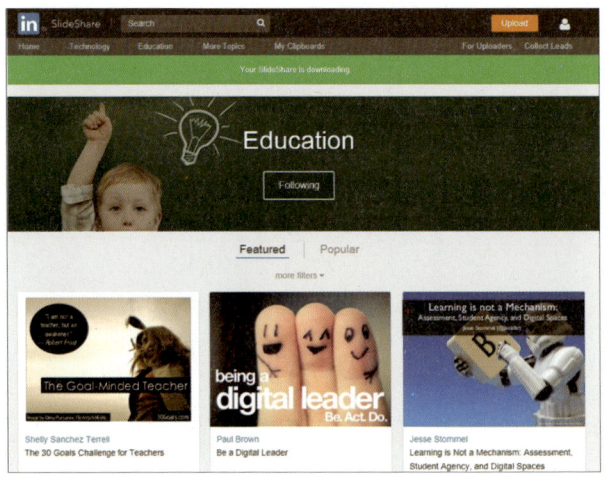

▲ 슬라이드 쉐어 교육 카테고리

위 이미지는 슬라이드 쉐어 교육 부분의 카테고리이다. 이 안에서 관심 있는 사람을 팔로우하면 구독이 가능하다. 일부 불편한 점은 사이트에서 한글을 지원하지 않기 때문에 영어로 검색해야 한다는 점이다. 그러나 간단한 영문 검색만으로도 무수히 많은 한글 자료를 볼 수 있으니 자료 검색에 매우 유용한 사이트라 하겠다.

작업 방식

그래프! 도형으로 만들자

05

파워포인트의 기능 중에서 최고의 난이도를 매긴다면 필자는 단연 차트를 뽑겠다. 차트가 존재하는 이유는 숫자와 변화, 그리고 비교이다. 수치의 높낮이, 크기를 표현하고 그것이 변화되고 있는 차이를 나타내며 이것을 비교하여 분석할 수 있게 하는 것이다. 일반적인 비즈니스 문서에서 차트의 힘은 절대적이다. 논리와 신뢰를 지켜주는 중요한 척도이기 때문이다. 따라서 차트를 만드는 역량에 따라 파워포인트의 실력을 가늠할 수 있을 정도이다.

그러나 교수자의 파워포인트에서는 다르다. 우리가 전달하고자 하는 것은 숫자가 가지고 있는 의미를 표현하는 것이다. 따라서 어려운 차트를 힘들게 공부해서 만들 필요가 없다. 차트를 이용해서 복잡한 작업을 하는 것보다 도형을 이용해서 쉽게 작업하는 것이 속도의 원칙을 지키는 길이다.

도형으로 만든 그래프

다음 그래프는 모두 도형으로 만들었다. 간결하고 짧게 만들어 의미를 전달하는 개념으로 사용된다. 몇몇 예를 살펴보자.

공공 도서관 이용률에 대한 빈도를 표현하였다. 볼륨이나 이퀄라이저를 연상하게 하는 디자인으로 만들었다. 도형 중 [모서리가 둥근 직사각형], [타원]과 아이콘을 이용해서 만들었다.

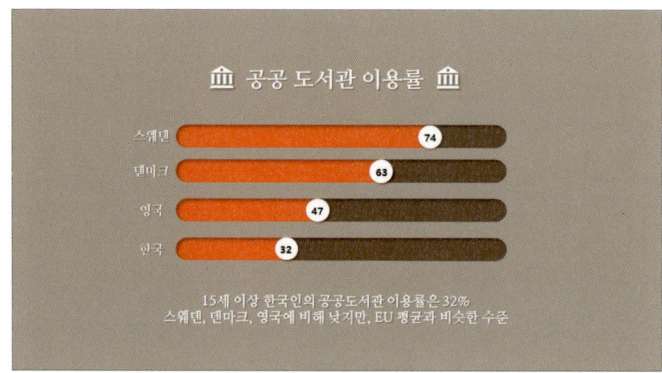

▲ 도형을 이용한 그래프 1
아이콘 : 플랫 아이콘 닷컴 / 폰트 : 서울 한강체 EB체 / 도형

고객만족지수 향상도에 대한 그래프이다. 3가지 요소를 도형 [도넛], [막힌 원호]를 이용해서 %를 표현했다.

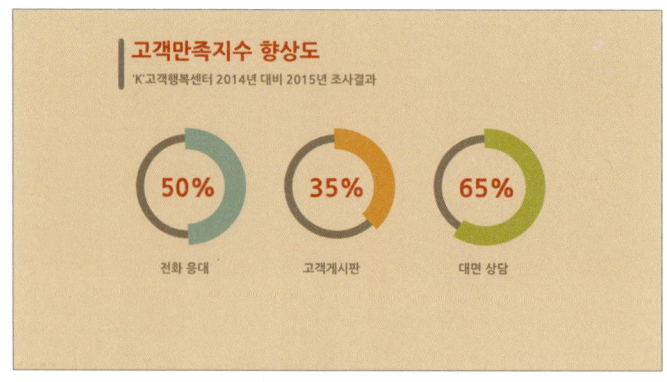

▲ 도형을 이용한 그래프 2
폰트 : 나눔 고딕 Extra체 / 도형

글로벌 브랜드의 가치 순위를 도형으로 만든 그래프이다. 브랜드의 가치를 표현하고 자신 브랜드에 대한 가치를 평가하도록 해본다. 도형의 [모서리가 둥근 직사각형], [선], 그리고 각 브랜드 이미지를 이용해서 디자인했다.

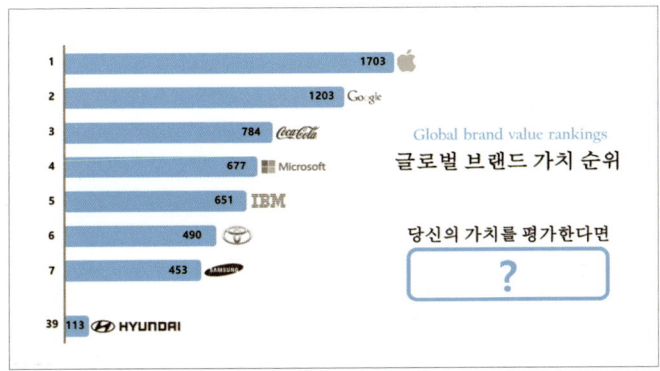

▲ 도형을 이용한 그래프 3
폰트 : 부산 바다체, 맑은 고딕체 / 도형 / 기업 로고

열정적인 사랑이 유지되는 기간을 표현한 그래프이다. 18~30개월 이후에는 열정적인 사랑이 아닌 편안함과 익숙한 사랑의 감정을 느끼게 된다는 의미이다. [자유 곡선], [화살표]와 [네이버 손글씨 붓] 폰트를 이용하여 만들었다.

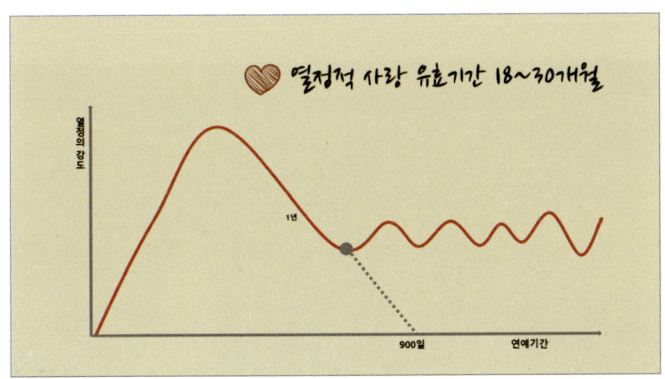

▲ 도형을 이용한 그래프 4
폰트 : 나눔 손글씨 붓체, 맑은 고딕체 / 도형

중국의 소셜 커머스 업체의 합병에 대한 자료이다. 중국의 시장 점유율을 세로 바를 이용해서 표현했다. 중요한 두 업체를 중앙으로 배치하고 % 표시 없이 숫자로 표현하였다. [사각형 설명선], [타원], [네이버 바른 고딕] 폰트를 이용해서 작업했다.

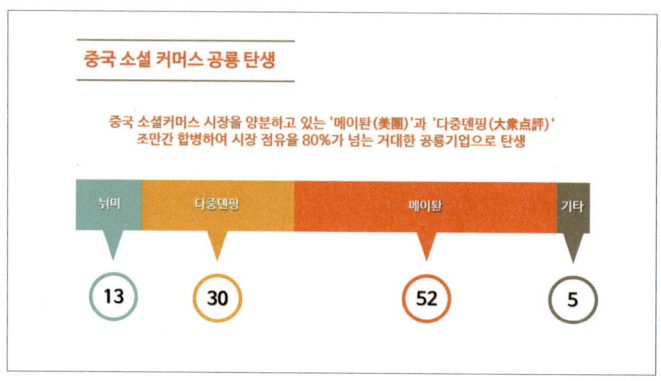

▲ 도형을 이용한 그래프 5
폰트 : 나눔 바른 고딕체 / 도형

프로야구단의 좌석 점유율을 나타내주는 자료이다. 좌석 점유율을 삼각형으로 표현하였다. 상위 숫자로 표현을 하면서 야구 모양의 아이콘을 하나 첨부하고 도형의 크기를 조정하여 점유율이 가장 높은 선수단을 간접적으로 보여준다. 여러 가지 색을 이용하여 팀을 표현했다.

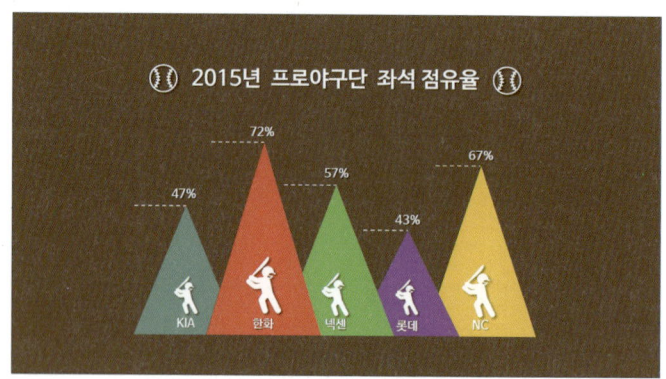

▲ 도형을 이용한 그래프 6
아이콘 : 플렛 아이콘 닷컴 / 폰트 : 나눔 바른 고딕체 / 도형

작업 방식
인포그래픽 Infographics 을 활용하자

06

교수자들은 학습 대상자에게 정보나 지식을 전달하는 역할을 한다. 정보나 지식을 전달하는 과정에서 텍스트 위주로 전달하는 것도 중요하다. 하지만 우리는 광범위한 데이터 속에서 살아가기 때문에 수많은 정보와 데이터를 정리하여 수치화, 구체화, 시각화해 효율적으로 전달할 수 있다면 더욱 금상첨화일 것이다. 효율적 전달을 위해 인포그래픽 Infographics을 활용해 보자.

> 인포그래픽Infographics은 Information + Graphics의 합성어로 정보, 자료, 그리고 지식을 시각적으로 나타내는 것을 말한다. 교수자들이 전달하고자 하는 정보나 자료, 그리고 지식 정보를 구체적, 표면적, 실용적으로 전달한다는 점에서 일반적인 그림, 사진 등과는 구별된다. 복잡한 정보를 빠르고 명확하게 설명해야 하는 기호, 지도, 기술 문서 등에서 사용된다. 차트, 지도, 다이어그램, 흐름도, 로고, 달력, 일러스트레이션, 텔레비전 프로그램 편성표 등이 인포그래픽에 포함된다.
>
> 출처 : 위키 백과

인포그래픽을 만들자

대학에서 인포그래픽은 주로 파워포인트 제작 등에 사용되며, 취업 시 일부 기업체에서는 인포그래픽을 이용한 자기소개서를 요구하기도 한다. 또한, 어떤 콘텐츠를 대상으로 그에 관련한 다양한 인포그래픽 공모전도 존재한다.

구글이나 네이버 등 포털 사이트에 '인포그래픽'으로 검색하여 이미지를 찾으면 수많은 인포그래픽 이미지를 볼 수 있다. 현란한 컬러와 화려한 그러데이션, 갖가지 도형, 그리고 여러 가지 아이콘과 한눈에 들어오는 카피 문구 등을 확인할 수 있다. 전문가들이 만든 인포그래픽처럼 만들 수는 없지만, 우리가 교육하고 강의하려는 대상자들에게 전달하려는 지식과 정보를 깔끔하게 전달할 수 있다. 또한 전달하는 방법을 조금만 연구한다면 강의나 교육의 효과는 배가 될 것이다.

그럼 인포그래픽을 제작하는 순서에 대해 알아보자.

인포그래픽의 효과적 작업 단계

 Step 1. 수집하기	교수자들이 학습 대상자들에게 전달하고자 하는 정보나 지식을 수집하는 것이 첫 번째 단계이다. 이때 자신이 전달할 내용을 명확하게 인식해야 한다. 이러한 정보는 자신이 강의하거나 교수하는 콘텐츠에서 찾을 수도 있고 인터넷이나 방송, 서적 등 여러 매체를 통해 수집할 수 있다. 선택 후에는 꼼꼼히 자료를 읽어보고 전달하고자 하는 내용의 중요 키워드를 찾아내는 것이 중요하다.
 Step 2. 비주얼 씽킹	두 번째 과정은 손 그림 그리기이다. 이 과정을 생략하고 바로 파워포인트로 직행하는 교수자들이 대다수이다. 파워포인트로 직행을 하면 컴퓨터를 켜놓고 디자인을 생각하게 된다. 이 도형 저 도형 넣어보고 지우기를 반복할 것이다. 시간은 시간대로 흘러가고 머리 속은 복잡해진다. 컴퓨터를 끄고 손그림으로 그려 보자. 이제 중요 키워드를 찾아냈으면 이를 전달하기 쉽게 그림으로 구상을 해본다. 이때 중요한 것은 형식에 얽매이지 않는 것이다. 어떠한 형태나 모양도 괜찮다. 형식에 얽매이게 되면 사고가 경직되어 창의적인 그림이 나오지 않을 것이다. 이때 한 가지 팁은 다른 인포그래픽 디자인을 보면서 내가 전하고자 하는 내용에 적합한 디자인을 찾는 것도 1가지 방법이다. 그림을 잘 그리는 것도 중요하지 않다. 예쁘게 디자인하는 것은 파워포인트에서 해도 충분하다.
 Step 3. 파워포인트 제작하기	손 그림을 모두 그렸으면 이를 토대로 파워포인트를 제작하는 것이 마지막 단계이다. 필요한 이미지나 아이콘을 수집하고 키워드 내용대로 내용을 작성한다. 파워포인트 1장에는 많은 내용을 넣을 수 없음으로 1장의 제안서 One page proposal처럼 슬라이드 1장에 지식과 정보를 담아내는 것이 중요하다.

1 | United System IT R&D 사업부 인력 배치 현황

필자가 제작한 인포그래픽을 간단하게 소개한다. 강의 중에 사용하는 자료와 신문 기사를 활용해서 작업한 인포그래픽이다.

모 IT 회사의 연구 인력 상황과 업무 실적을 상대 평가한 인포그래픽이다. 위에는 연도별 인력 현황을 사람 아이콘으로 표현했다. 아래 도넛 그래프는 사업부의 4개팀이 업무 실적을 점유율 형태로 나타내 성과를 상호 비교 차트로 보여줬다. 다음 꺾은선 그래프는 연도별 팀 연구 실적을 나타내는 것으로 지난 4년 동안의 성과 변화 추이를 보여준다.

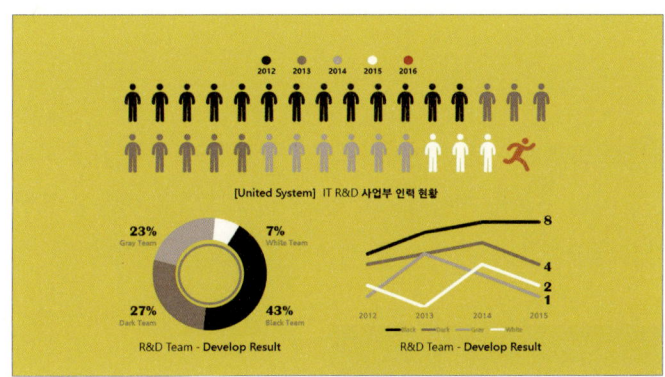

▲ 인포그래픽 1

2 | Exchange Traded Funds 성장 예측과 대표 기업들

ETF : Exchange Traded Funds의 성장 가능성을 예측하는 인포그래픽이다. 왼쪽에는 2020년까지 성장세를 나타내는 규모를 동전 주머니 모양의 아이콘으로 표현했는데 그 크기를 각자 변화시켜 성장을 표현하였다. 오른쪽에는 EFT 관련 회사들의 시장점유율을 나타내고 있다. 모 대학 마케팅 교수님의 자료를 인포그래픽했다.

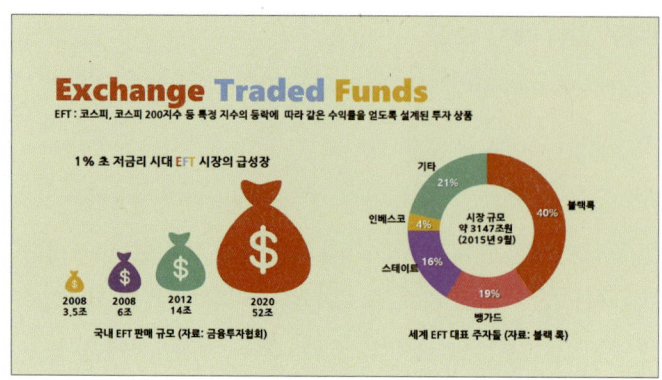

▲ 인포그래픽 2

3 | 항공 업계의 변화의 시작

항공 업계 변화를 3가지 그래프로 표현한 인포그래픽이다. 각 항공사의 이익률을 막대 그래프로 표현하고 1개의 항공사 비용 구조를 거품형으로 만들어 그 크기로 비율을 표현했다. 항공사 비용 구조에서 가장 중요한 항공유 추이를 꺾은선 그래프로 표현하였다.

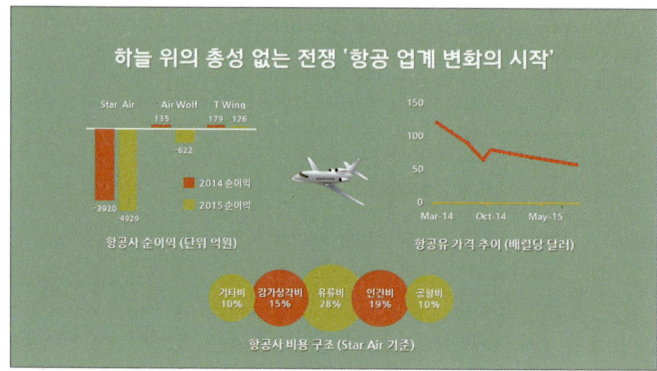

▲ 인포그래픽 3

4 | 미국 내 독립형 근로자의 구성도

미국 내 독립형 근로자를 아이콘 하나를 이용하여 퍼센트 개념으로 만들었다. 밀레니엄 세대부터 노년층까지 아이콘의 구성으로 %를 만들고 1990년부터 15년 동안 세 분류의 독립형 근로자를 꺾은선 그래프로 표현하였다. 신문 기사의 글을 이용하여 인포그래픽을 만들었다.

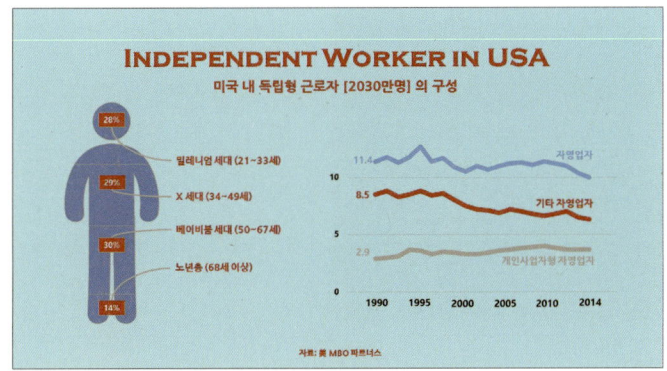

▲ 인포그래픽 4

5 | 세계 메모리 반도체 시장 점유율

메모리의 종류와 용도, 그리고 제조사를 아이콘과 다양한 컬러로 표현하였다. CPU의 사용은 많이 줄어들고 D램의 수요가 증가함에 따라 D램과 낸드 플래시$^{Nand\ Flash}$의 시장 점유율을 도넛형 차트로 만들어 표현하였다. 신문 기사를 참조하여 만들었다.

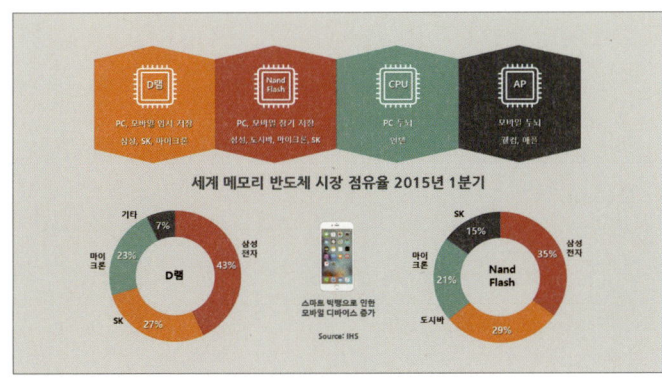

▲ 인포그래픽 5

6 | 평균 노인 기준 연령과 65세 이후 의료 비용

한국인들이 노인이라고 인식하는 나이의 변화 추이를 10년 단위 막대 변화 그래프로 표현하였다. 65세 이후 의료비를 남녀 아이콘에 2가지 색으로 표현하여 만들었다. 노령 인식 연령이 크게 변화가 되었으며 65세 이후 의료비는 남성이 더 필요한 것으로 나타났다.

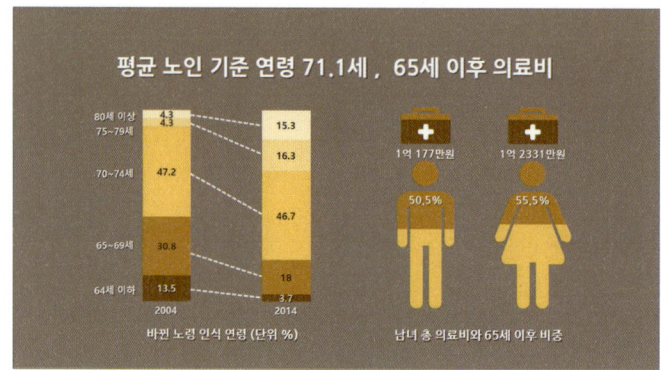

▲ 인포그래픽 6

작업 방식
차트Chart는 가볍게 사용하자

07

앞서 말한 것과 같이 차트Chart는 최고의 난이도를 자랑한다. 처음 사용하는 교수자는 손대기 무척 어려울 정도이다. 그러나 차트의 장점은 복잡한 숫자가 존재하고 정확한 수치가 필요할 경우 매우 강력하다는 것이다. 꼭 필요하다면 차트를 가볍게 사용해 보자.

▲ 차트는 최고 난이도 작업이지만 가벼운 활용법은 있다

필자는 차트 사용의 3원칙을 다음과 같이 말하고 싶다.

1. 삽입된 수치를 엑셀에 넣는다.
- 파워포인트를 사용하기 위해선 엑셀의 기본적인 기능을 알아야 한다. 합산과 평균 정도의 기본 함수를 이용하여 수치를 만들어 보자.

2. 차트를 선택한다.
- 시간, 비교, 변화, 점유율, 분포도, 면적, 요소 비교, 합산, 평균 등 변수에 따라 차트의 종류를 선택한다.

3. 디자인을 일치시킨다.
- 가능한 엑셀에서 제공하는 디자인을 사용하되 강의 파워포인트와 이질감을 느끼지 않을 색으로 일치시킨다.

삽입될 수치를 엑셀에 넣어 보자

우리가 작업할 내용은 전기차 배터리 세계 시장 점유율이다. 한국, 중국, 일본의 연도별 점유율에 대한 수치이다. 판매 용량을 기준으로 하고 있다. 차트 사용의 3원칙에 따라 수치를 엑셀에 넣는 작업부터 시작한다. 다음은 엑셀에 수치를 넣은 화면이다.

	기타	중국	일본	한국
2010	8.6	0	75.9	15.5
2011	2		85	13
2012	0	0	65	35
2013		6.5	57	36.5
2014		8.3	61.1	30.6

▲ 삽입될 엑셀 데이터

차트의 종류를 제대로 알고 선택하자

차트 사용의 3원칙 두 번째 작업을 하기 위해서는 차트의 종류를 파악할 필요가 있다. 차트의 종류를 알아보고 시간, 비교, 변화, 점유율, 분포도, 면적, 요소 비교, 합산, 평균 등 변수에 따라 차트의 종류를 선택한다. 파워포인트 2013 버전까지는 11개의 차트가 있었다. 그 내용은 다음과 같다.

파워포인트 2013 버전 차트 종류

종류		설명
세로 막대형		세로 막대형 차트에는 일반적으로 가로(항목) 축을 따라 항목이 표시되고 세로(값) 축을 따라 값이 표시된다.
꺾은선형		꺾은선형 차트는 일정한 배율의 축에 시간에 따른 연속 데이터가 표시되므로 월, 분기, 회계 연도 등과 같은 일정 간격에 따라 데이터의 추세를 표시하는 데 유용하다.
원형		원형 차트에서는 데이터 계열 하나에 있는 항목의 크기가 항목 합계에 비례하여 표시된다. 원형 차트의 데이터 요소는 원형 전체에 대한 백분율로 표시된다.
가로 막대형		가로 막대형 차트에서는 개별 항목을 비교하여 보여준다. 일반적으로 항목은 세로 축을 따라 구성되고 값은 가로 축을 따라 구성된다.
영역형		영역형 차트는 시간에 따른 변화를 보여 주며 합계 값을 추세와 함께 살펴볼 때 사용할 수 있다. 각 값의 합계를 표시하여 전체에 대한 부분의 관계도 보여 준다.
분산형		분산형 차트에는 2개의 값 축, 즉 가로(x) 및 세로(y) 값 축이 있다. 분산형 차트는 일반적으로 과학, 통계 및 공학 데이터와 같은 숫자 값을 표시하고 비교하는 데 사용된다.
거품형		분산형 차트와 매우 유사한 거품형 차트는 세 번째 열을 추가하여 데이터 계열의 데이터 요소를 나타내기 위해 표시하는 거품의 크기로 표현한다.
주식형		주식형은 일일 강우량이나 연간 기온 등 기타 데이터의 변화를 표시할 수 있다. 열 머리글로 입력된 고가, 저가, 종가를 순서대로 사용하여 데이터를 정렬하는 것에 주의한다.
표면형		표면형 차트는 두 데이터 집합 간의 최적 조합을 찾을 때 유용하다. 색과 무늬는 같은 값 범위에 있는 지역을 나타내며 항목과 데이터 계열이 모두 숫자 값인 경우에 만들 수 있다.
도넛형		원형 차트와 마찬가지로 전체에 대한 각 부분의 관계를 보여 주지만 데이터 계열이 2개 이상 포함될 수 있다는 점이 다르다.
방사형		워크시트의 여러 열이나 행에 있는 데이터를 방사형 차트로 그릴 수 있다. 여러 데이터 계열의 집계 값을 비교한다.

2016 버전부터는 거품형과 도넛형이 사라지고 다음 6가지의 차트가 추가되었다.

파워포인트 2016 버전에서 추가된 차트 종류

차트 종류	아이콘	설명
트리 맵형		트리 맵형과 선 버스트형 차트는 계층이나 레벨의 값을 사각형과 고리형으로 비교해 준다. 히스토그램형 차트는 특정 수치를 막대 그래프와 특정 수치로 나타낸다.
선 버스트형		
히스토그램형		
상자 수염 이미지형		상자 수염 이미지형 차트는 평균 및 이상 값을 강조하여 표시한다. 따라서 평균값을 내거나 비교할 때 유용하다.
폭포형		플러스 값과 마이너스 값을 나타낸다. 특정 자료의 입력과 출력의 흐름 등에 활용하기 용이하다.
콤보형		콤보형 차트는 2가지 차트를 하나의 차트로 보여준다.

차트 사용의 3원칙 첫 번째 단계로 돌아가 보자. 전기차 배터리 세계 시장 점유율이다. 한국, 중국, 일본 3개국의 비교, 5년이라는 시간, 시장에서의 점유율을 차트로 표현하고자 한다. 이러한 경우 [100% 기준 누적 세로 막대형]이 가장 잘 어울린다고 판단하였다.

차트를 삽입하고 나타나는 엑셀 창에 데이터를 입력한다. 데이터는 첫 번째 단계에서 입력한 수치를 말한다.

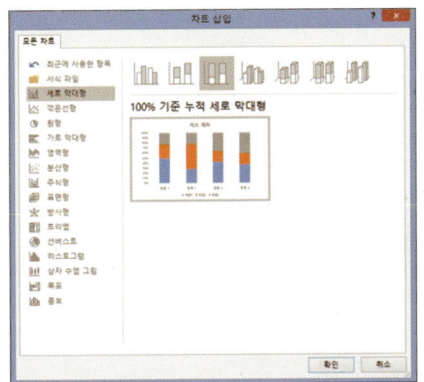 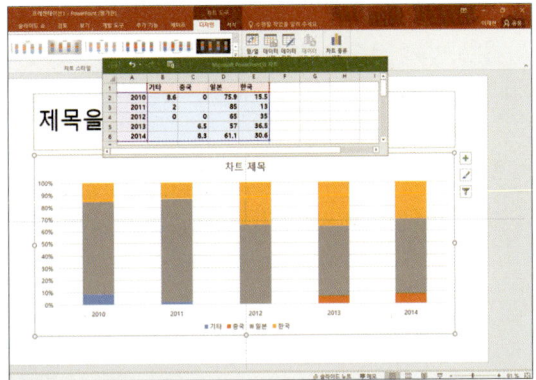

▲ 100% 기준 누적 세로 막대형 차트

본 차트는 베이지색을 바탕으로 하고 있어 대부분의 강렬한 컬러를 받아 들일 수 있다. 디자인은 모두 파워포인트에 있는 디자인으로만 꾸몄다. 그래프의 컬러와 일부 레이아웃만 조정을 했다. 차트는 매우 복잡한 기능과 지식을 요구한다. 따라서 이처럼 간단히 만들어 사용하길 권한다.

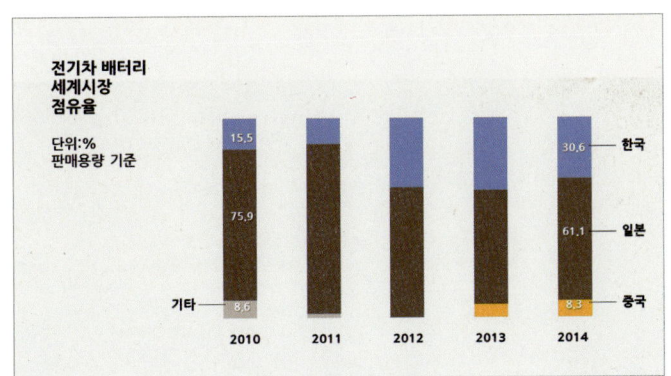

▲ 간단히 제작한 그래프

차트를 이용한 여러 디자인을 살펴보자

차트를 이용한 여러 디자인을 참고하면 도움을 많이 받을 수 있다. 다음은 도넛 차트를 이용한 직장인의 해외 여행지 자료이다. 도넛의 색과 텍스트 색을 맞추고 홍콩의 야경 이미지를 넣어 점유율을 표현하였다.

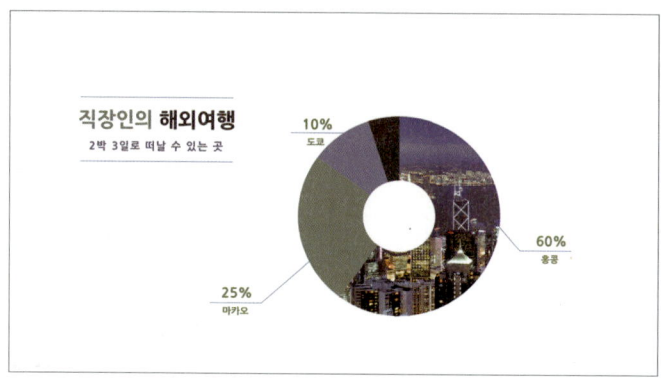

▲ 직장인 해외 여행에 대한 도넛 차트

다음은 커뮤니케이션 진단을 위한 교류 분석 TA : Transaction Analysis 그래프이다. 각 요소가 시간에 따른 변화를 보이고 있다. 5가지 요소를 방사형으로 표현하고 2년 동안의 변화를 표시했다.

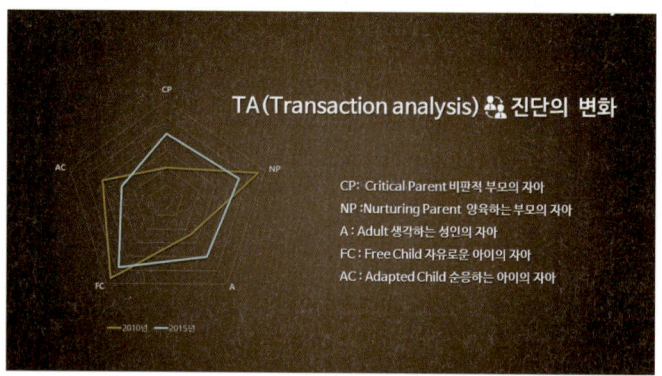

▲ 교류 분석의 변화를 표현한 방사형 차트

다음은 연도별 출생아 수를 꺾은선 그래프로 표현한 것이다. 2014년 마지막에는 작은 아이콘을 하나 넣어 현재 위치를 표현하였다. 올리브색 디자인과 어울리는 남색 선을 연결했다.

▲ 출생률의 변화를 표현한 꺾은선 차트

다음은 아이들과 만드는 가상의 국가 신뢰도 평가이다. 3개국의 3가지 요소를 표현했으며 가로 막대형 선에서 수치만 일부 변경했다.

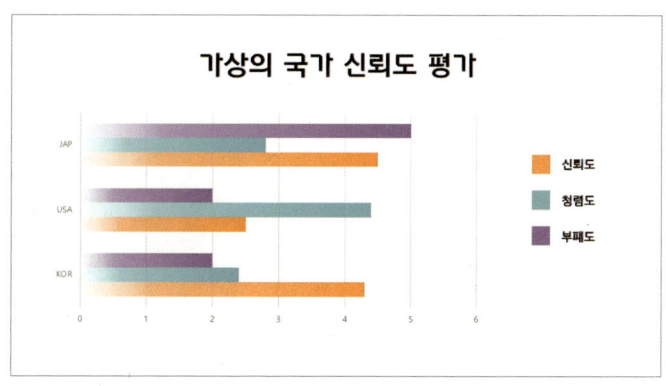

▲ 국가 신뢰도를 가로 막대로 표현한 차트

다음은 모바일, IT 기기용 리튬이온배터리 세계 시장 점유율 그래프이다. 한국, 중국, 일본 3요소를 약 5년 단위의 점유율을 영역형 그래프로 표현했다.

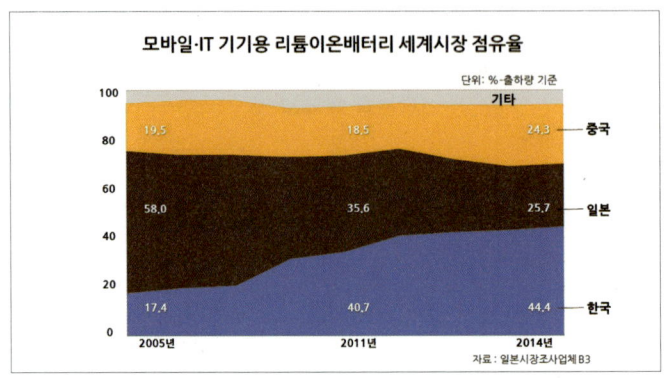

▲ 리튬이온 배터리 - 세계 점유율을 표현한 영역형 차트

다음은 모바일 커머스 시장의 성장세를 나타낸 세로 막대 그래프이다. 연도별 매출액을 표현하고 각 연도별 다른 컬러를 주었다. 막대 그래프에 입체 효과를 주고 아랫부분에는 이미지 그림자를 주어 입체감을 더 강조하였다.

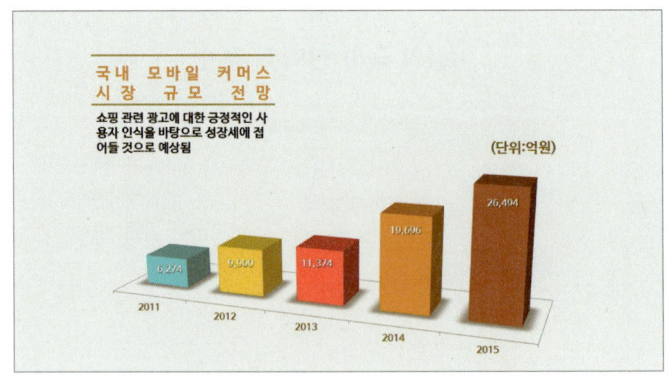

▲ 국내 모바일 규모를 입체 세로 막대로 표현한 차트

작업 방식
말풍선으로 확대하라

08

강의를 위해서 우리는 신문 자료나 웹에서 구한 자료를 강의안에 넣는 경우가 있다. 이런 자료들은 대부분 고딕 계열이 아닌 명조 계열이며 크기가 작아서 가독성이 매우 낮다. 이런 자료를 있는 그대로 파워포인트에 넣는다면 학습자들은 눈썹 사이를 구기면서 작은 글씨를 보려고 노력해야 한다. 생각해 보자.

파워포인트의 용도는 무엇인가?

그 답은 다음과 같이 정의하고 그 의미를 알 수 있다.

파워포인트의 개념과 의미

종류			
개념	프레젠테이션 프로그램	워드프로세스 프로그램	스프레드시트 프로그램
의미	듣는 이에게 정보, 기획, 안건을 제시하고 설명하는 행위를 가리킨다. 시청각 자료를 활용한 발표이다.	종이에 인쇄하는 문서를 만드는 프로그램이다.	숫자를 연결하고 통합하여 차트와 그래프로 정보를 보여주는 역할을 한다.

🔌 말풍선을 적절히 사용해 보자

파워포인트는 워드와 엑셀과는 달리 시각적 효과가 중요하다. 즉 텍스트보다는 이미지나 도형으로 지식이나 정보를 전달하는 것이다. 따라서 텍스트 위주의 파워포인트는 가독성이 떨어지고 자칫 지루해지는 파워포인트가 되기 쉽다. 그러나 자료를 작성함에 있어 부득이 하게 텍스트가 많은 자료를 삽입해야 하거나 복잡한 이미지를 넣어야 할 경우가 있다. 이 경우에는 말풍선을 활용해 보자.

파워포인트에서 활용할 수 있는 말풍선은 다음과 같다. 파워포인트 도형에서는 설명선이라고 되어 있다.

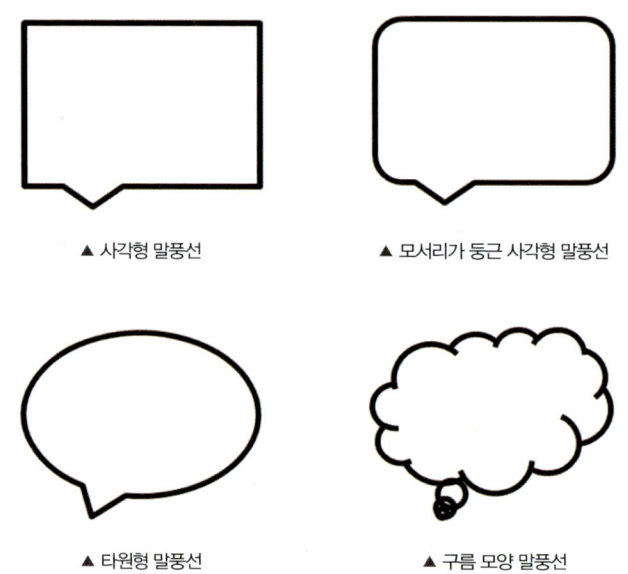

▲ 사각형 말풍선　　　▲ 모서리가 둥근 사각형 말풍선

▲ 타원형 말풍선　　　▲ 구름 모양 말풍선

그럼 말풍선을 사용하는 경우를 한번 보자.

1 | 신문 기사 등을 인용하는 경우

아래와 같은 기사를 사용한다고 생각해 보자. 이 기사에서 우리가 사용하고 싶은 내용은 한 부분이다. 그냥 기사를 파워포인트에 붙이는 것은 파워포인트를 워드 프로그램으로 사용하는 것과 다름없다. 이렇게 필요한 경우에는 텍스트는 말풍선에 넣어 가독성을 높여주는 것이 좋다.

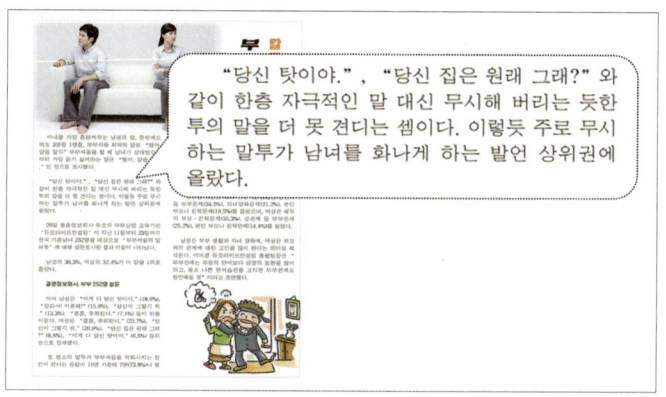

▲ 신문 기사를 인용한 디자인
출처 : 중앙일보

2 | 복잡한 부분을 확대하는 경우

파워포인트를 작성하다 보면 복잡한 설계도나 복잡한 이미지를 삽입해야 할 경우가 있다. 이 경우 이미지 중에서 어느 한 부분을 크게 보여줘야 할 필요성이 있을 때 말풍선을 활용하면 효과적이다.

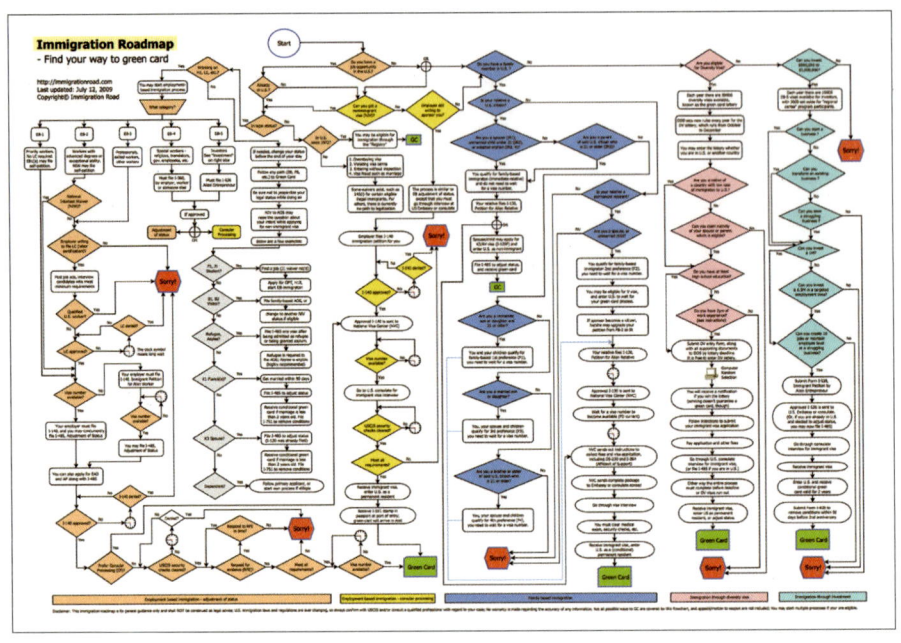

▲ 복잡한 설계도

출처 : www.motherjones.com/politics/2013/01/whats-happening-immigration-reform-explained

위와 같은 복잡한 이미지를 삽입하는 경우 전체 컬러를 흑백으로 변환시키고 표현하고자 하는 특정 부분 컬러를 강한 컬러로 말풍선을 만들어 준다.

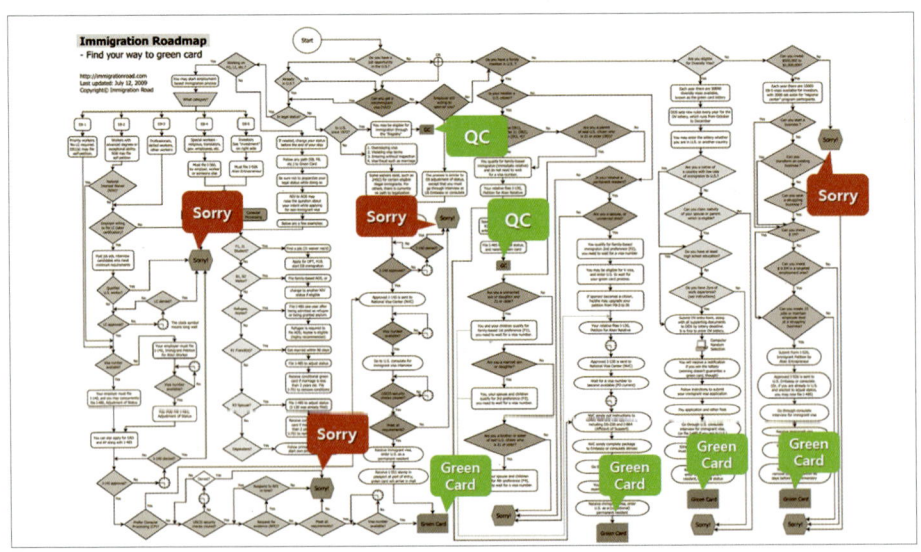

▲ 말풍선을 추가한 설계도

3 | 중요한 부분을 강조하는 경우

그래프나 도해에서 설명을 요하는 중요한 부분이 있는 경우 중요한 곳에 말풍선을 활용하면 효과적으로 설명할 수 있다.

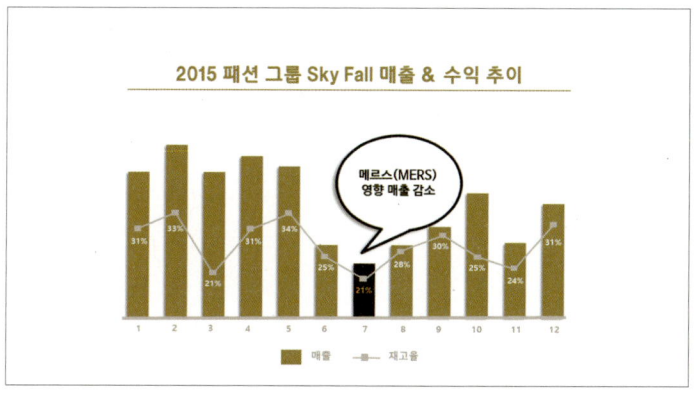

▲ 중요 데이터를 말풍선으로 강조한 그래프

다양한 디자인의 말풍선을 사용해 보자

구글에서 'Speech bubble png' 검색을 하면 다음과 같은 이미지가 검색된다. 파워포인트에서 제공하는 도형 이외 말풍선을 사용하고 싶다면 골라서 사용해 보자.

▲ 말풍선 검색 화면

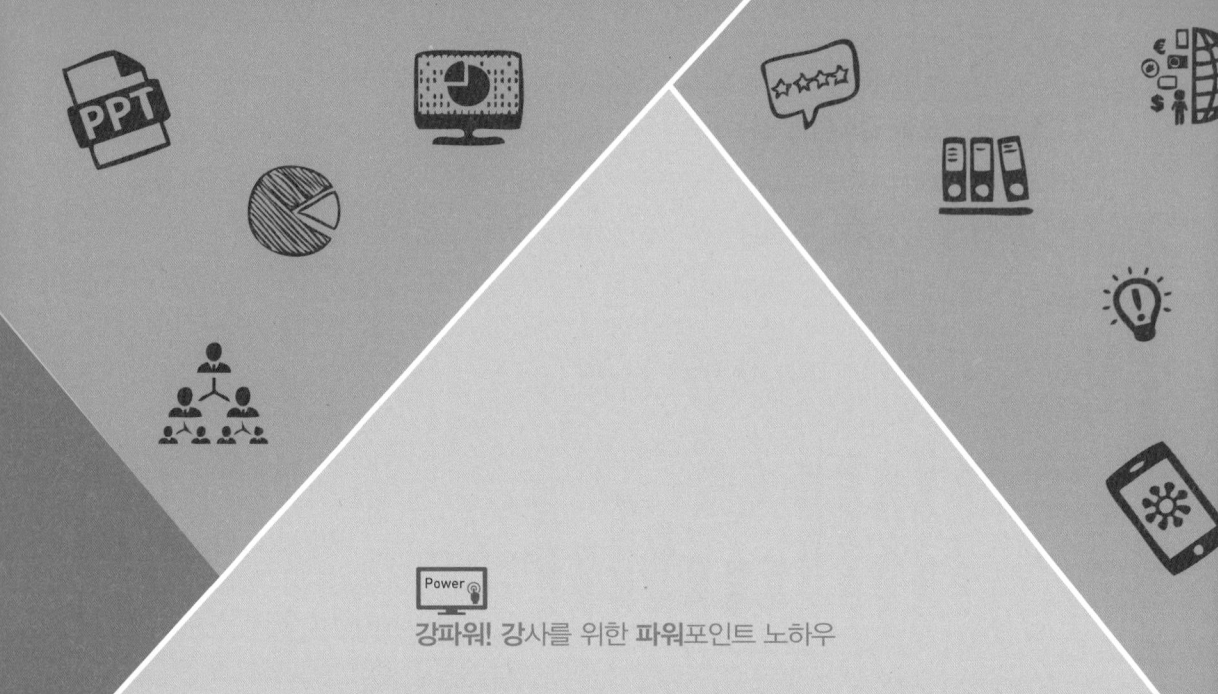

강파워! 강사를 위한 **파워포인트 노하우**

Visual Thinking
_비주얼로 생각하라!

비주얼 씽킹(Visual Thinking)이 인기이다. 그러나 진정한 생각의 시각화와는 거리가 있어 보인다. 진짜 생각을 시각화하는 방법을 알려주고자 한다. 손으로 비주얼 씽킹을 하는 방법부터 생각을 낚는 방법, 이 2가지를 이용하여 5단계 비주얼 씽킹법 알아보도록 하겠다. 또한 비주얼 씽킹(Visual Thinking)의 실제 자료들과 파워포인트와의 콜라보레이션까지 알아보겠다.

POWERPOINT FOR LECTER · TEACHER · PROFESSOR

Visual Thinking

비주얼 씽킹 Visual Thinking 하라

01

요즘은 TV를 틀면 요리와 음식에 대한 방송이 넘쳐난다. 그래서 필자는 오늘 황금 조리법이라고 이름난 닭볶음탕을 하려고 하고 있다. 음식을 조리하는 2가지 상황을 함께 보자.

▲ 맛있는 닭볶음탕
출처 : http://leega-garden.com/menu

Case 1

첫 번째, 주재료인 닭을 꼼꼼히 손질한다. 양파, 감자, 당근, 파를 준비하고 양념(고추장 + 간장 + 매실액 + 꿀 + 참기름 + 다진 마늘 + 다진 생강)을 만든다.

두 번째, 닭과 야채와 양념을 조물조물 주물러서 10분 정도 재워둔다.

세 번째, 적당히 불을 조정하다가 마지막에 파를 넣는다.

네 번째, 맛있게 먹는다.

Case 2

첫 번째, 닭을 준비한다.

두 번째, 블로그에서 닭의 올바른 손질 방법이 생각나서 검색을 시작한다. 찾다 보니 10분 만에 찾았다.

세 번째, 블로그 내용대로 닭을 아주 꼼꼼히 손질하기 시작한다.

네 번째, 닭을 손질하다 보니 칼이 잘 들지 않아서 칼을 간다. 갈다 보니 팔이 아파 잠시 쉰다.

다섯 번째, 닭 손질과 칼을 갈고 나니 1시간이 지나 버렸다.

여섯 번째, 지친 나머지 닭볶음탕은 내일로 미룬다.

Case 2는 자신의 이야기가 아니라고 생각하는가? 그러나 과연 그럴까? 혹시 이런 경험이 있지 않는가? 강의안 표지를 만들기 위해서 적절한 이미지를 여기저기 찾아 헤맨다. 오랜 시간 끝에 찾아서 삽입해 보지만 여기 저기 위치가 모두 마음에 들지 않는다. 그러다 다른 도형도 넣고 다른 이미지도 합쳐본다. 맘에 들지 않아서 과거 자료를 뒤적거린다. 검색도 하고 책도 뒤적거리다가 결국 원하는 표지를 만들지 못하고 인터넷 연예 기사를 뒤적거리고 있다. 만약 이런 경험이 있다면 Case 2와 다르지 않다.

요리를 하기 위해서는 요리에 필요한 재료와 양념, 그리고 조리법이 전체적으로 조화를 이루어야 맛있는 음식이 탄생한다. 파워포인트 작업 또한 마찬가지다. 자신이 구성하고자 하는 전체 구상을 가지고 시작을 해야 한다. 그러나 파워포인트 비전문가들은 일단 마우스부터 잡는다. 자신의 강의(수업)안을 만들기 위한 전체 흐름은 잊고 파워포인트 기능적인 것을 찾아 다니다 지친다. 그리고 딴짓을 하기 시작한다.

비주얼 씽킹으로 전체 기획을 하자

필자는 이 책을 쓰기 위해서 교수자들 약 70여 명에게 질문을 했다. '파워포인트 작업 시 가장 중요한 능력은 무엇인가?'라는 질문에 약 80% 사람들이 전체 구성력이라고 답을 했다. 매우 많은 교수자들이 자신의 파워포인트 구성력에 대한 고민이 있는 것이다.

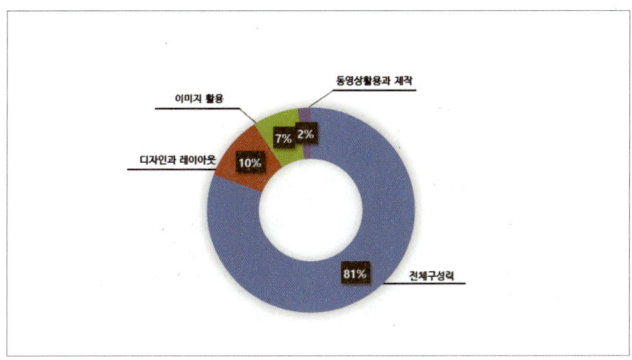

▲ 파워포인트 작업 시 가장 중요한 능력은 무엇이라고 생각하십니까?
출처 : 교수자 69명 대상 SKY Lab C2 온라인 설문조사

독자께서 파워포인트로 자료를 만들기 위해서 시간과 의지를 냈다면 가장 먼저 잡아야 할 것은 마우스와 키보드가 아니다. 바로 종이와 펜이다. 당신이 가르치고자 하는 것을 텍스트와 이미지로 먼저 종이에 표현하는 것이다. 이것을 비주얼 씽킹 Visual Thinking이라고 한다.

비주얼 씽킹은 단순 이미지를 그리는 차원이 아니다. 내가 원하는 정보를 낙서하듯 쓰고 자유롭게 사고하여 쓰고 다듬다 보면 자신만의 논리와 철학이 서린 학습 자료가 완성되는 것이다. 이 과정을 통해서 교수자 자신만의 고유한 학습 자료를 만들 수 있다.

정보의 소비자에서 생산자가 되자

현대 사회에서 우리 모두는 소비자이다. 상품, 서비스, 디자인, 정보 등을 소비한다. 소비는 수요를 부르고 수요 때문에 생산자들이 생겨난다. 스마트 혁명 이후 생산의 개념이 많이 바뀌었다. 특정 재화를 만들어 내는 것뿐만 아니라. 댓글 달기, 상품평 작성, 페이스북에서의 활동 또한 하나의 간접적인 생산 활용이 되었다. 유튜브나 블로그를 이용하여 직접적인 생산자가 되는 경우도 많이 있다.

▲ 정보의 생산자가 되자

필자는 미래의 교수자들은 모두 직접적인 생산 활동을 하는 생산자가 되어야 한다고 생각한다. 기존의 콘텐츠만 전달하는 소비자에서 콘텐츠에 나의 지식과 성찰이 더해져 깊고 수준 높은 콘텐츠를 만들어내는 생산자 말이다. 그리고 첫 걸음은 일단 펜과 종이로 시작하길 권한다. 자신이 강의하고 수업하는 자료를 관점의 재해석, 새로운 정보, 디자인의 차별화를 통해서 시작하는 것이다.

Visual Thinking
손으로 생각을 표현하라

02

🖳 손이 곧 뇌이다

1963년 영국의 인류학자 루이스 리키Louis Leakey는 탄자니아 올두바이에서 인간의 화석을 찾게 되었다. 루이스 리키는 화석이 엄지 손가락을 제외한 네 손가락이 특정 도구를 붙잡거나 매달리는 것에 적합한 형태인 것을 발견한다. 그리고 이 화석에 '도구를 사용하는 사람'이라는 의미에서 호모 하빌리스homo habilis = handy man라고 이름을 붙였다. 흥미롭게도 이후 원시 인류의 뇌 용적은 크게 증가했다고 한다.

그래서일까? 과학 칼럼니스트 조셉 스트롬버그Joseph Stromberg는 수업 시간에 노트북 필기와 손으로 필기하는 학생에 대한 연구를 진행했다. 대학생 327명에게 15분간 TED 강의를 보게 한 뒤 그 내용에 대해서 시험을 보게 한 것이다. 이 실험에서 손으로 필기한 학생들이 더욱 높은 성적을 거두었다. 특히 추상적이고 창의적인 문제에서 더 높은 성적이 나왔다.

▲ 뇌 + 손 = 인간의 뇌

인간에게 가장 발달된 뇌의 부분은 전두엽이다. 전두엽은 기억력, 사고력 등의 창조적인 고등의 행동을 맡고 있다. 포유류 중에서 지능이 높은 동물일수록 잘 발달되어 있고 인간은 특히 현저하게 발달해 있다고 한다. 전두엽은 손과 손가락을 미세하게 움직일 때 자극을 받고 활성화가 된다고 한다. 즉 손을 잘 사용하는 것은 뇌를 잘 사용하는 것이라고 볼 수 있다.

▲ 호문쿨루스
출처 : http://adnanthetraveller.com/how-your-brain-sees-your-body-meet-the-cortical-homunculus/

위 이미지는 무엇일까? 손과 입은 신체에 비해 비정상적으로 크고 몸과 팔다리는 비정상적으로 작다. 이 이미지는 <u>호문쿨루스Homunculus</u>라고 한다. 호문쿨루스는 연금술사들이 인공적으로 만들 수 있다고 여겨지는 인조 인간의 일종이기도 하다. 그러나 이 이미지는 신체 각 부위를 지배하고 있는 '신경세포의 양'의 비율을 몸의 면적으로 표현한 것이다. 즉 큰 부위가 뇌에 직접적으로 영향을 준다는 것이다. 이미지에서 보다시피 손은 그 어떤 신체보다 절대적으로 크다. 즉 손이 얼마나 뇌와 직결되는지는 알 수가 있다. 그래서 손은 바깥으로 드러난 또 다른 뇌라고 부른다.

🔆 뇌는 시각으로 기억한다

필자가 강의를 진행하면서 실제로 진행하는 활동을 소개하고자 한다. 교육에 참여한 참여자들에게 눈을 감고 바나나를 떠올리라고 한다. 떠올린 상황을 뇌 속에 사진으로 '찰칵' 찍어낸다. 그리고 찍은 사진을 종이에 표현해 본다.

1번과 같이 그린 사람이 많을까? 2번이 많을까?

① ②

▲ 그림 '바나나'　　　　▲ 텍스트 '바나나'

당연히 1번과 같이 그린 참여자들이 더욱더 많다. 우리의 뇌는 텍스트 정보보다는 시각 정보를 더욱더 강하게 받아들인다. 이미지와 도해가 강한 힘을 발휘하는 것이 바로 이 이유 때문이다. 우리가 종이와 펜을 이용해서 그리고 만든 도해는 학습자들을 이해시키는 데 더욱 큰 힘이 된다. 따라서 그리고 쓰는 작업을 통해서 시각화를 더욱 강화시켜 나가야 한다.

스마트 디바이스가 창의력을 떨어트린다

IT 발달과 함께 키보드와 마우스라는 입력 도구가 보편화되었고 쓰고 적는 행위는 사라지고 '치기' 또는 '클릭'으로 시각 자료를 작성하기 시작했다. 최근 더욱 발전된 스마트 디바이스에서는 '두드리기' 또는 '당기기&밀기'와 같은 행동으로 정보를 인식하고 때로는 시각 자료를 작성한다. 정보의 효율적인 측면에서는 이 방법이 좋을 수도 있다. 그러나 인간이 수만 년 동안 진화해온 방식으로 볼 때 이 방식은 창의성과 거리가 멀다. 전두엽의 활성화와 반하는 행동들이다. 창의적인 생각을 표현할 때는 반드시 종이에 그리는 습관이 필요하다.

▲ 디바이스 터치에 익숙해진 현대인

Visual Thinking
생각Thinking을 낚아라

03

필자가 유년시절을 보낸 곳은 호반의 고장 가평이다. 집 앞 용추 계곡에서는 맑은 1급수가 흘렀고 학교 인근에는 북한강이 흘렀다. 물은 언제나 놀이터였다. 여름에는 계곡에서 자맥질을 하며 물속 세계를 탐험하며 보냈고 강에서는 조개를 줍거나 배를 타고 친구들과 놀았다. 가을에는 물 위로 떠내려 가는 낙엽이 어디까지 가는지 쫓았고 겨울에는 재미있는 얼음 썰매장이 되었다. 늘 물과 함께 살았지만, 필자의 기억에 남아 있는 물이란 언제나 흐른다는 것이다.

▲ 물은 언제나 흐른다−생각도 물처럼 흐른다

생각은 물과 같다. 한번 흘러가면 언제 다시 흐를지 모르고 언제 이 자리로 다시 올지 기약할 수가 없다. 자신에게 이런 질문을 해보자. '어제 나는 어떤 생각을 했지?' 이 질문에 상세하게 답을 할 사람은 많지 않다. 대부분의 사람들은 자신이 어떤 생각을 했는지 돌이겨 보면 기억을 하지 못한다. 생각은 흘러간다. 유유히 흐르는 강물처럼 말이다.

그렇다면 얼마나 생각을 할까? 속담을 빌리자면 5만 가지 생각을 한다고 할 수 있고 어떤 학자에 의하면 약 8만 가지 생각을 한다고 한다. 그 많은 생각과 정보 속에서 강의에 유용한 정보와 생각도 다수 포함되어 있다. 유유히 흐르듯이 강물 속에서 그 정보를 낚아 보자. 여러 종류의 낚시 도구를 사용해서 낚아야 한다.

생각은 휘발성이 강하다

생각은 휘발성이 강하다. 한번 생각났다가 잡지 못하면 그것으로 끝나는 경우가 다반사이다. 따라서 생각이 떠올랐을 때 빠르게 낚아야 한다. 메모와 스케치의 달인 이노 디자인의 김영세 대표는 '냅킨 스케치'를 주로 한다고 한다. 잡지 못한 아이디어와 낚지 못한 생각에 대한 아쉬움을 느껴본 사람은 '냅킨 스케치'라는 말에 큰 공감을 할 것이다.

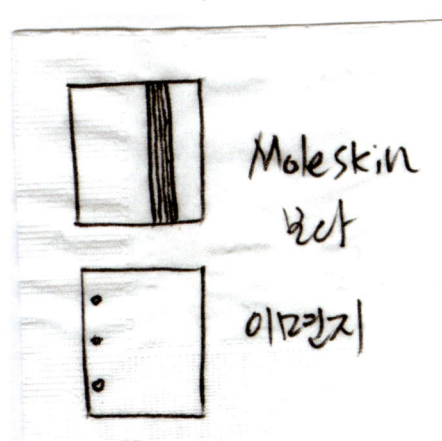

▲ 냅킨 스케치

필자 또한 냅킨이건 이면지건 달력이건 닥치는 대로 쓴다. 그러나 이런 종이는 그냥 두면 잊어 버릴 확률이 있다. 따라서 오피스 렌즈로 촬영하여 원노트에 넣어 두거나 해당되는 메모 D-Ring 파일로 스크랩을 해둔다. 오피스 렌즈와 원노트에 대한 설명은 313쪽과 320쪽에서 자세히 한다.

생각의 낚시 도구를 마련하자

자, 본격적으로 생각을 낚는 도구를 함께 알아보자. 다음은 필자가 사용하는 생각 낚시 도구를 정리한 것이다.

필자가 생각하는 생각 낚시 도구

종류	사용 시기	특징
음성 메모	손을 사용할 수 없을 때 사용한다. 최근 대부분의 스마트 디바이스는 음성 인식 기능을 제공한다. iOS의 경우, 시리Siri의 인식률이 높기 때문에 '시리 음성메모 시작'이라고 말한다. 이후 떠오른 아이디어와 생각에 대해서 두서 없이 마구 말하기 시작한다.	나의 음성 속에는 숨소리, 주위 소음 등이 동시에 섞인다. 생각을 낚았던 당시 감정이 섞이기도 한다.
원노트	필자의 웹 클리핑과 할 일, 그리고 비주얼 씽킹 등 결과물이 모이는 장소이다. 생각의 창조물들이 모이고 모여서 상호 간의 시너지를 내기 위해서 대기하는 장소이다. PC와 스마트폰 모두 가능하여 언제 어디서든 메모하고 기록한다.	스마트 디바이스의 동기화 능력을 발휘할 수 있는 낚시 도구이다. 웹에 떠있는 수많은 자료들과 생각들을 한 곳에 모을 수 있다.
종이	필자에겐 가장 많은 생각과 아이디어를 모으는 곳이다. 종이는 이면지를 사용한다. 아무렇게나 막 써도 되고 마음에 안들면 버리면 된다. 펜은 가능한 네임펜이나 사인펜 종류를 사용한다. 도해와 이미지 텍스트를 단순화시키는데 유용하기 때문이다. 그 어떤 종이도 좋다. 나의 생각을 봉인하고 표현할 수 있다면 그것이 생각을 낚는 최고의 방법이다.	가장 아날로그적인 방법으로 뇌의 기능을 가장 크게 발휘하게 해주는 방법이다. 창의력과 함께 나오는 도해와 작품들은 때로 큰 기쁨을 주기도 한다.

생각 낚시의 달인이 되는 길

생각 낚시의 달인이 되는 법은 단순하다. 어떻게 하면 학습자들에게 전달을 잘할 수 있을지 고민을 많이 하는 것이다. 그 고민이 생각을 하게 만들고 누적된 생각은 숙성 기간을 거친다. 숙성되는 생각은 다른 지식과 정보들이 모여서 또 다른 특정한 생각으로 융합된다. 그리고 어느 순간! 숙성되어 정보는 뇌를 스치고 지나간다. 이 스치는 정보를 음성 메모, 원노트, 종이에 표현하는 것이다. 그리고 그것을 연결시켜보는 작업은 창조적인 삶을 사는 가장 좋은 방법 중에 하나이다.

Visual Thinking

비주얼 씽킹을 위한 5단계

04

생각을 낚을 마음의 준비가 되었다면 이제 함께 손을 사용할 시간이 왔다. 그러나 막무가내로 그릴 수는 없는 법이다. 필자가 십수 년 간 업무와 강의를 위해 그려온 비주얼 씽킹에는 5가지의 단계와 몇 가지의 기법들이 있다.

Power 5단계로 비주얼 씽킹하라

다음과 같은 방법으로 5단계로 비주얼 씽킹을 해보자.

비주얼 씽킹의 5단계

1단계	종이와 필기구를 준비한다.	먼저 종이는 이면지, 전단지 같이 마구 다루어도 되는 종이가 좋다. 마구 그리고 쓰고 마음에 들지 않으면 쉽게 버릴 종이가 좋다. 새 종이를 사용하면 뭔가 격식을 차려야 할 것 같고 잘 그리려는 생각이 난다. 따라서 스케치북이나 새로운 종이는 추천하지 않는다. 필기구는 여러 가지 색이 좋다.
2단계	마음을 준비한다.	지금부터는 옛 기억을 되살려 초등학교 1학년으로 돌아가야 한다. 1학년 아이가 그린 이미지는 잘 그리고 못 그린 이미지가 없다. 그저 자신의 생각을 표현한 이미지일 뿐이다. 1학년 아이가 되어 쓰고 그리기 시작한다. 자신만 알아보면 되기 때문에 생각나는 대로 쓰고 그린다.

3단계	1Paper 1 Page	종이 1장은 파워포인트 1페이지라고 생각한다. 파워포인트는 이미지가 주요 수단이기에 이미지와 키워드 형태로 만드는 게 유리하다. 일단 페이지 수를 계산하지 않고 생각나는 대로 그린다. 이미지에 소질이 있다면 비주얼 씽킹만으로도 타인을 설득할 자료를 만들 수 있다.
4단계	전체 관조하여 정리한다.	그린 이미지 전체를 바닥에 늘어놓는다. 멀리서 바라보고 장표를 다시 그리거나 앞뒤를 바꾸는 등 정리를 한다. 정리 작업을 통해서 전체 구성 자료가 만들어진다. 이 자료를 바탕으로 파워포인트 작업을 시작한다. 이 방법을 사용하면 일반적인 작업 속도보다 수십 배 빠른 결과물을 보게 될 것이다.
5단계	완성도보다는 전체 흐름을 잡는다.	파워포인트 기능적으로 모르는 부분이 있다면 검색이나 책을 뒤져가면서 작업한다. 그래도 모르는 것이나 너무 어려운 것은 그냥 두고 넘어간다. 중요한 것은 강의안을 처음부터 끝까지 머릿 하나로 만들어 보는 습관이다. 이것은 매우 중요하기 때문이다. 투박한 디자인과 실력이라 해도 교수자가 자신감 있게 자신의 내용과 참여를 유도하면서 그것이 진정한 교육일 것이다.

비주얼 씽킹으로 '100% 몰입의 순간'을 느껴 보자

떠오르는 생각을 그냥 닥치는 대로 1장씩 이미지로 그리기 시작한다. 오로지 생각을 종이에 옮긴다는 느낌으로 리듬을 타듯 적어 본다. 이렇게 뇌와 손을 일치시키다 보면 몰입의 순간이 온다. 몰입 속에서 뇌파가 알파파로 떨어져 안정되면서 머리 속이 맑아지고 신체의 기관들도 없어지는 듯한 느낌이 든다. 우주 공간에 오로지 나만 존재하는 듯한 느낌도 들고 언어로 표현하기 어려운 자아에 대한 의식이 느껴진다. 필자는 이 순간을 '100% 몰입의 순간'이라 부른다.

▲ 100% 몰입의 순간

'100% 몰입의 순간'을 경험해보면 2가지의 의식을 갖게 된다.

첫 번째, 자신의 뇌에 대한 자부심을 느끼게 된다. 뇌가 나의 손에게 전달해준 내용들이 생각보다 엄청난 성찰의 경지에 있다는 것을 보게 된다. 나의 뇌는 생각보다 대단한 능력을 갖고 있는 것이다.

두 번째, 자기 자신이 가치가 매우 향상된다. 자신이 재창조해낸 이 콘텐츠들을 보면서 자존감Self-esteem이 상승하는 것이다.

멀리서 전체를 한눈에 펼쳐 보라

생각을 기록하는 과정을 통해서 머리 속에서 맴돌던 정보들이 한눈에 펼쳐지기 시작한다. 자신의 가치와 감정 철학, 평소의 견해까지 빠짐없이 쓴 글들이 한눈에 펼쳐지는 장면은 생각보다 경이롭다. 진정한 자신만의 교육과 내용이 펼쳐지는 것이다. 이제부터 마지막 중요한 순간이 남았다. 순서의 배열이다.

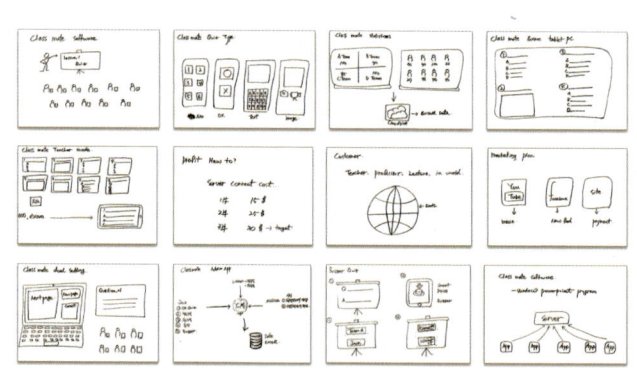

▲ 한눈에 펼쳐보자

구슬도 꿰어야 보배라고 했다. 펼쳐 보는 과정에서 스토리텔링Storytelling을 만드는 것이다. 순서에 따라서 강의의 강약 조절, 예시와 각종 토론과 나눔 등 여러 가지를 구상해보고 다시 짜본다. 이것은 마치 영화를 하나 만드는 것과 같다. 각각의 장면이 사전에 구상한 레이아웃에서 나오듯이 자신이 작성한 페이지로 맛있는 머핀을 하나씩 만들어 보자. 딸기맛, 초코맛, 메론맛, 포도맛 등등 맛있는 머핀은 이렇게 탄생하게 된다. 이것이 강파워 원칙 3 머핀 박스Muffin Box이다.

▲ 다양한 머핀

스마트 디바이스를 사용해 보라

필자가 사용하는 디지털 디바이스 중 가장 유용하게 사용하는 것은 바로 디지털 펜이다. 네오컨버전스의 네오펜 2를 사용한다. 이 스마트펜으로 스마트펜과 동기화되는 노트에 기록을 하면 그 내용이 그대로 스마트폰으로 동기화된다. 동기화된 내용은 메일로 보낼 수도 있고 OCR 기능으로 바로 자료화할 수도 있다. 이 책 또한 공동 저술을 하면서 멀리는 있는 동료에게 작성하여 바로 공유할 수도 있다.

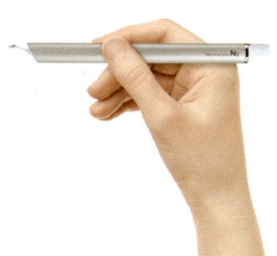

▲ 필자가 사용 중인 네오펜 2

다음은 필자가 실제로 네오펜으로 그린 비주얼 씽킹이다.

제임스 영(1886~1973)은 카피라이터 출신의 전설적인 광고인이다. 제임스 영의 5단계 발상법은 아이디어 발상의 기본 원리를 제공한 것으로, 어떠한 경우에도 적용할 수 있는 일반화 모형이다. 각 단계별 내용을 손으로 표현하였다.

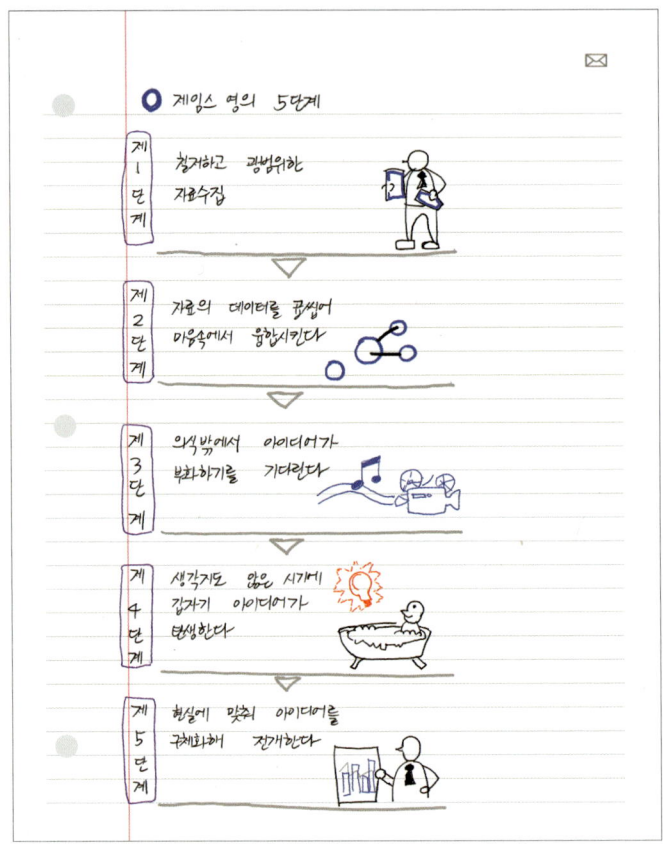

▲ 제임스 영의 아이디어 5단계

문제 해결의 방법은 현재 정보의 발산으로 시작하여 인코딩에 따라 변화된다. 변화된 내용 중에서 문제 해결 방법을 찾아낸다는 의미를 손으로 표현하였다.

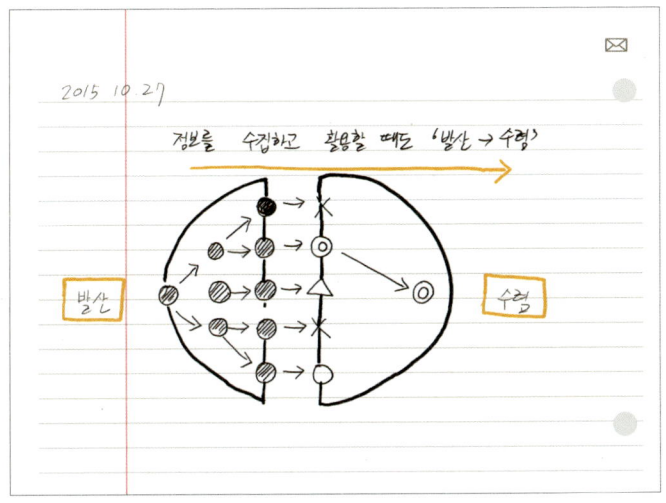

▲ 문제 해결의 발산과 수렴도

다음은 긍정적인 생각을 할 때 뇌가 반응하는 호르몬과 뇌가 느낄 수 있는 감정 상태를 손으로 표현한 것이다.

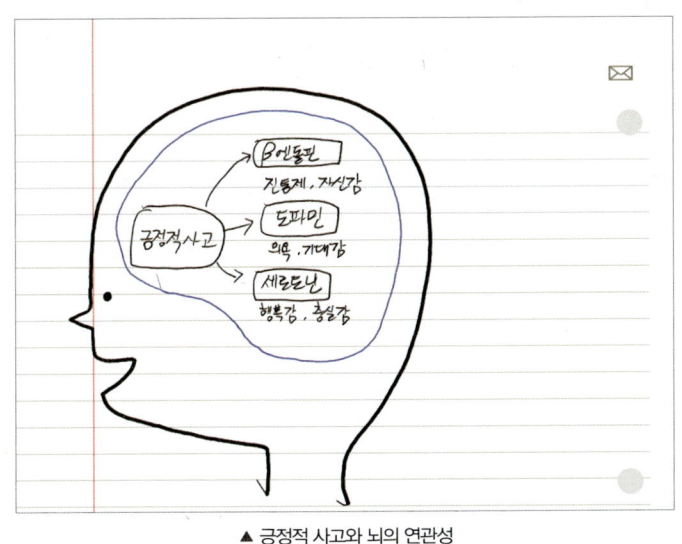

▲ 긍정적 사고와 뇌의 연관성

Visual Thinking

7가지 요소로 완성하라

05

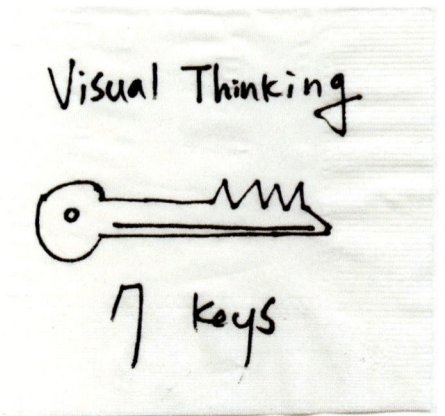

▲ 7가지 요소는 굴짬뽕을 먹다 정리되었다

요즘은 비주얼 씽킹 전성기다. 비주얼 씽킹에 대한 여러 가지 책이 출간되고 있고 여러 강좌도 많이 진행되고 있다. 그러나 실제로 관련 책을 보거나 강의를 들어보면 의아한 내용인 경우가 많다. 생각을 종이로 옮기는 노하우를 전수하기보다는 이미지 그리기 연습, 일러스트나 순수 미술에 가까운 느낌이 드는 경우가 많았다. 유튜브Youtube를 통해서 보는 타국의 비주얼 씽커들도 유사하다. 다년 간 다져진 실력으로만 할 수 있는 높은 수준의 작품들을 비주얼 씽킹으로 소개한다. 이런 예술 작품 같은 비주얼 씽킹을 보다 보면 기가 죽어서 비주얼 씽킹에 대한 의욕을 잃는다.

이런 형태의 비주얼 씽킹은 진정한 생각의 표현이라 하기 어렵다. 물론 이미지를 잘 그린다는 것은 매우 큰 장점이다. 그러나 이미지를 잘 그리는 것과 생각을 표현하는 것은 차이가 있다. 만약 평면에 1줄을 긋고 그 안에 정보를 내포하고 있다면 그것이 비주얼 씽킹이다. 생각을 그린 것이기 때문이다. 우리가 집중할 곳은 정보를 포함하고 학습자를 이해시키고 설득시킬 수 있는 자료 작성이다. 지금부터 진짜 씽킹Thinking 표현의 방식을 함께 알아보자.

비주얼 씽킹의 7가지 요소

필자의 강파워 비주얼 씽킹은 어렵지 않다. 시간, 고저, 집합, 인과, 방향, 요소, 변화, 이렇게 7가지 요소로 나눈다.

비주얼 씽킹의 7가지 요소

시간	고저	집합	인과
A ———→ B	↑상 ↓하	A, B, C 벤다이어그램	A → B → C → A
시간은 일반적으로 왼쪽에서 오른쪽으로 진행 방향을 잡는다.	상하의 개념으로 잡는다.	동일한 요소가 있는지 확인한다.	요소 간의 원인과 결과, 또는 프로세스를 표현한다.
방향	요소	변화1	변화2
N, W, E, S 나침반	△A ○A □A	시간-상하 그래프	4방향 화살표와 마름모
방향을 동서남북으로 표시하여 잡는다.	요소는 모양을 다르게 한다.	시간과 상하의 개념을 함께 사용하면 변화가 된다.	4가지 요소의 변화를 사용한다.

강파워 비주얼 씽킹의 실전

지금부터 필자의 실제 강의 콘텐츠 개발 작업에서 사용된 여러 가지 비주얼 씽킹을 보자. 강파워 비주얼 씽킹은 비주얼에 대한 비중이 매우 낮다. 생각을 빠르고 알기 쉽게 표현하는 것에 그 목적이 있기 때문이다.

1 | 요소 + 방사형 모양

긍정의 리더십이란 생각을 빠르게 써 내려간 흔적이 역력하다.

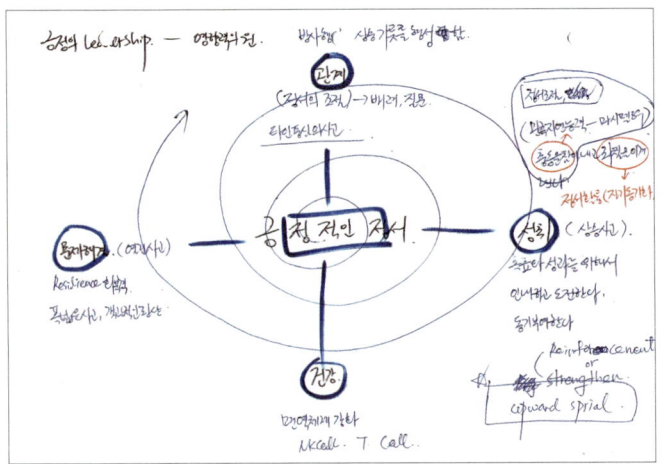

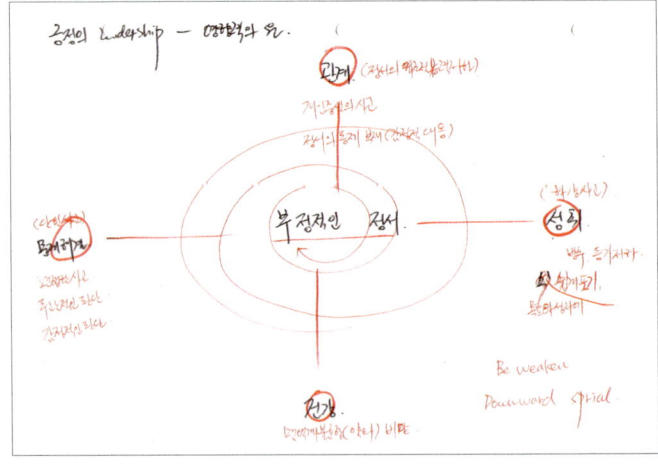

▲ 요소 + 방사형 모양

2 | 요소 + 로직 트리

리더십 구성 요소부터 선정한 뒤 하나로 귀결시키고 있다.

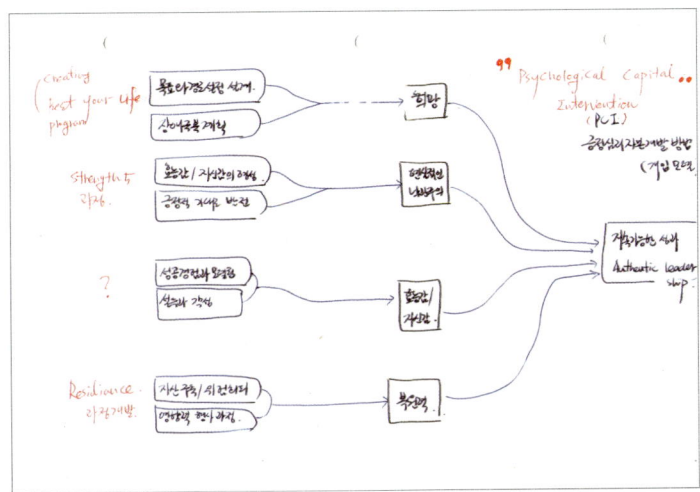

▲ 요소 + 로직 트리

3 | 요소 + 프로세스 그래프

요소와 프로세스 그래프가 섞인 도해이다. 위협에 대한 반응과 적용에 대한 이야기다.

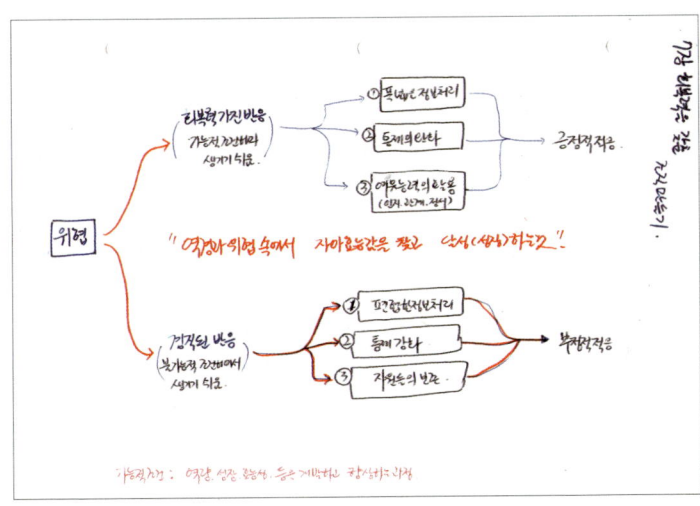

▲ 요소 + 프로세스 그래프

4 | 방사형 구조 + 시간 그래프 + 상하 그래프

방사형 구조와 시간 그래프·상하 그래프가 섞여 삶을 이야기한다.

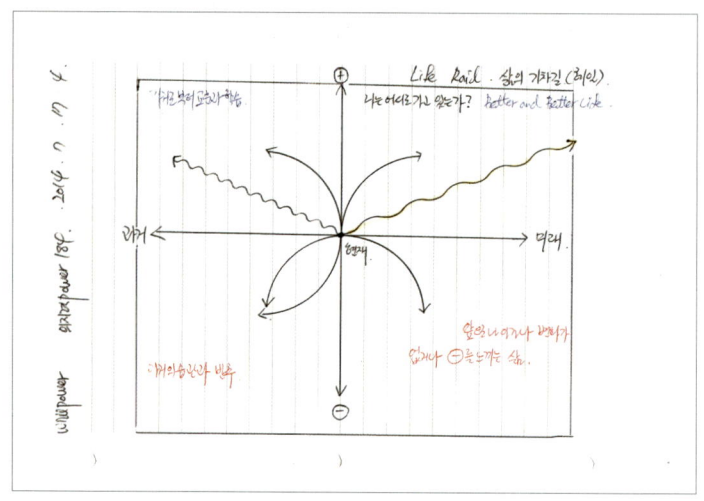

▲ 방사형 구조 + 시간 그래프 + 상하 그래프

5 | 요소 + 표

요소와 표를 이용해 비주얼을 정리했다.

▲ 요소 + 표

6 | 요소 + 인과 1

요소와 인과를 이용한 생각 이미지다.

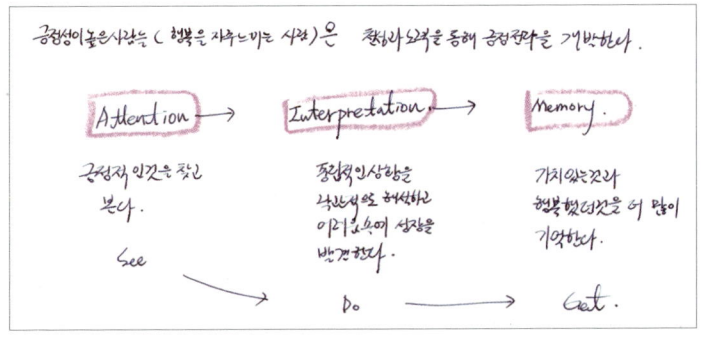

▲ 요소 + 인과

7 | 요소 + 인과 2

요소와 인과를 이용한 프로세스 생각 정리이다.

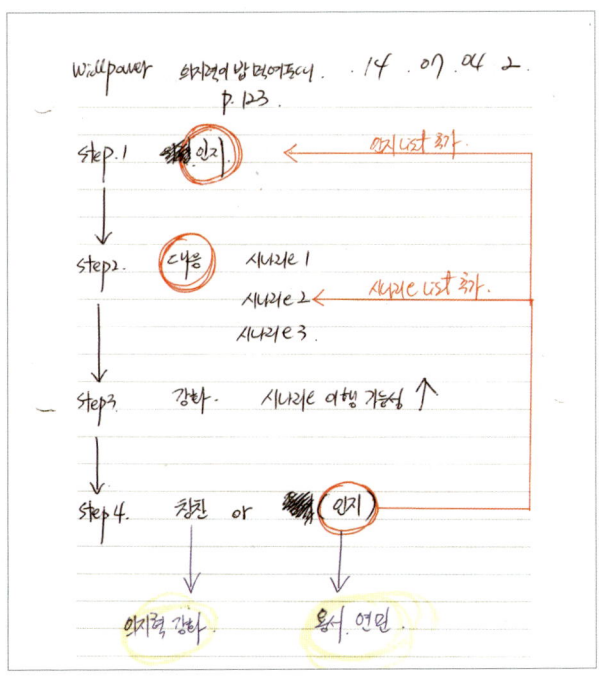

▲ 요소 + 인과

8 | 이미지 + 포스트 잇

이미지를 이용하고 포스트 잇까지 붙인 생각 정리이다.

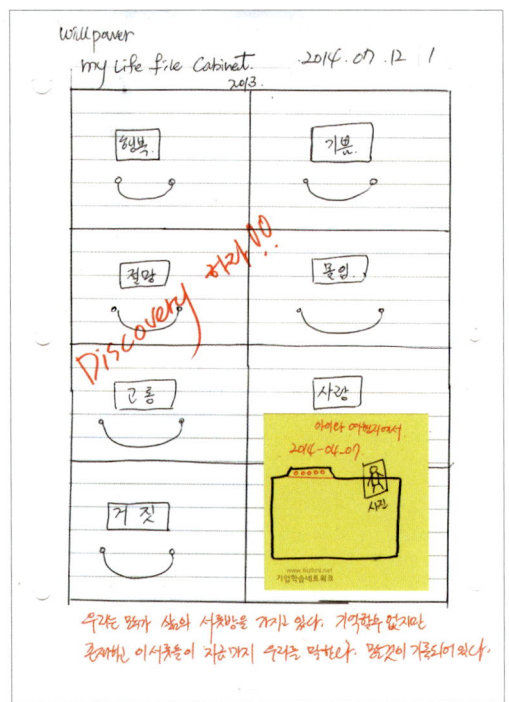

▲ 이미지 + 포스트 잇

9 | 모양자를 이용한 이미지 만들기 1

생각 정리 풍선이 줄어드는 것을 표현했다.

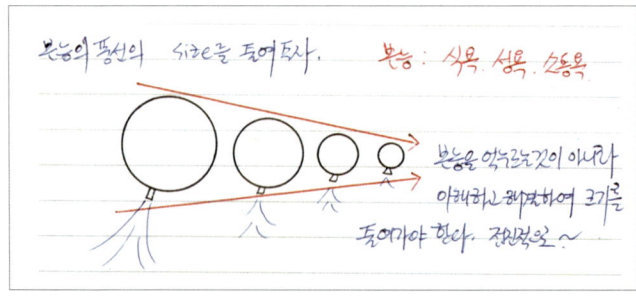

▲ 모양자 1

10 | 모양자를 이용한 이미지 만들기 2

기차 모양을 이용해 의지력을 표현했다.

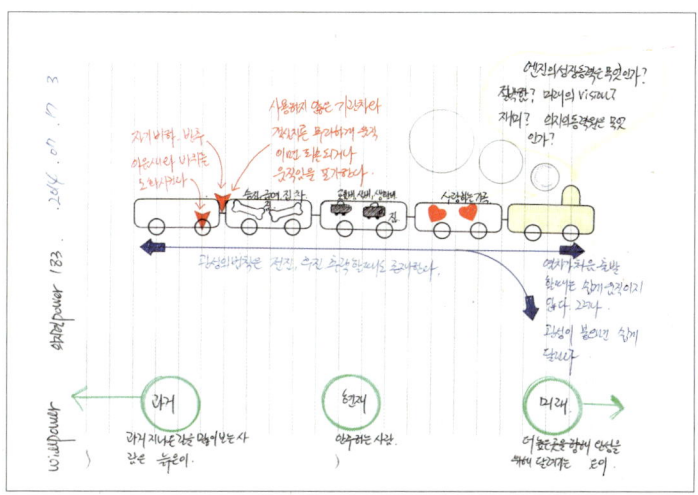

▲ 모양자 2

11 | 원형 + 크기 조정

틀린 글씨를 지운 흔적이 리얼하다.

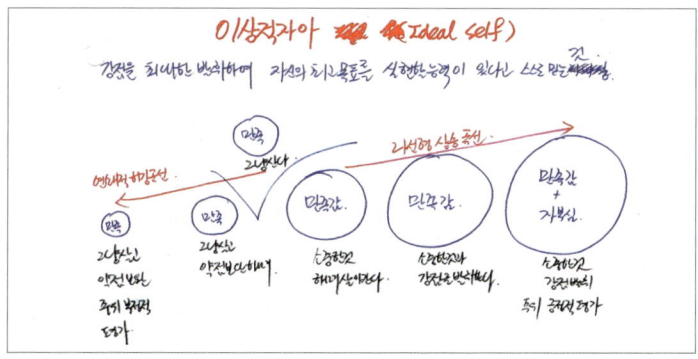

▲ 원형 + 크기 조정

12 | 시간 + 계단 모양

시간과 계단 모양을 모티브로 한 생각 표현이다.

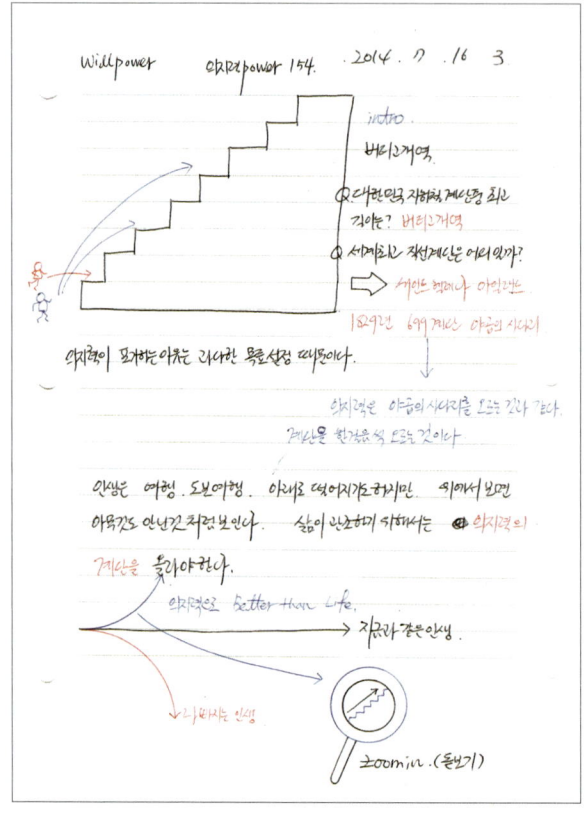

▲ 시간 + 계단 모양

13 | 요소 + 원

요소와 원을 이용한 생각 표현이다.

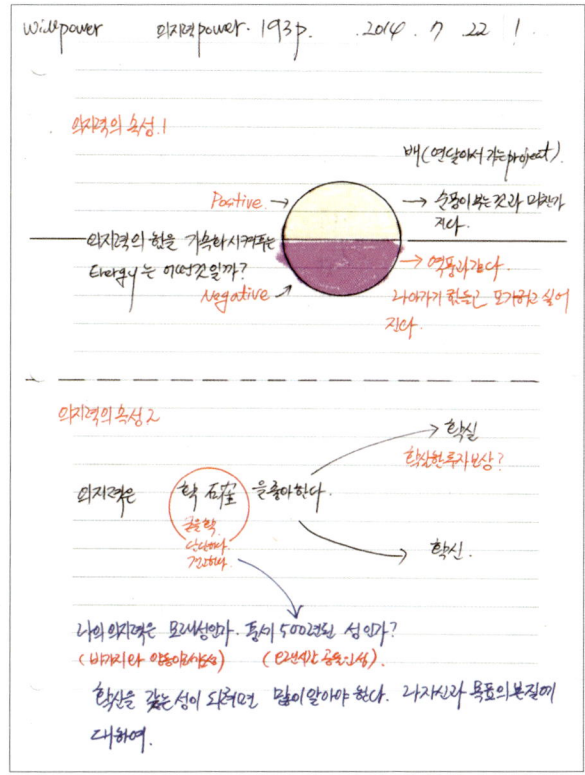

▲ 요소 + 원

14 | 요소 + 이미지 + 이미지

요소와 이미지를 이용한 생각 표현이다.

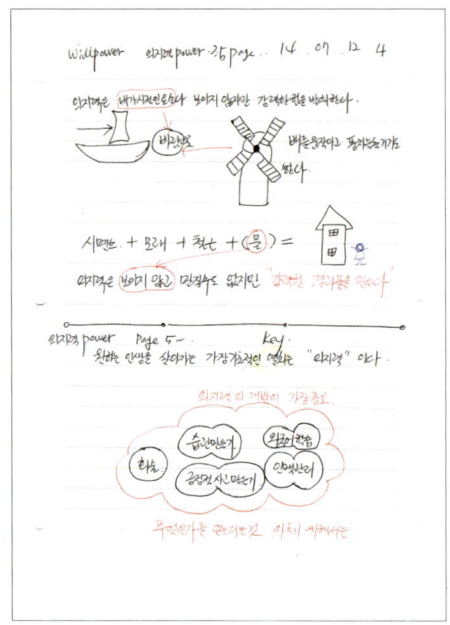

▲ 요소 + 이미지 + 이미지

💡 비주얼 씽킹은 도해, 감정, 중요도를 남긴다

위 사례를 통해서 본 것과 같이 도해, 감정, 중요도 이 3가지가 종이에 남게 된다. 도해는 글의 내용을 이미지로 표현한 것이므로 학습자들의 빠른 이해를 돕는다. 깊은 고민을 할 수록 간결하고 쉬운 도해가 나온다. 휘갈겨 쓴 글씨는 아이디어를 놓치지 않기 위해서 고군분투하듯 내려 쓴 흔적들이다. 편안한 마음으로 정리를 하면서 쓴 글씨도 있다.

이런 필체는 감정을 갖고 있다. 특정한 정보에 대해 느꼈던 생각을 적어 내려가면서 감정이 비주얼 속에 배어 있는 것이다. 이러한 감정은 강의안 작성 시 강약을 조절하는데 영향을 준다. 마지막으로 중요도가 남는다. 휘갈겨 쓴 글씨, 속에 여러 번 별 모양을 그리기도 하고 붉은색으로 강하게 표시를 하기도 한다. 이 부분은 강의에서 특별히 강조를 해야 하는 부분이다.

Visual Thinking

손 이미지를
PPT와 연결하자

06

손 이미지를 PPT로 표현하자

필자는 아이들 교육에 관심이 많다. 국어, 영어, 수학을 가르치는 것은 의미가 없다. 알파고 같은 인공 지능이 인간의 영역의 상당 부분을 장악할 것이다. 이제는 기계가 할 수 없는 능력을 향상해주는 교육을 생활 속에서 해야 한다. 그것은 인간만이 가지고 있는 정서를 기반으로 하는 창의력이다. 그래서 아들과 그림을 자주 그리며 시간을 보낸다. 아이에게 북극으로 간 사자 이야기를 하다가 문뜩 떠오른 생각을 1장에 담아 보았다. 앞서 소개한 비주얼 씽킹의 7가지 요소 1장에 표현해 본 것이다. 이 그림은 누가 봐도 잘 그린 그림이 아니다.

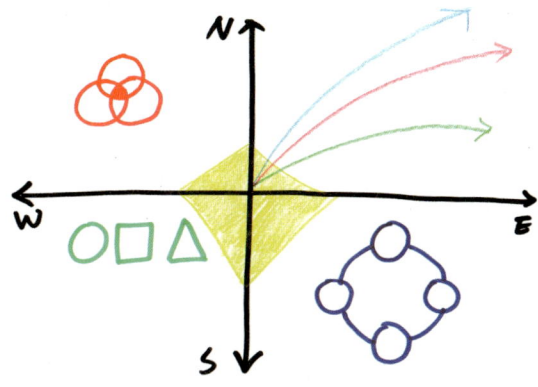

▲ 아들과의 놀이 중 뜻밖의 비주얼 씽킹

그러나 이것을 파워포인트로 옮기면 다음과 같이 완성된다.

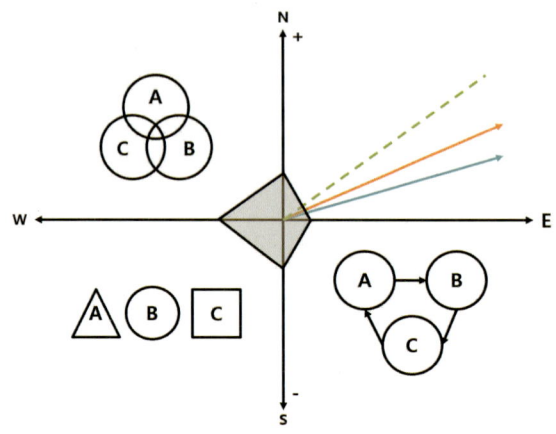

▲ 파워포인트에서 정돈된 비주얼 씽킹

이번에는 정보를 내포하고 있는 비주얼 씽킹을 함께 보자. 다음 이미지는 필자가 머리 속에 스치는 생각을 디자인적 부분을 고려하지 않고 휘갈긴 흔적이다. 고속으로 달리는 KTX 안에서 잘 그린 이미지란 있을 수 없고 생각을 빠르게 표현하는 것에만 집중한 비주얼 씽킹이다.

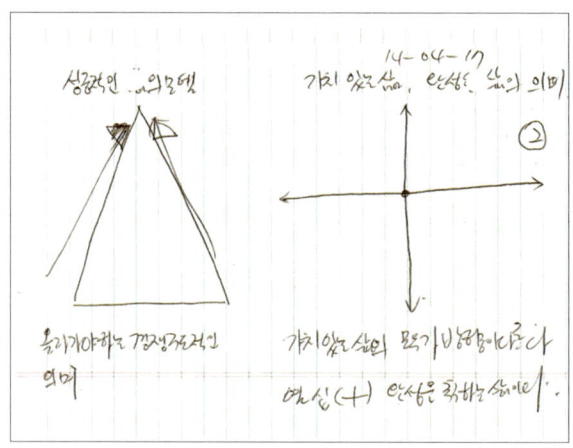

▲ KTX 안에서 빠르게 표현한 비주얼 씽킹

이렇게 비주얼 씽킹한 종이를 파워포인트로 옮기면 다음과 같이 완성된다.

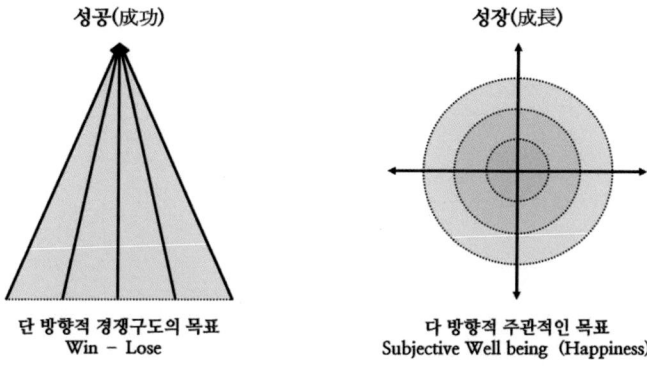

▲ 파워포인트에서 정돈된 비주얼 씽킹

위 비주얼 씽킹의 의미는 다음과 같다.

비주얼 씽킹의 의미

성공成功	성공은 아래에서 위로 올라가려는 의미로 사람들이 인식을 한다. 또한 대부분의 성공에 대한 정의가 부와 명예, 그리고 타인보다 우위의 개념을 가지고 있다. 또한 많은 사람들이 생각하는 획일적인 단방향성이 많다. 따라서 경쟁이 심해서 남을 밟고 올라서야 하는 경우가 많다. 나는 승리자이고 너는 패자인 경우가 너무 많은 것이다.
성장成長	자신을 기준으로 어느 방향으로 나아가도 상관 없다. 내가 느끼는 주관적 목표를 향해서 가기 때문에 타인에 대한 비교 개념을 두지 않는다. 자신이 정한 목표이기 때문에 독립적인 방향이 많다. 따라서 경쟁해야 하는 일도 남을 밟지 않아도 된다. 오롯이 자기다움을 느끼고 1년 전의 나를 돌아 보았을 때 변화하고 있다면 그것이 바로 성장을 하고 있는 것이다. 자기다움을 느낄 때 자신의 영향력의 원은 커지며 자신이 원하는 대로 인생을 살 수 있다. 이것이 행복이 아닐까? 따라서 우리는 성공 지향보다 성장 지향성 인생을 추구해야 한다.

하나의 비주얼 씽킹을 더 보도록 하자. 다음 도표 또한 흔들리는 기차 안에서 스치는 생각을 이면지에 휘갈기듯 그린 생각 표현이다.

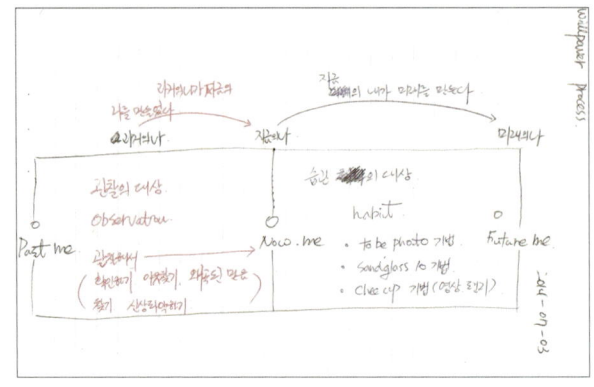

▲ 기차 안에서 급하게 그린 비주얼 씽킹

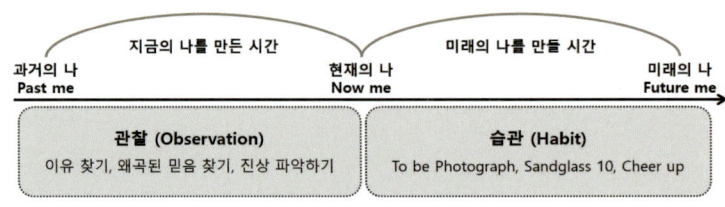

▲ 파워포인트에서 정돈된 비주얼 씽킹

위 비주얼 씽킹의 의미는 다음과 같다.

비주얼 씽킹의 의미

과거의 나	과거의 나는 과거 시간을 통해서 바라볼 수 있다. 지금의 나를 만든 것은 과거의 사건과 삶이 있기 때문이다. 과거의 나는 이유 찾기, 왜곡된 믿음 찾기, 진상 파악하기 등의 기법을 이용하면 나의 모습을 샅샅이 찾을 수 있다.
미래의 나	미래의 나는 지금의 습관을 보면 알 수 있다. 하루에 90%는 습관적으로 움직이기 때문에 자신의 습관이 미래를 결정하는 것이다. 자신의 습관을 변화하고 싶다면 To be Photograph, Sandglass 10, Cheer up 기법 등으로 긍정 변화를 이끌어 보자.

손 이미지와 파워포인트를 합성하자

이번에는 비주얼 씽킹과 파워포인트를 합성해 보자. 필자는 강의에서 청승탁강淸昇濁降의 원칙을 말하기 위해서 흰 종이에 검은 마카펜 이미지를 그렸다. 그리고 오피스 렌즈Office Lens 앱으로 촬영했다.

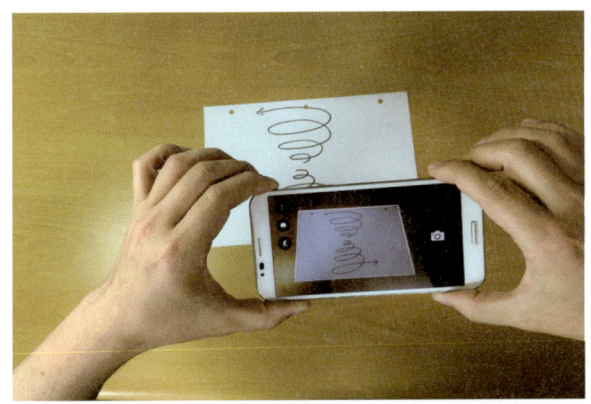

▲ '오피스 렌즈' 앱으로 촬영

오피스 렌즈 앱으로 촬영하고 원드라이브(OneDrive)에 저장한 후 파워포인트로 텍스트를 입히면 다음과 같은 결과물을 갖게 된다.

1 | 손 이미지와 파워포인트의 만남 1 : 청승탁강의 원칙

플러스 프레임의 감정들은 회전 상승하면서 더욱 깊은 플러스 감정과 정서를 느끼게 한다. 마이너스 프레임의 감정 또한 회전 하강하면서 더욱 깊은 감정의 수렁으로 빠져들게 한다. 정서의 프레임은 가속화 현상을 가져오며 더욱더 강해지는 것이다. 이것을 청승淸昇 : 맑은 에너지는 상승하고, 탁강濁降 : 탁한 에너지는 하강한다는 청승탁강의 법칙이라 한다.

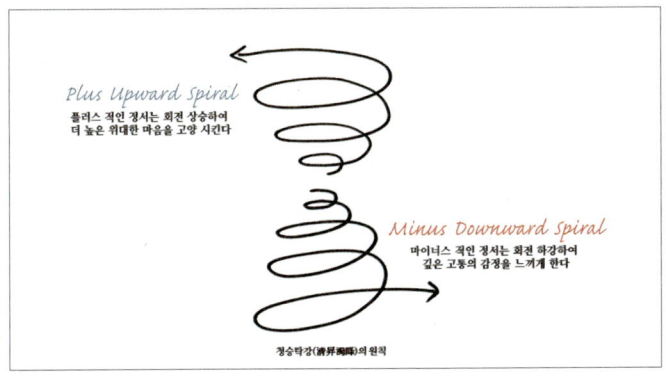

▲ 청승탁강의 원칙
한글 폰트 : 맑은 고딕, 나눔 명조 Extra Bold체 / 영문 폰트 : Caflisch Script Pro Light체

2 | 손 이미지와 파워포인트의 만남 2 : 습관의 힘 – 찰스 두히버그

습관은 3단계의 고리^{Loop}로 구성돼 있다. 신호^{Cue}가 오면 반복 행동^{Routine}을 하게 되고 행동에 대한 보상^{Reward}을 느끼는 것이다. 습관을 바꾸기 위해서는 고리를 부수고 새로운 고리를 만들어야 한다. 고리의 첫 번째인 '신호'는 하루 중 특정 시간과 장소, 감정 상태, 특정 인물의 존재, 직전直前 행동 등으로 나타난다. 신호를 찾는 것만으로도 변화가 시작된다. 보상도 중요하다. 오후에 과자를 먹는 습관이 있는 사람의 보상 요인은 과자가 맛있기 때문, 배가 고파서, 기분전환 용도나 다른 사람과의 대화 목적 등일 수 있다. 이러한 보상 요인을 정확하게 알게 되면 반복 행동을 바꿀 수 있다.

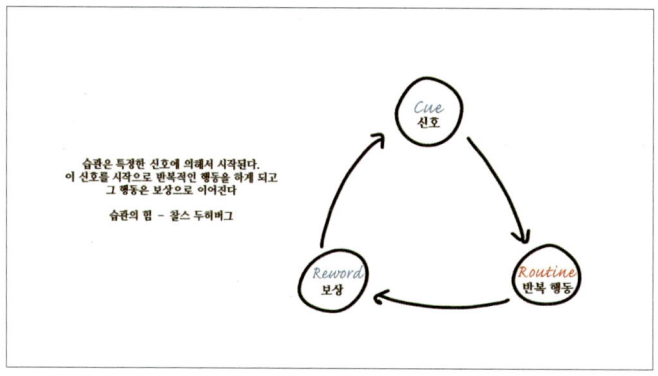

▲ 습관의 힘 – 찰스 두히버그

3 | 손 이미지와 파워포인트의 만남 3 : 공감 지도 Empathy Map

공감 지도란 특정한 위치에 있는 사람에 대한 생각과 느낌, 그 사람이 들을 것 같은 이야기, 보는 상황, 하는 말과 행동을 1장에 표현한 것이다. 부모님의 공감 지도를 학생들이 그려보면 부모님의 생각과 말과 행동을 이해하고 공감할 수 있을 것이다. 사원이나 대리들은 팀장의 공감 지도를 그려보면 팀장의 생각과 마음을 공감할 수 있다. 이 지도는 원래 마케팅에서 고객의 마음을 알아보기 위해서 시작되었다.

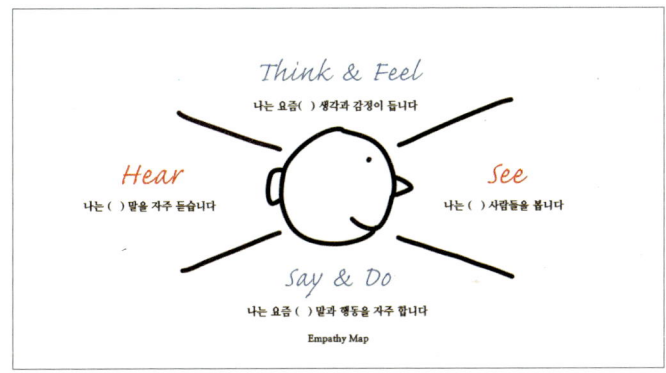

▲ 공감 지도 Empathy Map

4 | 손 이미지와 파워포인트의 만남 4 : 뇌 가소성 Neuroplasticity

중추신경계의 뇌는 재구성 또는 재배치 Reorganize and Remodel 하는 능력을 가지고 있다. 이러한 대뇌피질의 기능과 신경계의 적응 Neural Adaptation 과정을 뇌 가소성이라고 한다. 변화를 이야기할 때 사용하는 콘텐츠이며 단순하게 머리 모양과 뇌 모양을 손으로 그리고 텍스트만 배치했다.

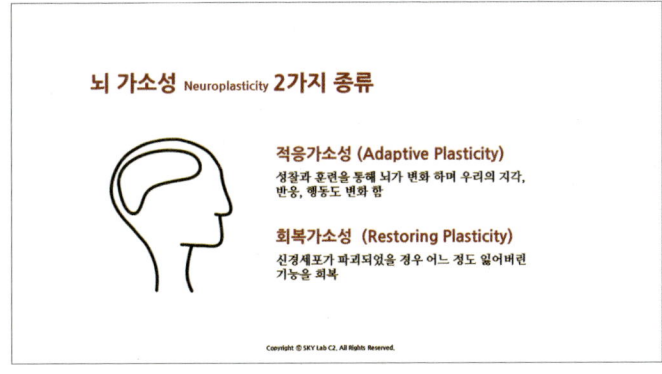

▲ 뇌 가소성 Neuroplasticity

5 | 손 이미지와 파워포인트의 만남 5 : 매몰 비용 Sunken Cost

매몰 비용은 필자의 강의 협상에 사용되는 용어이다. 매몰에 대한 의미로 가라 앉는 배를 그렸고 파도 모양으로 아랫부분을 채웠다. 간단한 이미지와 텍스트 배치만으로도 강의 자료로 만들 수 있다.

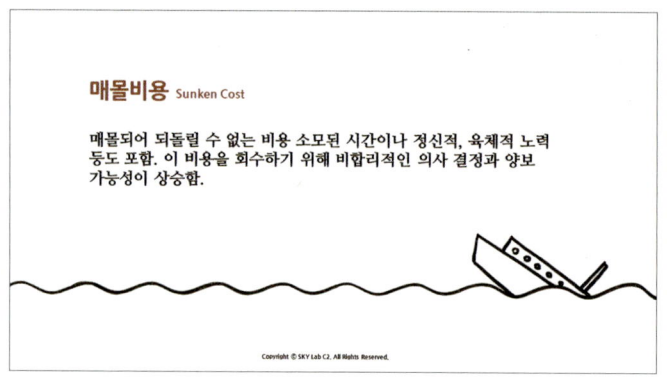

▲ 매몰 비용 Sunken Cost

6 | 손 이미지와 파워포인트의 만남 6 : 스마트 워킹 – 시스템화

다음은 N스크린 시대 정보 취합에 대한 의미 부여를 위해 만든 자료이다. 폭주하는 정보 홍수 속에서 일원화된 정보 구축 체계와 태도를 이야기할 때 사용한다. 필자가 사용하는 원노트에 대한 내용이 주력으로 나온다. 스마트 디바이스 기기와 IT 제품을 아이콘 형식으로 표현하고 그 아래에 텍스트 배치를 하였다.

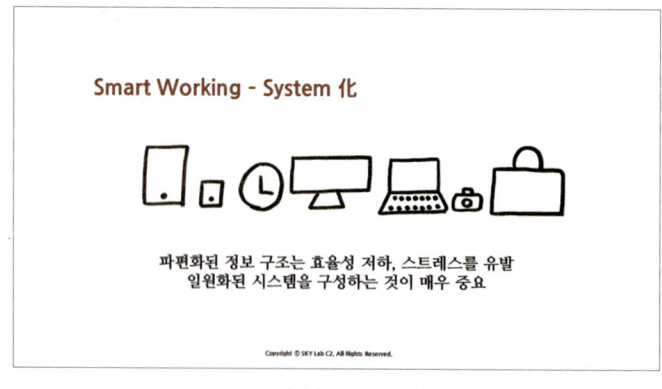

▲ 스마트 워킹 – 시스템화

Visual Thinking

생활 속에서 비주얼 씽킹하자

07

자신의 역량을 향상시키기 위해서 가장 중요한 것은 무엇일까? 필자의 경험으로 비추어 볼 때 습관화하는 것이 가장 빠르고 좋은 방법이다. 습관화는 의지에서 행동하는 것이 아닌 저절로 행동하게 되는 것을 뜻한다. 비주얼 씽킹을 습관화하고 싶다면 필자의 2가지 방법을 사용해 보자.

🖥 비주얼 씽킹 성장일지

필자의 가치는 성장하는 인생이다. 그래서 이전 출간했던 책 앞에 저자 서명을 할 때 필자는 '성장하는 인생을 기원합니다'라고 써드리곤 했다. 매일매일 우리는 그냥 살아가고 있는 것이 아니다. 더 나은 나와 내 가족을 위해서, 더 나은 세상을 만들기 위해서, 우리는 모두 성장하고 있는 것이다. 그 성장의 모습은 자신만이 알고 있다. 그래서 일지로 기록하는 것은 매우 중요하다. 다음은 실제 필자의 비주얼 씽킹 성장일지이다. 매일 아침 전날의 있었던 이야기를 비주얼 씽킹으로 그린 뒤 그 날의 성장이라고 생각하는 부분을 붉은 색으로 표시한다.

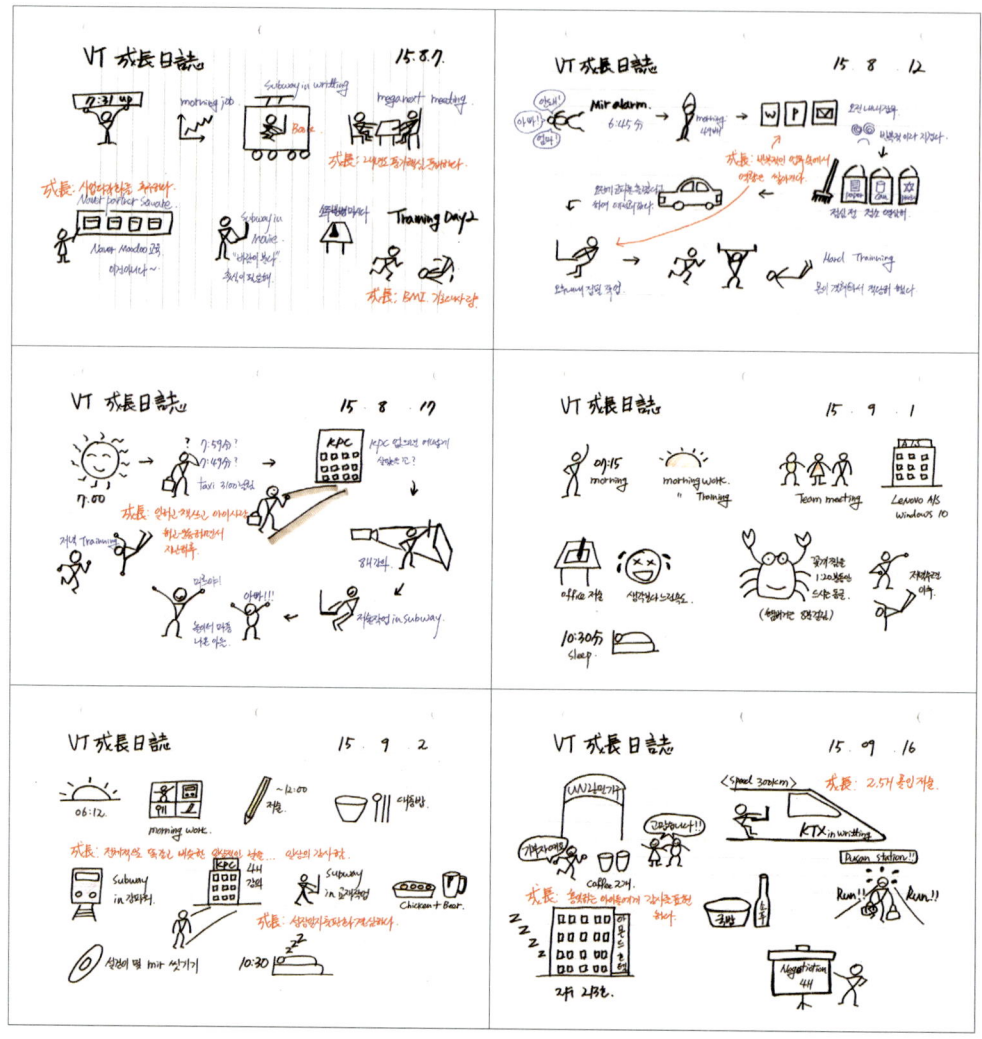

▲ 필자의 비주얼 씽킹 성장일지

이런 습관은 비주얼 씽킹 중 이미지 텍스트 기술과 표현력을 늘려준다. 또한 하루하루를 남기는 일기의 역할도 한다. 마지막으로 하루동안 성장한 이야기를 남길 수 있어 3마리의 토끼를 잡는 격이다.

비주얼 씽킹 잉글리시 Visual Thinking English

성장일지와 더불어 매일 아침 '네이버 영어 사전' 앱을 실행한다. '네이버 영어 사전' 앱에서는 하루에 영어 단어를 5개씩 지정해 준다. 그래서 그 날의 단어를 적고 연상되는 이미지를 그려본다. 이미지 실력을 떠나서 영어 단어를 이미지로 익힐 수 있도록 여러 가지 이미지로 그려본다. 이것 또한 비주얼 연습과 영어 공부, 두 마리 토끼를 잡을 수 있는 방법이다.

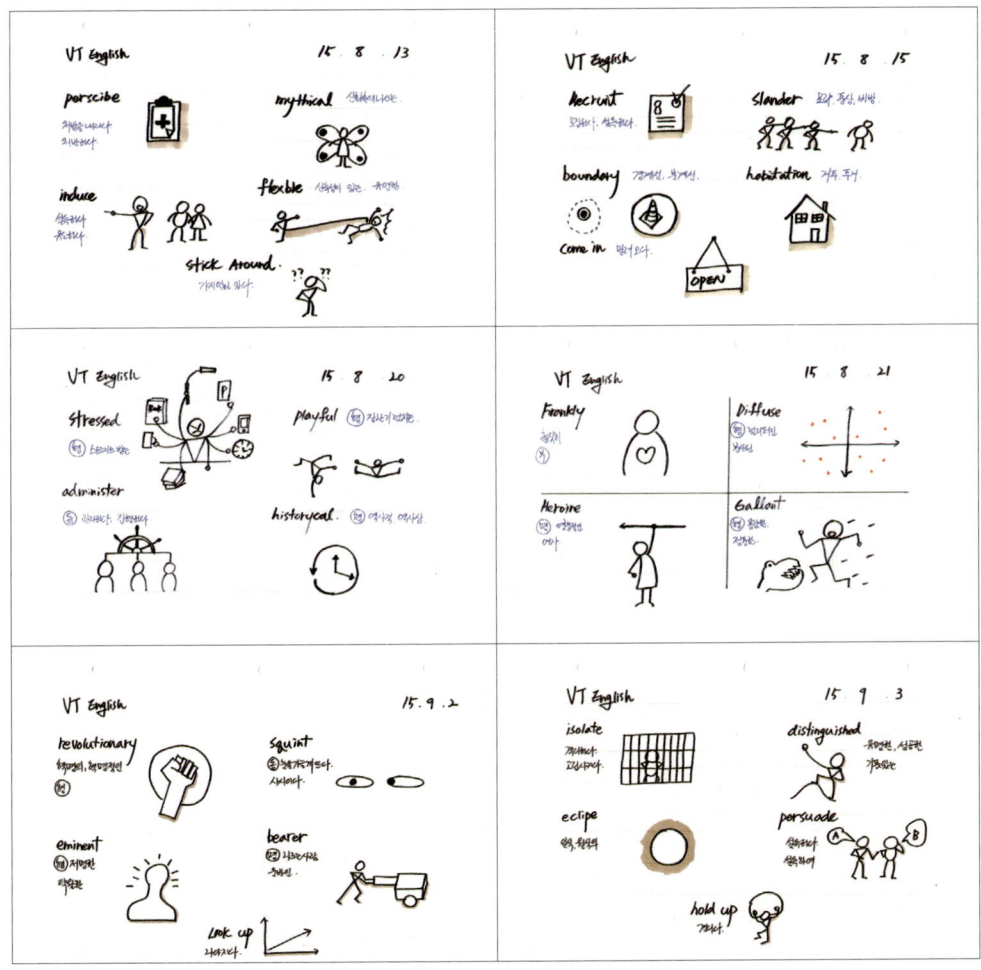

▲ 필자가 매일하는 영어 단어 비주얼 씽킹

필자는 아침마다 비주얼 씽킹 성장일지와 비주얼 씽킹 잉글리시 5마리의 토끼를 잡으며 성장하고 있다.

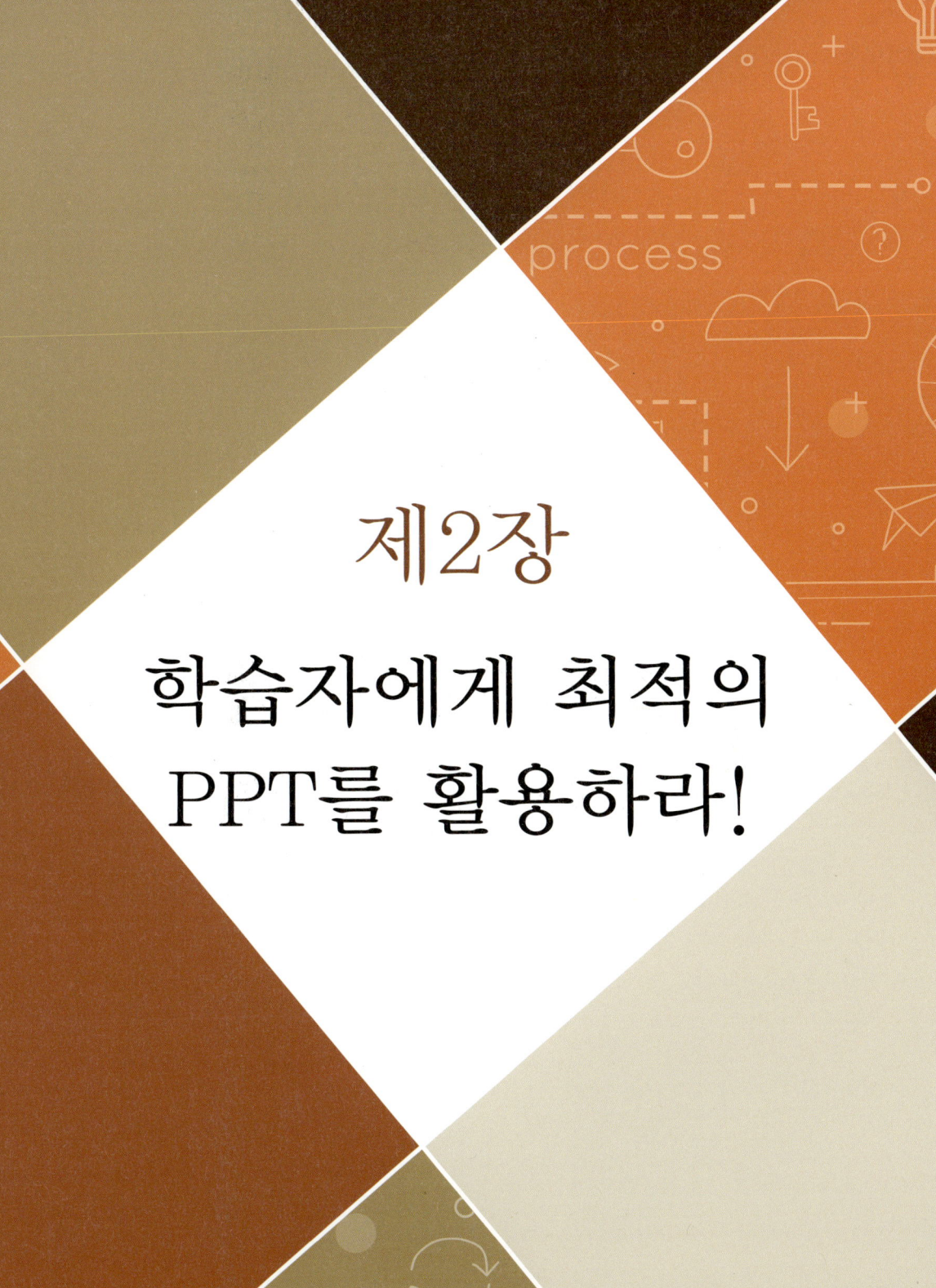

제2장

학습자에게 최적의 PPT를 활용하라!

강파워! 강사를 위한 **파워포인트 노하우**

PPT Family
_나 혼자 산다? 파워포인트 대가족을 구성하라!

1인 기업들과 스타트업이 빠르게 증가하고 있다. 이들은 협업과 콜라보레이션으로 강력하고 독특한 창작물들을 만들어 낸다. 파워포인트 또한 혼자보다는 대가족을 이루면 더욱 강력한 힘을 발휘한다. 윈도우와 협업, 무비메이커의 어시스트, 폰트의 도움이 커다란 힘이 된다. 플레이어와 프리젠터까지 대가족이 뭉치면 커지는 힘을 함께 알아보자.

POWERPOINT FOR LECTER · TEACHER · PROFESSOR

PPT Family

오피스와 윈도우는 쌍둥이다?

01

20년도 훨씬 전 이야기다. 윈도우를 처음 본 그날의 충격을 잊을 수 없었다. 까까머리 중학생 시절부터 까만 바탕에서 흰 글씨만 컴퓨터라고 알고 살아온 필자였다. 컬러 모니터와 마우스를 이용하면 화살표가 움직이고 창을 켜고 옮기고, 파일을 클릭하는 영상은 정말 충격적이었다. DOS의 텍스트를 벗어나 창을 열고 닫는 윈도우 시대의 서막이었다.

윈도우 안에는 있는 듯 없는 듯 몇 가지가 프로그램이 들어 있었다. 바로 오피스 95였다. 만년필이 그려져 있는 워드, 숫자를 표현한 엑셀, 원형 그래프를 일부 보여주는 파워포인트 등이 조악한 디자인으로 구석 자리를 차지하고 있었다. 한번 열어보고 '이건 뭐에 쓰라고 있는 거지?' 생각하며 창을 닫았던 기억이 난다.

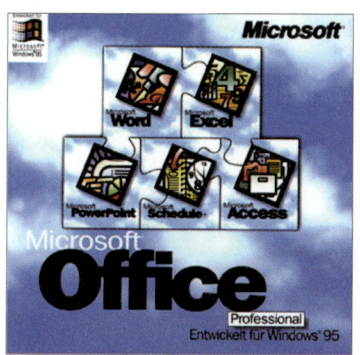

▲ 초창기 오피스 디자인
출처 : http://www.coverportal.com/Anwender/m3.htm

20여 년이 훌쩍 지난 지금, 필자의 투덜거림의 대상이었던 오피스는 전 세계인들에게 없어서는 안되는 필수적인 업무 도구로 자리 잡았다. 그리고 필자는 오피스 중 하나인 파워포인트에 대한 책을 저술하다니 참으로 격세지감이다. 오래된 이야기를 꺼내는 것은 윈도우와 그 가족들에 대한 이야기를 하고자 하기 때문이다. 그렇다. 오피스와 윈도우는 함께 태어나 지금까지 함께 살아온 쌍둥이다.

윈도우가 출시될 초기부터 오피스는 윈도우의 어딘가에서 함께 태어나 자라왔다. 시간이 흐른 뒤 오피스는 자신의 영역을 만들면서 견고하게 자신의 영역을 찾아갔다. 뻔한 드라마처럼 출생의 비밀을 따지는 이유는 바로 하나이다. 이 둘은 원래 하나였기에 양쪽의 기능을 잘 알고 있다면 더욱 강력한 기능을 사용할 수 있게 되는 것이다. 지금부터 파워포인트의 기능을 배가시켜주는 윈도우의 기능을 알아보자.

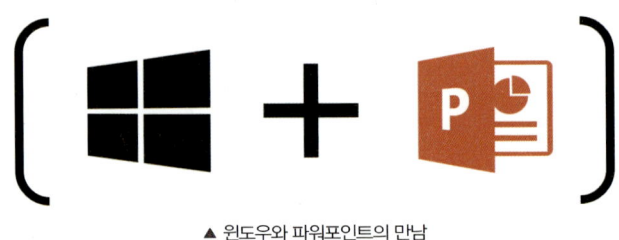

▲ 윈도우와 파워포인트의 만남

윈도우 시너지 – 듀얼 설정하라

개화기 시절 조선의 유림들은 서양인들의 식탁을 보고 크게 놀랐다고 한다. 밥상에 작은 칼이 올라와 있는 것이다. 이 칼로 핏물이 흐르는 스테이크를 잘라 작은 삼지창으로 찍어 먹는 것이다. 이 모습을 본 유림들은 짐승들이나 하는 짓이라며 미개한 민족이라고 크게 노하였다고 한다. 칼은 주방에서 요리를 할 때 사용하거나 남해안의 노략질을 일삼던 왜구를 물리치는 도구라고 생각하는 것이다. 우리 입장에서 식탁 위의 칼과 포크는 있어서는 안 될 물건이었다.

교수자의 파워포인트에서도 올라가서는 안 될 물건이 있다. 그것 바로 커서Cursor이다. 커서에 대한 국어사전을 찾아보자면 '디스플레이 장치의 화면에서 입력 위치를 나타내는 표시'라고 되어있다. 커서는 입력을 위한 도구이다. 커서를 보는 사람은 파워포인트를 작업하는 교수자이다. 학습자에게는 이 커서를 보여줄 이유가 없다. 교수자의 작업 영역과 학습자에게 노출되는 영역은 명확히 분리가 되어야 한다.

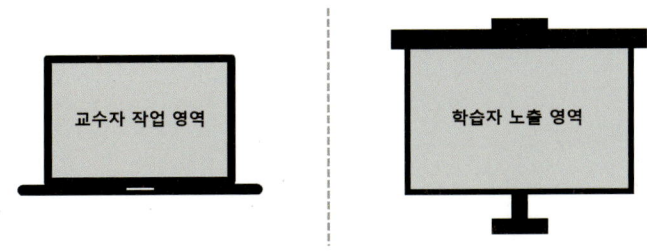

▲ 교수자 작업 영역과 학습자 노출 영역의 분리

필자는 이것을 강파워 원칙 6 무無 커서Cursor라고 하며 윈도우의 듀얼Dual 설정을 말한다. 원칙은 최상의 프레젠테이션 환경을 구성하는 원칙이며 학습자를 배려하는 원칙이기도 하다. 사실 이 원칙은 교수자보다 경쟁 PT를 하는 프리젠터들이 지켜야 하는 원칙이기도 하다. 교수자는 장시간 학습자들과 함께 하기 때문에 때로는 커서를 보이는 경우도 있다. 그러나 프리젠터들은 자신의 제품과 서비스에 대한 완벽한 모습을 보여야 하기에 더더욱 커서를 보여서는 안 된다. 필자는 실제로 기업 교육을 하는 담당자로 일할 당시 입찰 파워포인트를 수십 차례 받아보았지만 듀얼 설정을 하는 사람을 본적이 없다.

듀얼 설정의 이익

그렇다면 듀얼 설정으로 무엇을 얻을 수 있을까?

듀얼 설정으로 이익을 얻을 수 있는 것은 다음과 같이 정리할 수 있다.
① 발표자 도구를 사용할 수 있어 준비와 여러 가지 상황에 대처할 수 있다.
② Show 이외 아무것도 보이지 않는다.
③ 강의 파워포인트 이외 다른 탐색 창이나 기타 프로그램이 보이지 않는다.
④ 점수 보드와 엑셀 시트를 조정할 수 있다.
⑤ 영상을 깔끔하게 띄울 수 있다.

많은 교수자들이 이러한 상황을 보여주지 않기 위해서 빔 프로젝트의 일시 정지Mute, Freeze

기능을 사용한다. 물론 이것도 하나의 방법일 수 있다. 그러나 강의 환경이 바뀌는 경우 리모컨이 없는 경우가 있을 수도 있고 구형인 빔 프로젝트는 '일시 정지' 기능이 없는 경우도 있다. 따라서 이 모든 것을 대비할 수 있는 교수자만의 방법이 필요하다. 무無 커서Cursor 원칙을 위해서는 다음과 같은 설정을 알고 사용할 수 있어야 한다.

1 | 윈도우 듀얼 설정 방법

듀얼 설정은 윈도우 7부터 가능했지만 대부분의 교수자는 잘 모른다. 지금부터 설정법을 상세하게 알아보자.

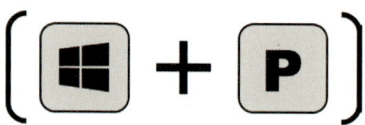

▲ 듀얼 설정의 핵심 윈도우 키와 P

윈도우 듀얼 설정하기

01  와 P 를 동시에 누르면 윈도우 7의 경우 다음과 같은 가로 이미지로 중앙에 떠오른다. 윈도우 8.1, 윈도우 10의 경우 다음과 같은 세로 이미지로 오른쪽에 떠오르게 된다.

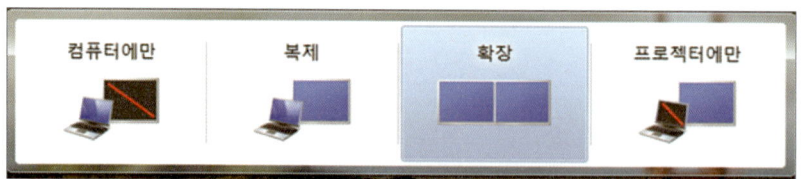

▲ 윈도우 7

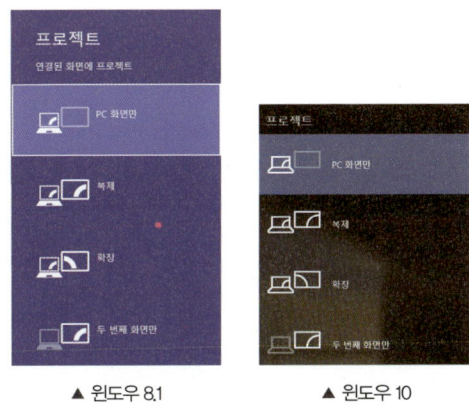

▲ 윈도우 8.1　　　　▲ 윈도우 10

02　프로젝트 메뉴에서 확장을 선택하면 듀얼 설정이 완료된다.

2 | 파워포인트 듀얼 설정 방법

윈도우만 듀얼 설정했다고 해결되는 것이 아니다. 듀얼에서 슬라이드 쇼를 보여줄 위치를 정해줘야 제대로 된 슬라이드 쇼가 진행된다.

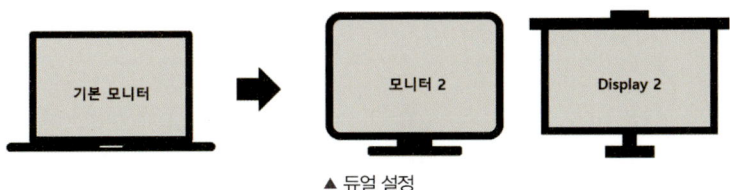

▲ 듀얼 설정

 ## 파워포인트 듀얼 설정하기

01 파워포인트 듀얼을 설정하는 방법은 다음과 같다. [슬라이드 쇼] 탭을 클릭하고, [모니터] 목록 단추를 클릭해 [모니터 2]를 선택한다. [모니터 2]를 선택하면 기본 모니터에서는 파워포인트 화면을 볼 수 있고 모니터 2에서는 슬라이드 쇼 화면을 볼 수 있다.

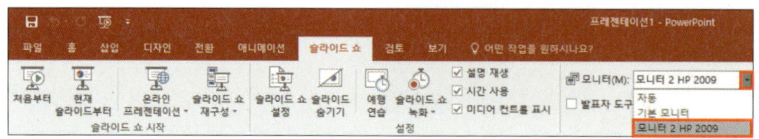

02 쇼를 시작할 때는 [슬라이드 쇼] 탭ㅡ[처음부터] 또는 [현재 슬라이드부터]를 클릭한다. 단축키는 처음부터는 F5, 현재 슬라이드부터는 Shift + F5 이다.

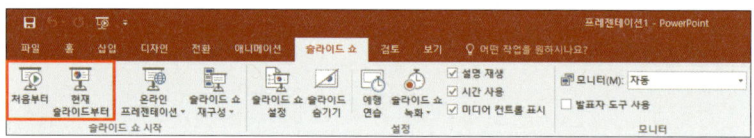

 ## 파워포인트 첫 장 바탕에 트릭 설정하기

01 ⊞ + P 를 눌러 듀얼을 만든다. 강의용 파워포인트를 이미지 파일로 만들기 위해 F12 를 누르고 [다른 이름으로 저장] 대화상자에서 [파일 형식 : JPG]ㅡ[위치 : 바탕화면]ㅡ[저장 : 현재 슬라이드만]을 선택하여 저장한다.

02 저장한 JPG를 바탕화면에 넣는다. 파워포인트 첫 장이 바탕화면에 보이므로 빔 프로젝트도 바탕만 보인다.

03 파워포인트 슬라이드 쇼 표시 위치를 모니터 2로 보낸다. 이때 한번만 반짝하면서 파워포인트가 시작된다.

이렇게 파워포인트 첫 슬라이드를 바탕화면으로 설정하면 슬라이드 쇼 시작 시 파워포인트 첫 슬라이드와 바탕화면이 동일하여 슬라이드 쇼 시작 시 부드럽게 시작할 수 있다.

SPECIAL PAGE

실전 Tip 〉 만약 듀얼 설정이 안 되는 경우 어떻게 해야 할까?

Question 듀얼 설정 시 빔이 나오지 않는 경우 어떻게 해야 하나요?

Answer 빔 프로젝트가 듀얼 설정에 대한 옵션이 없는 경우, 또는 VGA 영상 소스가 부족하기 때문입니다. 낡은 빔 프로젝트에서 주로 나타나는 현상입니다. 듀얼 설정 중에서 [복제]를 선택하거나 [두 번째 화면만]으로 설정하는 방법만 가능합니다.

Question 듀얼 설정은 되었으나 영상만 나오지 않습니다. 왜 그렇죠?

Answer VGA 영상 소스가 부족하기 때문입니다. 듀얼 설정으로 강의를 진행할 수는 있으나 영상 시연할 경우 두 번째 화면만으로 돌린다면 영상 소스가 한쪽으로 몰리게 되므로 해결되는 경우가 많이 있습니다. 결국 강의는 빔 프로젝트만 보고 해야겠지요.

Question Display 2가 활성화되지 않습니다.

Answer Display 2는 RGB 또는 HDMI 케이블을 연결해야만 활성화됩니다. 만약 연결을 했음에도 불구하고 나오지 않는다면 PC 서비스를 신청하실 것을 권합니다.

Question 노트북에서 보는 것과 빔 프로젝트에 보이는 해상도가 다릅니다.

Answer 윈도우는 교수자용 PC와 빔 프로젝트를 2개의 디스플레이로 이해를 합니다. 따라서 그에 대한 해상도를 자동적으로 맞추게 됩니다. 그런데 이 과정에서 서로 맞지 않는 해상도를 나타내는 경우도 있습니다. 이 경우 해상도가 맞지 않는 경우 모니터 2의 해상도를 조정해 주어야 합니다. 다음과 같이 설정해 줍니다.

[제어판]-[모양 및 개인 설정]-[디스플레이]-[화면 해상도]-[2번 모니터 선택]-[해상도 선택]-[적용]

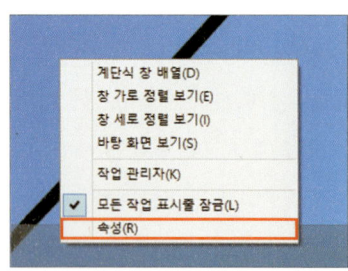

Question 모니터 2(빔 프로젝트)에 교수자 PC와 마찬가지로 작업 표시줄이 생깁니다. 없앨 수 있을까요?

Answer 가능합니다. 윈도우 8 버전부터 옵션으로 시작된 작업 표시줄은 듀얼 모니터에서는 편리한 기능이지만 무無 커서Cursor 원칙에는 불편함을 느끼게 됩니다. 다음과 같이 설정하면 사라집니다. 이 옵션은 RGB 또는 HDMI 케이블을 연결해야만 활성화됩니다. [작업 표시줄 오른쪽 클릭]-[속성]-[작업 표시줄] 탭-[모든 디스플레이에 작업 표시줄 표시]를 체크하고 [작업 표시줄 및 창이 열려 있는 작업 표시줄]에서 [주 작업 표시줄 및 열려있는 작업표시줄]로 설정합니다.

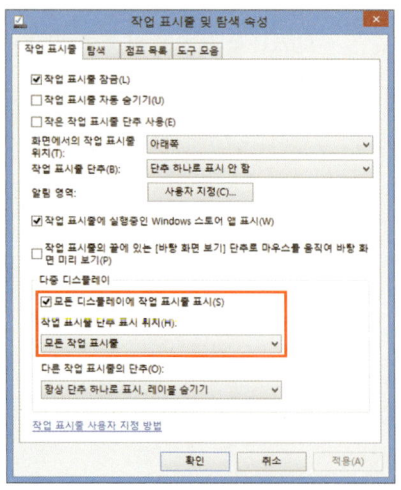

PPT Family

무비메이커는 동생이다

02

1인 미디어 시장이 폭발적으로 증가하고 있다. 일명 '먹방'을 시작으로 촉발된 1인 미디어는 다양한 콘텐츠로 강력한 시장을 선도하고 있다. 우리가 이미 사용하고 있는 블로그, 페이스북, 인스타그램 등이 모두 1인 미디어라고 할 수 있다. 그런데 최근 영상이 1인 미디어의 중심이 되고 있다. 백종원씨를 스타로 만든 바로 '마이 리틀 텔레비전'이 대표적이라 할 수 있다. 1인 영상 미디어의 대표 주자인 아프리카 TV는 평균 월 사용자 800만 명, 동시 시청자 약 50만 명이라고 하니 그 인기를 실감할 수 있다.

▲ 마이 리틀 텔레비전 로고
출처 : http://enews.imbc.com/News/RetrieveNewsInfo/127279

우리의 강연을 듣고 수업을 듣는 참여자들은 이러한 1인 미디어에 반복적으로 노출되고 익숙해지고 있다. 빠르게 변화하는 시대에 교수자들도 영상의 활용과 그 기능에 대해서 반드시 숙지하고 방법을 알아갈 필요가 있다. 자신이 직접 촬영하거나 수집한 영상으로 교육 자료를 만드는 일은 창의적인 교수자의 기본 역량이라 생각한다. 오피스가 윈도우와 쌍둥이라면 무비메이커는 동생에 가깝다. 윈도우 XP 버전부터 함께 탑재된 무비메이커는 일반인들도 영상을 편집할 수 있다는 희망을 심어준 대표적인 영상 편집 프로그램이다.

영상의 종류를 이해하자

우리가 원하는 영상은 가능한 파워포인트에서 구동할 수 있는 영상이다. 물론 동영상 플레이어를 이용하여 보여 줄 수도 있지만 파워포인트에 삽입하여 보여주는 것이 고급스럽고 전문가다운 모습을 보이는 것이다. 영상의 기본 작업을 위해 영상의 기본적인 형식과 종류를 알아보자.

영상 확장자 설명

AVI	Audio Visual Interleave 마이크로소프트에서 만든 영상 파일이다.
WMV	Windows Media Video 마이크로소프트에서 만들었으며 파워포인트에서 구동이 가장 잘 이루어진다.
MP4	MPEG-4 최근 대부분의 스마트 디바이스에서 사용되는 동영상 형식이다.
MOV	애플에서 만든 동영상 형식으로 'Quick Time Movie'라고도 한다.

위의 영상을 무비메이커에 넣으면 대부분 인식을 한다. 윈도우 8 버전 이후부터는 많은 형식의 영상을 인식할 수 있도록 지원을 해주기 때문이다. 따라서 우리가 가지고 있는 스마트 디바이스를 이용해 찍은 영상이나 웹에서 수집한 영상이라도 대부분 작업할 수 있다는 장점을 가지고 있다. 인식 이후 편집 과정을 거치고 MP4 또는 WMV로 저장을 하게 된다. 이렇게 저장된 파일은 파워포인트에서 구동이 가능해 진다. 무비메이커는 윈도우 프로그램이기에 쌍둥이인 오피스와 적합성이 높기 때문이다. 만약 무비메이커에서 인식을 하지 못하는 영상 파일이라면 다음 장에 나오는 다음팟 인코더^{DaumPot Encoder}를 이용해서 인코딩한 뒤 작업을 하면 된다.

영상을 촬영하자

독자께서 보유하고 있는 디지털 디바이스를 어떤 종류인가? 스마트폰의 경우 안드로이드 디바이스는 대부분 MP4로 촬영이 되며 애플 디바이스는 MOV로 영상이 촬영된다. 따라서 교수자 본인이 소유한 기종마다 촬영 방식이 정해져 있음으로 디바이스의 지원 형식을 알고 있으면 된다. 캠코더의 경우 제조사마다 서로 다양한 형식의 영상이 출력되므로 설명서를 보거나 제조사에 문의를 해야 한다.

▲ 다양한 디지털 디바이스

영상을 다운로드하자

촬영할 수 없는 것은 영상을 구해서 사용하는 방법을 이용하자. 세계적으로 영상이 가장 많은 곳은 단연 유튜브이다. 보는 즐거움도 있지만 소유할 수도 있다. 소유의 2가지 방법을 함께 알아보도록 하자.

1 | 알툴바를 이용해 다운로드한다

방법 1. [더보기]-[퍼가기]-[해당 파일 체크]-[다운로드]
방법 2. [영상 오른쪽 상위]-[동영상 다운로드]

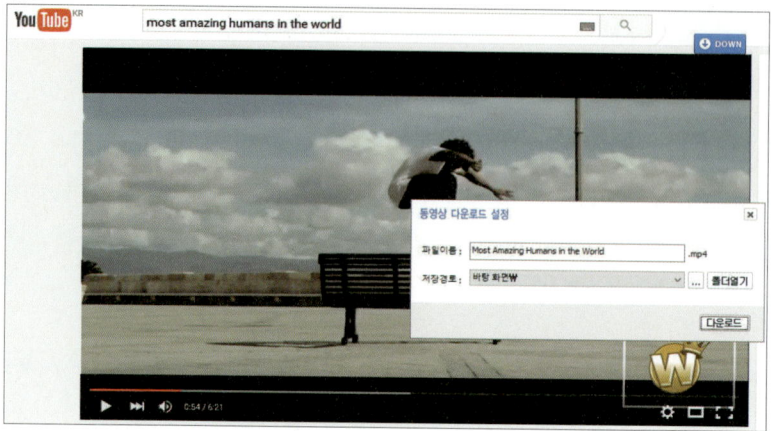

알툴바를 이용하면 유튜브의 영상을 보면서 바로 다운로드가 가능하다. 대부분 MP4 또는 FLV가 다운로드가 된다. 다운로드한 영상은 변환을 해야 하는 경우도 있고 무비메이커에서 바로 인식하는 경우도 있다.

2 | ss + 주소를 사용한다

또다른 유튜브 다운로드 방법을 알아보자. 만약 'https://www.youtube.com/watch?v=AYvYdg-Y-08'를 다운로드하고 싶다면 'www.'를 지우고 주소 앞에 'ss'만 붙여보자.

'https://ssyoutube.com/watch?v=AYvYdg-Y-08'로 수정한 이 주소를 아무 주소 창에 붙여넣기를 하면 다음과 같은 창이 나타난다.

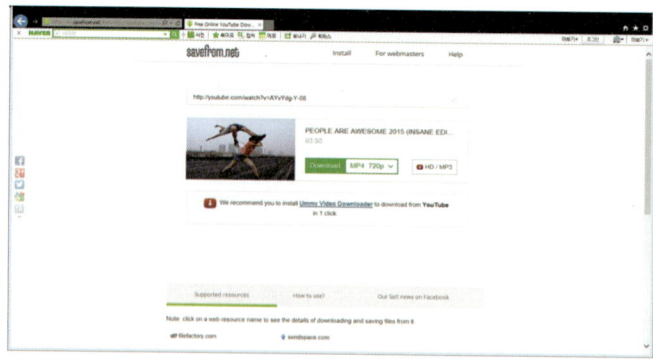

▲ ss+주소 사용 시 화면

여기서 중앙의 다운로드만 클릭하면 영상 다운로드가 진행된다.

> **TIP** 유튜브에는 저작권이 있는 영상이 많다. 섣불리 다운로드하는 것을 조심해야 한다. 또한 영리의 목적으로 다운로드 하면 추후 문제가 발생할 수 있다.

3 | 파워포인트 영상을 삽입하자

파워포인트에 영상을 삽입하는 방법은 2가지이다. 첫 번째는 파워포인트에 영상을 직접 삽입하지 않고 동영상을 연결하는 방법이다. 파워포인트에 동영상 링크를 걸어 영상을 재생한다. 두 번째는 파워포인트에 영상을 직접 삽입하는 방법이다. 파워포인트 버전별 영상, 삽입 방법은 다음과 같다.

2003 버전부터 2010 버전까지는 영상을 삽입 메뉴 둘 중 하나만 선택해야 할 수밖에 없었다. 그러나 2013 버전부터는 연결과 삽입 모두 가능하게 되었다. 2010 버전은 출시 초반에는 [삽입] 메뉴만 제공하였으나 업데이트가 되면서 현재 연결과 삽입 모두 가능하다.

동영상 연결과 삽입의 장·단점

	장점	단점
연결	파워포인트 내부로 들어가지 않음으로 용량이 현저하게 줄어든다. 사용하고 있는 PC의 공간이 부족하다면 추천한다.	영상의 위치가 변경되거나 삭제될 경우 영상이 나오지 않는다. 따라서 프랙털 트리의 원칙을 적용한 정리가 필수적이다.
삽입	파워포인트 내부로 영상을 삽입하므로 영상의 위치가 옮겨지거나 삭제를 해도 상관없이 작동된다.	파워포인트 용량 자체가 기하급수적으로 불어난다. 만약 너무 많은 영상을 삽입하면 열고 닫는 부분에도 문제가 생길 수 있으며 가끔은 구동이 어려운 경우도 있다.

무비메이커는 이미지, 영상, 음악을 이용해서 교육에 적절한 영상을 만들어 낼 수 있다. 영상을 만들 것인지 고민하는 것은 교수자의 열정에 달려 있을 것이다.

▲ 음악과 영상, 사진 등을 이용해서 적절한 영상을 만들자

 ## 무비메이커 사용하기

무비메이커는 교수자가 보유하고 있는 사진, 영상, 음악을 하나의 영화처럼 만들어 학습자료를 만들 수 있다.

01 무비메이커를 실행하면 메뉴가 나온다.

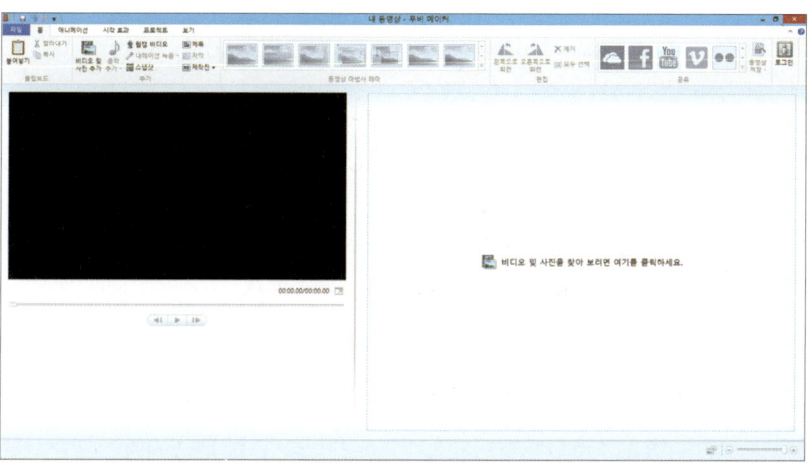

02 [애니메이션] 메뉴는 영상과 사진의 효과를 담당한다.

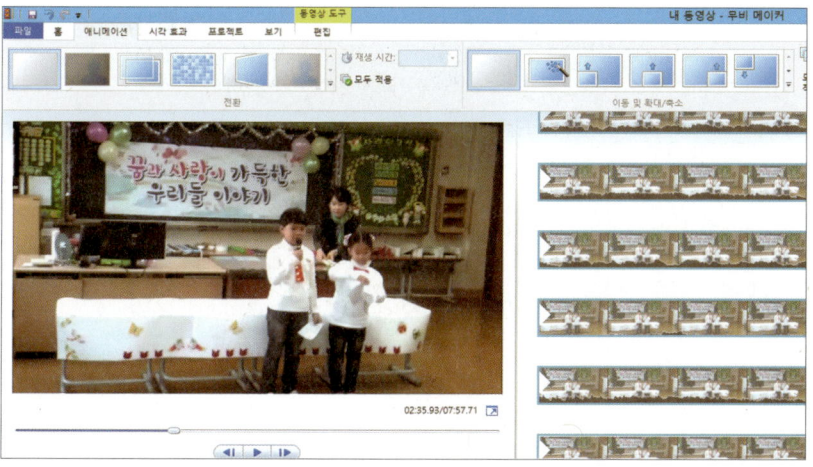

03 [시각 효과] 메뉴는 영상의 필터를 적용하거나 밝기를 조정한다.

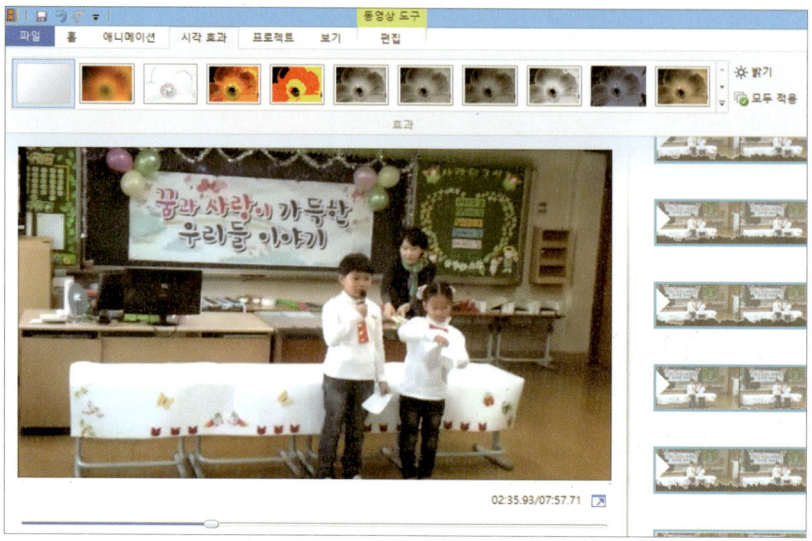

04 [프로젝트] 메뉴는 내레이션, 비디오, 음악을 강조하거나 화면의 비율을 맞춘다.

05 [보기] 메뉴는 편집 시 편리한 보기 기능을 제공한다.

06 [편집] 메뉴는 동영상을 편집할 수 있는 도구로 페이드 인 & 아웃, 분할과 속도 조절까지 동영상의 상당 부분의 적용할 수 있다.

07 음악 도구는 음악의 시작 & 종료, 자르기 부분까지 음악의 편집을 담당한다.

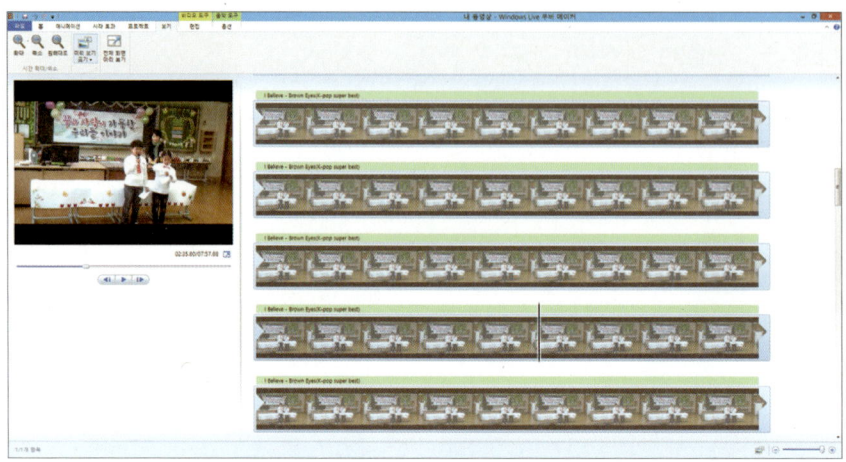

동영상 작업은 손이 많이 가는 작업이다. 그러나 수준에 맞게 다음과 같은 단계 정도로만 작업을 해보자.

Level 1은 간단히 영상이나 음악을 불러와서 자르고 붙인 다음 저장하는 쉬운 단계이다. 간단한 영상을 만들 수 있는 단계이며 PC의 기본적인 부분만 다룰 수 있는 교수자라면 누구든 할 수 있는 초급 단계이다.

Level 2는 가져온 영상을 자르고 자막을 넣을 수 있고 음악과 함께 편집할 수 있는 단계이다. 전 단계보다 소스가 좀 더 필요하기 때문에 시간과 작업이 조금 더 복잡해진 중급 단계이다.

Level 3은 영상 자르기를 넘어서 애니메이션과 효과까지 들어가는 단계이다. 각 영상과 사진 편집을 하며 적절한 음악과 자막까지 설정한다. 매우 수준 높은 영상을 만들어 낼 수 있는 고급 단계이다.

	1단계	2단계	3단계	4단계
Level 1	불러오기	자르기	저장하기	
Level 2	불러오기	자르기 + 영상, 사진, 음악, 자막, 첨부	저장하기	
Level 3	불러오기	자르기 + 영상, 사진, 음악, 자막 첨부	애니메이션, 시각 효과 첨부	저장하기

폰트는 이종 사촌이다

03

가족이지만 명절에 몇 번 만나는 가족인 사촌들이 있다. 친구나 동료들처럼 자주 보지는 못하지만 가족이라는 이유로 친밀감을 느끼는 것이 사촌이 아닐까? 파워포인트에도 항상 있는 듯하지만 다른 형태를 가져오면 새로워지는 것이 바로 폰트이다. 기본적으로 파워포인트에서 제공하는 폰트로 대부분의 작업이 가능하다. 그러나 유행하는 폰트가 있고 이런 폰트를 사용함으로써 좀더 맛깔스런 파워포인트를 만들 수가 있다. 특히 무료로 제공하는 폰트를 이용해 보자.

무료 폰트를 구하자

폰트는 정식으로 구매해야 하는 유료가 매우 많다. 유료 폰트 남용 시 큰 낭패를 볼 수 있다. 저작권이 있는 폰트는 정식으로 구매하여 사용하자. 우리는 비용이 들지 않는 무료 폰트를 찾아 나서자. 필자가 자주 찾는 곳은 '네이버 소프트웨어'이다. 'http://software.naver.com'에 접속 후 [카테고리]-[폰트]로 이동하면 수많은 무료 폰트를 만날 수가 있다. 그 중 네이버 나눔체와 서울시에서 제공하는 서울체는 필자가 가장 즐겨 사용하는 폰트이다.

1 | 나눔체

나눔바른고딕
▲ 나눔 바른 고딕체

나눔고딕
▲ 나눔 고딕체

나눔손글씨 펜
▲ 나눔 손글씨 펜체

나눔고딕 EB
▲ 나눔 고딕EB체

2 | 서울체

서
서울남산 정체
서울 남산의 우직함을 표현한 한글 글꼴
▲ 서울남산 정체

서
서울남산 장체
서울 남산의 우직함을 표현한 한글 글꼴
▲ 서울남산 장체

서
서울한강 장체
서울 한강의 부드러움을 표현한 글꼴
▲ 서울한강 정체

서
서울한강 장체
서울 한강의 부드러움을 표현한 글꼴
▲ 서울한강 장체

폰트 뒤의 외계어?

폰트 뒤에 붙는 T·L·M·B와 같은 표시를 볼 수 있다. 이 스펠링의 의미부터 먼저 알고 가자. 이것은 폰트의 굵기를 표현하는 언어이다. T는 가장 얇고 B는 가장 굵은 폰트라고 이해하면 된다.

끝자리 언어를 이해하고 상황에 맞게 사용해 보자.

폰트 굵기를 표현하는 스펠링

T	L	M	B
Thin(얇은)	Light(가는)	Medium(중간)	Bold(굵은)

고딕 계열과 명조 계열 이해하기

고딕체gothic type는 고딕 시대에 '유럽에서 사용되었던 글씨체'라는 의미였다고 한다. 그러나 현대에는 선의 굵기가 일정한 폰트를 총칭하는 말로 사용되고 있다. 고딕 계열, 일명 헤드라인Head Line이라고 불려서 대주제나 일면에 내세울 때 사용한다. 명조체明朝體는 국문이나 한자 서체의 총칭이다. 가로 선이 세로 선보다 가늘며 세리프Serif가 있는 글씨체를 이야기한다. 파워포인트보다는 한글 Hwp 문서나 워드 Doc 문서에 사용된다.

폰트가 아름다워지는 방법

캘리그라피Calligraphy가 큰 유행을 하고 있다. 캘리그라피는 아름다운 서체란 뜻을 지닌 고대 로마 그리스어 'Kalligraphia'에서 유래된 전문적인 핸드 레터링 기술이라고 한다. 역사로 보자면 2천 년보다 훨씬 전부터 글씨에 대한 예술적인 아름다움을 사용하고 있었다는 이야기가 된다. 우리가 다년 동안 연습해야 하는 캘리그라피를 굳이 배울 필요는 없다. 파워포인트 폰트를 이용하여 아름답고 개성 있는 글자와 레이아웃을 만들어 보자.

1 | 폰트 굵기와 레이아웃을 이용한 디자인

폰트의 굵기와 레이아웃에 따라서 다양한 디자인이 가능하다. 폰트를 사용할 때는 같은 계열의 폰트를 사용하는 것이 바람직하다. 만약 명조 계열의 폰트를 사용했다면 같은 계열의 폰트 굵기나 크기 조절하여 디자인하는 것이 좋다.

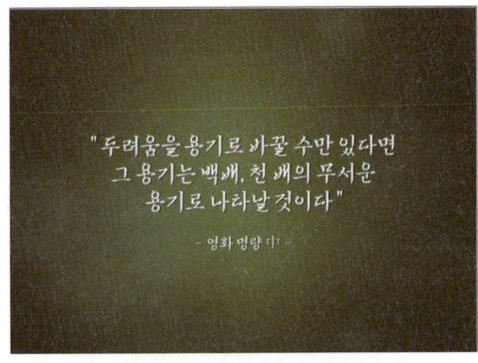

▲ 폰트의 크기 변화를 이용한 디자인
폰트 : 이순신체

▲ 같은 계열 폰트의 굵기를 조정한 디자인
폰트 : 나눔 명조 Extra bold체 + 나눔 명조체

▲ 아이콘과 폰트를 이용한 디자인
폰트 : 서울한강체 EB체

▲ 폰트에 이미지를 넣은 디자인
폰트 : Algerian체

2 | 폰트와 이미지를 이용한 디자인

텍스트와 이미지를 이용한 디자인에는 이미지에 폰트를 맞추는 것이 바람직하다. 먼저 이미지를 생각하고 그것에 적절한 폰트를 고민해 보자.

▲ 클립아트 이미지와 폰트를 이용한 디자인 1
　폰트 : 부산 바다체

▲ 클립아트 이미지와 폰트를 이용한 디자인 2
　폰트 : 나눔 고딕체 + 이순신체 + 부산 바다체

▲ 이미지와 폰트를 이용한 디자인 1
　폰트 : 서울 한강체 / 아이콘

▲ 이미지와 폰트를 이용한 디자인 2
　폰트 : 나눔 명조체

나만의 폰트와 이미지로 나만의 개성있는 강의용 파워포인트를 만들어 보자.

다음 팟Daum Pot은 고종 사촌이다

04

동영상 플레이어

강의를 진행하기 위해서는 파워포인트 이외 동영상 플레이어, 음악 플레이어가 필수적이다. 필자의 경우 음악 플레이어는 윈도우에서 제공하는 윈도우 미디어 플레이어를 사용한다. 그리고 동영상 플레이어는 다음 팟플레이어Daum PotPlayer를 사용하고 있다. 윈도우 미디어 플레이어를 동영상 플레이어로 사용하기엔 여러 가지 부족하고 아쉬운 부분이 많기 때문이다.

▲ 다양한 동영상 플레이어

2000년 중반 인터넷 혁명과 함께 영상은 중요한 매체로 떠올랐다. WMV, MPEG, MOV, ASF 등 수많은 동영상이 인터넷으로 업로드되기 시작했고 여러 경로를 통해서 유통되기 시작했다. 이때 우리에게 필수적인 프로그램이 있었다. 바로 통합 코덱이다. 통합 코덱은 어떤 영상이든 보여주는 신기한 프로그램이었다. 파일에 적합한 통합 코덱을 잘 설치하는 사람이 대단한 사람인 것처럼 여겨지던 시절도 있다.

그러나 얼마 뒤 동영상 플레이어의 새로운 기준을 내세운 혜성 같은 존재가 나타났다. 바로 곰플레이어^{GomPlayer}이다. 동영상 플레이어이면서 통합 코덱을 가지고 있어 어떤 영상도 하나의 플레이어로 동영상을 볼 수 있게 된 것이다. 한때 이것은 혁신과도 같았다. 곰플레이어 등장 이후 통합 코덱은 빠르게 쇠퇴해갔으며 찾는 사람이 거의 없어졌다. 곰플레이어 혁신 이후 수많은 플레이어들이 생겨났다. 현재는 곰플레이어, 다음 팟플레이어, KM플레이어 등이 사람들이 가장 많이 찾는 대표 주자 플레이어로 자리잡았다.

▲ 곰플레이어　　▲ 다음 팟플레이어　　▲ KM플레이어　　▲ 네이버플레이어

그렇다면 우리는 어떤 동영상 플레이어를 선택하는 것이 가장 좋을까? 코덱 문제는 대부분 평준화되어 선택의 요소가 아니다. 프로그램의 경량화도 대부분 평준화되었다고 본다. 이제 동영상 플레이어 선택 기준은 다음 2가지 질문을 통해서 동영상 플레이어를 선택해야 한다.

첫 번째, CPU 점유율이 낮은가?
두 번째, 출력 모드를 조정할 수 있는가?

CPU 점유율의 경우 특정 프로그램 구동 시 컴퓨터가 얼마나 쉽게 구동시킬 수 있는지를 보는 척도이다. 개인적인 테스트와 블로그 전문가들의 의견을 모은 결과 다음 팟플레이어가 가장 가볍고 CPU 점유율이 낮음을 확인했다. 따라서 필자가 제안하는 프로그램은 다음 팟플레이어이다.

앞서 강파워 원칙 6 무無 커서^{Cursor}를 이야기했다. 입력 장치인 커서를 보이지 않게 하는 것이다. 무無 커서^{Cursor} 원칙을 적용하기 위해서는 기본적으로 듀얼 설정을 알아야 하므로 211쪽의 '오피스와 윈도우는 쌍둥이다'를 참조하자. 다음 팟플레이어는 이 부분에서도 유용한 옵션을 제공한다. 바로 출력 선택이다.

출력 방법

다음 팟플레이어 실행 화면에서 마우스 오른쪽 버튼을 클릭하면 다음과 같은 메뉴가 나타난다. [환경 설정]을 클릭한다.

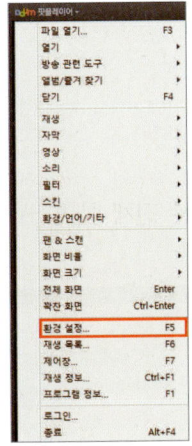

[환경 설정]을 클릭하면 다음과 같은 창이 나타난다. [재생]을 선택한다. [재생]을 선택하면 그림과 같이 재생의 하위 메뉴가 열린다. 하위 메뉴에서 [전체 화면]을 선택한다.

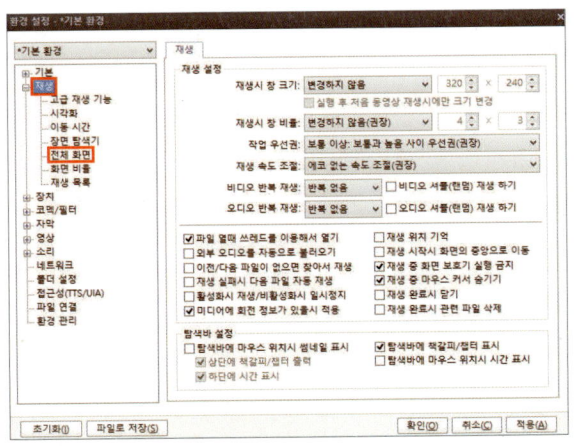

[전체 화면]을 선택하면 다음과 같이 전체 화면 설정이 나타난다.

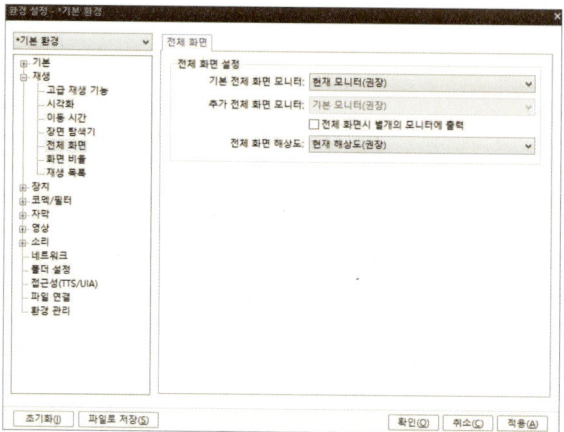

전체 화면 설정에서 다음과 같이 기본 전체 화면 모니터를 [Display2]로 선택한다.

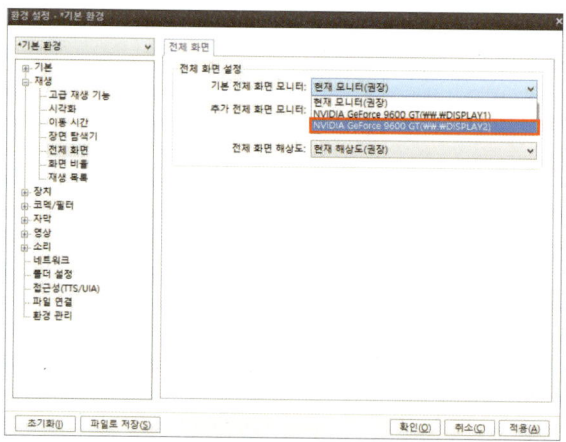

위와 같이 셋팅 이후 강의용 PC에서 Enter 를 누르게 되면 바로 빔 프로젝트로 영상을 투사시킨다.

▲ 플레이를 누르고 Enter 를 누르면 스크린으로 즉시 출력된다

다음 팟플레이어 이외 프로그램에서는 이 기능을 찾기 힘들었다. 이것은 교수자들에게 가장 유용한 기능이라 할 수 있다.

동영상 인코더

우리는 강의에 필요한 파워포인트를 만들기 위해서 여러 가지 장비를 이용하여 촬영하거나 구한다. 그리고 영상을 동영상 플레이어로 보여주는 것은 앞서 말한 대로 아주 쉽다. 그러나 좀 더 전문적으로 파워포인트에 삽입하는 형태로 가져가고 싶다면 이야기가 달라진다. 이 때 가장 많이 사용하는 것이 인코더 프로그램이며 필자가 추천하고 싶은 프로그램은 다음 팟인코더Daum PotEncoder이다.

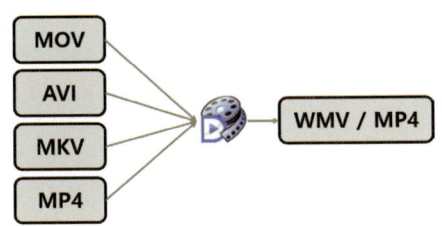

▲ 인코더로 영상을 다양한 형식으로 변환 가능

다음 팟인코더는 다수의 동영상을 우리가 원하는 형식대로 변환시켜주는 일을 한다. 따라서 어떤 디바이스를 가지고 있더라도 대부분의 영상을 원하는 대로 변환시킬 수 있다. 다음과 같은 방법으로 동영상 변환이 가능하다.

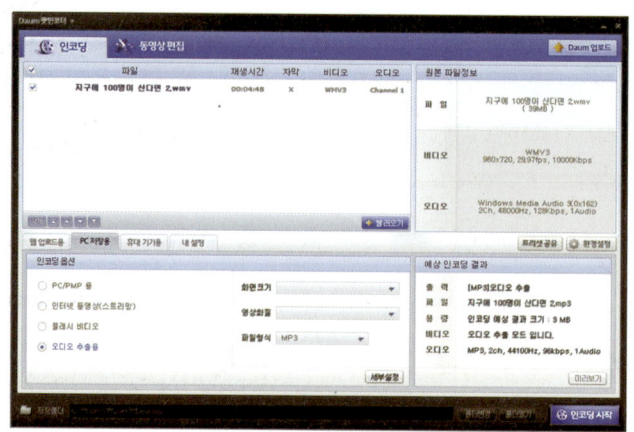

▲ 다양하게 변환 가능한 다음 팟인코더

다음 팟인코더를 실행시켜 변환시킬 파일을 불러온 후에 우리에게 필요한 영상 파일로 인코딩할 수 있다. 우리가 눈 여겨 볼 부분은 다음의 3가지 옵션이다.

다음 팟인코더의 중요 옵션

화면 크기	파워포인트 크기가 4 : 3 비율로 할 경우에는 800 × 600을 권한다. 또는 파워포인트 비율 16 : 9 또는 1024 × 768 영상으로 작업하는 것이 가장 유리하다.
영상 화질	화질에 따라서 파일의 크기가 좌우된다. 에어의 원칙을 유념하고 결과물을 보고 판단하되 화질이 너무 낮지 않도록 유의한다.
파일 형식	파일 형식은 WMV, MP4로 조정하는 것이 좋다. WMV는 MP4 대비 압축률이 떨어진다. 최근 오피스 2010 이상의 버전에서는 MP4까지 구동이 가능하다. 따라서 경량화를 위해서는 MP4로 하는 것이 좋다. 그러나 아주 가끔 MP4가 가동이 안될 경우에는 WMV로 하는 것도 권한다.

PPT Family

프리젠터 Presenter 는 의형제이다

05

이제 가족이 아닌 친구를 살펴 보자. 프리젠터 Presenter 는 강의에서 없어서는 안될 물건으로 자리 잡았다. 프리젠터가 처음 등장했을 때 움직이면서 슬라이드를 넘기는 것만으로도 필자는 충분히 감동적이었다. 그러나 보급화가 이루어진 지금의 강의용 프리젠터는 더욱 많은 기능으로 활용 범위가 넓어졌다.

기존의 프리젠터의 기능과 강의용 프리젠터의 기능을 살펴보면 다음과 같다.

기존 프리젠터와 강의용 프리젠터의 기능 비교

기존의 프리젠터의 기능	강의용 프리젠터의 기능
• 페이지 넘기기 • 포인터	• 페이지 넘기기 • 음량 조정 • 공중 마우스를 이용한 포인트 옵션 • Black Screen • 쇼 돌아가기

시중에 판매하는 수많은 프리젠터들이 있지만 강의에 가장 적합한 프리젠터는 따로 있다. 필자가 추천하는 프리젠터는 3M의 WP-8500 모델이다. 본 프리젠터에 대해서 상세하게 소개하고자 한다.

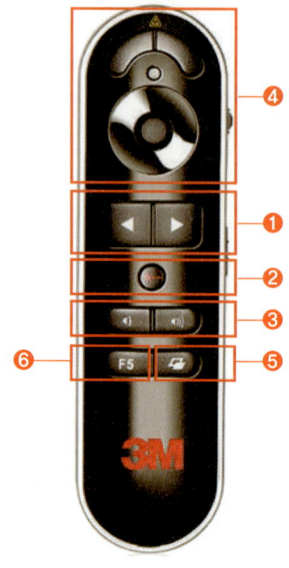

▲ 3M의 WP-8500

❶ **페이지 넘기기** : 프리젠터의 가장 기본적인 기능으로 앞/뒤 슬라이드를 넘기는 기능을 한다.

❷ **포인터** : 레드 닷^{Red Dot}으로 가르치고자 하는 부분을 가르키기 위해서 사용한다. 그러나 포인터 기능은 거의 사용하지 않는 추세이다. 최근 강의 교안은 많은 내용을 배제하고 간결하고 심플하게 준비하기 때문이다. 만약 포인터로 위치를 비추어야 할 정도의 많은 양을 넣었다면 강의용 파워포인트 자료 자체가 문제가 있는 것이라고 본다.

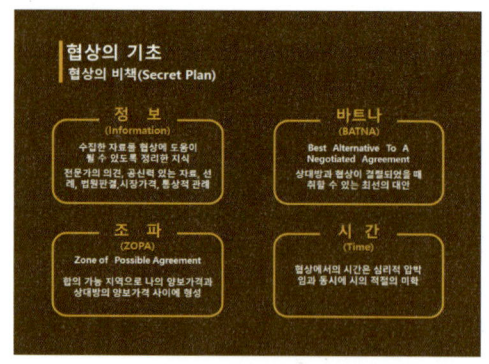

▲ 텍스트 위주의 파워포인트   ▲ 이미지 & 메시지 위주의 파워포인트

❸ 음량 조절 : 최근 강의에서 없어서는 안되는 중요한 기능이다. 학습자들에게 토론이나 학습을 지시한 뒤 경쾌한 음악이나 분위기를 전환할 때 음악을 매우 많이 사용하고 있다. 이때 강사의 말과 음악이 적절하게 하기 위해서는 볼륨 버튼이 필수적이다.

❹ 프리젠터 마우스를 이용한 포인트 옵션 : 프리젠터 마우스 기능을 탑재한 프리젠터는 그리 흔하지 않다. 많은 강사들이 이 마우스를 어떻게 사용하는지 몰라 잘 사용하지 않는다. 그러나 마우스 기능은 조금만 숙달해서 사용하면 강의에 커다란 영향을 줄 수 있다. 디지털적인 요소에 아날로그적인 요소를 첨부하게 되는 것이다.

❺ Black Screen : 파워포인트는 강의의 보조 도구이다. 강의의 주는 교수자가 되어야 한다. 강의를 진행할 때 스크린에만 시선을 빼앗긴다면 파워포인트가 보고 도구로서의 기능을 넘어섰다고 볼 수 있다. 따라서 적절한 시기에 'Black Screen' 기능을 눌러 스크린을 제거한 뒤 교수자 자신에게 집중시켜야 한다. 버튼을 다시 한번 누르면 슬라이드 쇼로 돌아온다.

❻ 쇼 시작하기 : 파워포인트 쇼를 실행시킬 때 사용한다. 강의 중 쇼에서 벗어 났을 경우에 버튼을 누르면 다시 쇼 상태로 돌아 간다. 애플의 키노트^{Keynote}처럼 고급스럽고 깔끔한 강의를 위해서는 프리젠터를 능숙하게 사용할 수 있어야 한다. WP-8500를 친구로 맞이하고 교수자의 경쟁력을 높여보자.

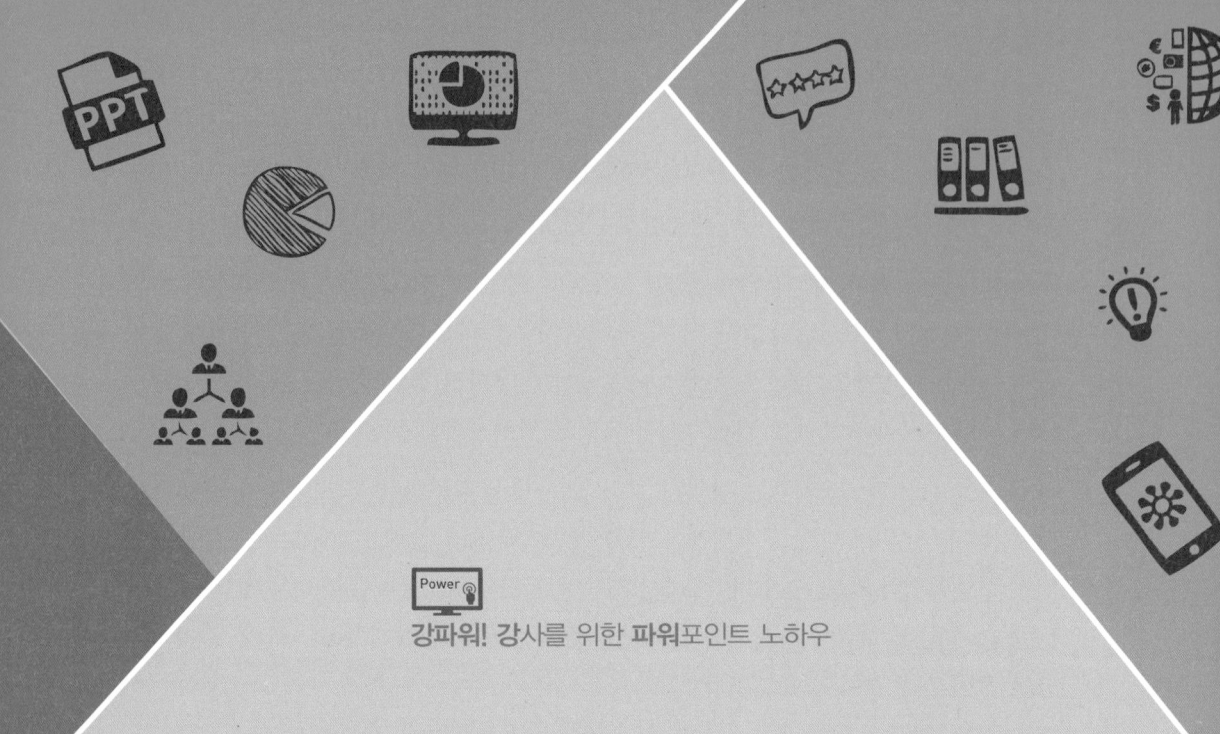

강파워! 강사를 위한 **파워포인트 노하우**

Show
_Show에서 Show하라!

'세상에 없던 SHOW를 하라'라는 광고가 있었다. 이번에는 '파워포인트에 있지만 활용하지 않고 있는 쇼를 하라'이다. 슬라이드 쇼 큰 도움을 주는 기능을 함께 알아 볼 것이다. 발표자 도구 100% 활용법, 올바른 애니메이션, 보약이 되는 전환 효과의 사용법, 포인터 옵션 등은 당신의 강의와 수업에 날개를 달아 줄 것이다.

POWERPOINT FOR LECTER · TEACHER · PROFESSOR

Show

발표자 도구를 사용하라

01

초보 강사들의 가장 많이 하는 실수는 바로 말하는 것과 파워포인트를 동일시하는 것이다. 그렇게 만들다 보면 1시간에 100페이지 가량 만들어야 하는 경우도 보았다. 이렇게 페이지 수가 늘어나는 이유는 교수자의 준비가 미흡하기 때문이다. 즉 파워포인트를 학습자들에게 보여주기 위함이 아닌 자신이 보려는 것이다. 1시간에 100페이지의 파워포인트를 돌린다면 분당 1~2페이지 이상을 돌려야 한다는 것이고 교육의 참여자들은 파워포인트만 보다가 끝나게 될 것이다.

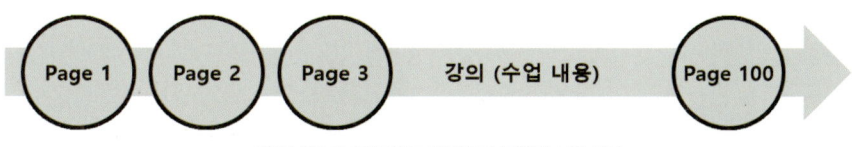

▲ 강연 내용과 파워포인트의 내용의 중첩이 심한 경우

따라서 강의에서 전하려는 이야기와 비주얼 메시지Visual Message를 반드시 따로 분리해야 한다. 그래서 존재하는 것이 슬라이드 노트이다. 해당 슬라이드에서 말하고 싶은 것을 메모하는 것이다. 그러나 이 '슬라이드 노트' 기능을 적절하게 사용하는 강사는 매우 드물다. 적기만 하고 실제 강의에는 잘 사용하지 않는다. 그 이유는 근본적으로 '듀얼 설정'의 개념을 모르기 때문이다. '듀얼 설정'의 개념을 이해한다면 발표자 도구를 사용해야 한다.

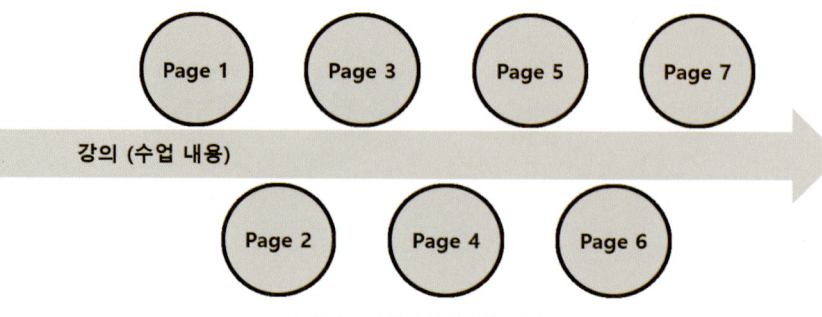

▲ 강의 보조 도구로서의 파워포인트

파워포인트는 강의의 보조 도구이다. 강의 자체의 위한 설명을 위한 페이지를 작성해야 한다.

발표자 도구의 기능

2007 버전의 발표자 도구의 기능을 살펴본다.

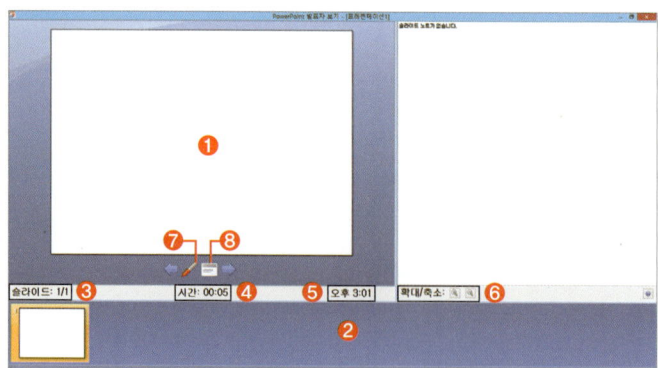

▲ 파워포인트 2007 버전의 발표자 도구

❶ 현재 보이는 슬라이드 : 슬라이드 쇼 중 현재 프로젝트 화면에 보이는 슬라이드를 표시한다.

❷ 전체 슬라이드 : 파워포인트 파일 전체 슬라이드를 표시한다.

❸ 전체 슬라이드 중 현재 페이지 : 파워포인트 파일 전체 슬라이드 중 현재 프로젝트 화면에 보이는 슬라이드 번호이다.

❹ 슬라이드 쇼 시간(진행 시간) : 슬라이드 쇼가 시작된 다음부터 경과된 시간을 보여 준다.
❺ 현재 시간 : 현재 시간을 보여 준다.
❻ 슬라이드 노트 확대/축소 : 슬라이드 노트에 작성한 텍스트를 확대하거나 축소하는 역할을 한다.
❼ 포인트 옵션 : 포인트 옵션으로 화살표, 볼펜, 형광펜, 지우개 등을 활용하는 메뉴이다.
❽ 슬라이드 쇼 메뉴 : 슬라이드 쇼 메뉴로 다음 슬라이드, 이전 슬라이드, 슬라이드 이동, 화면 어둡게 또는 흰색으로, 도움말, 쇼 마침 등을 할 수 있다.

▲ 파워포인트 2013 버전의 발표자 도구

1 | 펜 및 레이저 포인터 도구

발표자 도구의 포인트 옵션에서 슬라이드 쇼 중 레이저 포인터, 펜, 형광펜, 지우개를 활용할 수 있고 화살표 옵션을 변경할 수 있다.

발표자 도구의 포인트 옵션은 2007 버전부터 활용할 수 있는 기능이다. 딱딱한 느낌을 벗어나 아날로그 감성을 느낄 수 있게 해준다. 익숙할 때까지 연습해 보는 것이 매우 중요하다.

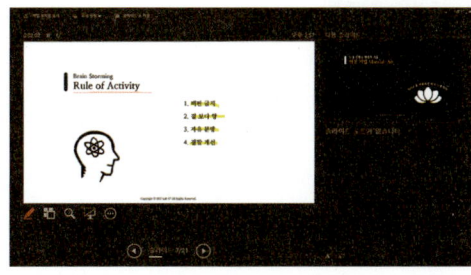

▲ 교수자가 보고 있는 슬라이드

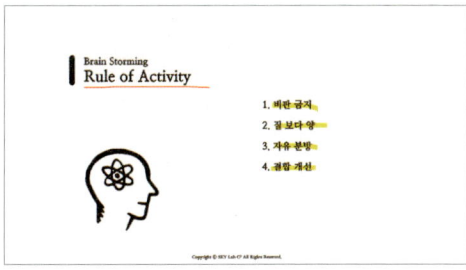

▲ 학습자가 보고 있는 슬라이드

2 | 모든 슬라이드 보기 도구

슬라이드 쇼 중 모든 슬라이드를 볼 수 있는 도구이다. 교수자가 보고 있는 컴퓨터에서만 모든 슬라이드가 나타나고 학습자들이 보고 있는 프로젝트 화면에는 나타나지 않으므로 빠르게 슬라이드를 찾아갈 때 유용하게 활용할 수 있다.

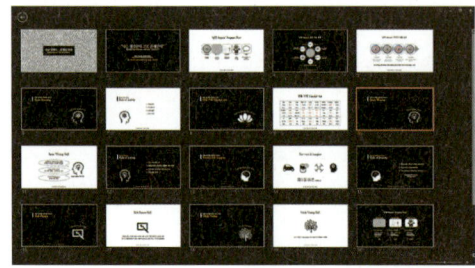
▲ 교수자가 보고 있는 슬라이드

▲ 학습자가 보고 있는 슬라이드

3 | 슬라이드 확대 도구

슬라이드 쇼 중 슬라이드를 확대하는 도구이다. 슬라이드의 어느 한 부분을 확대해서 보여주고자 할 때 유용하게 활용할 수 있다. 다음의 첫 번째 이미지에서 밝게 표시되는 부분이 확대된다. 마우스로 화면을 옮기면 다른 부분도 확대된 상태로 볼 수 있다.

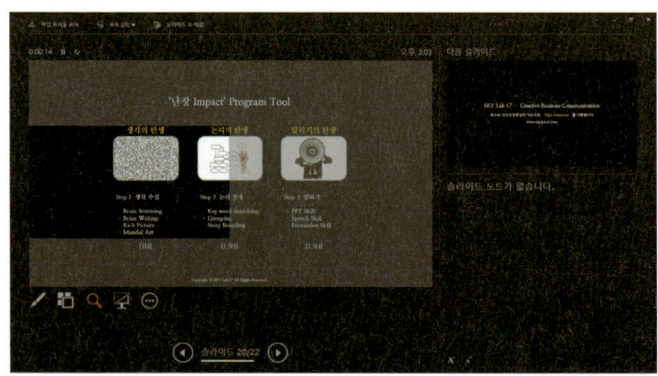
▲ 슬라이드 확대 도구

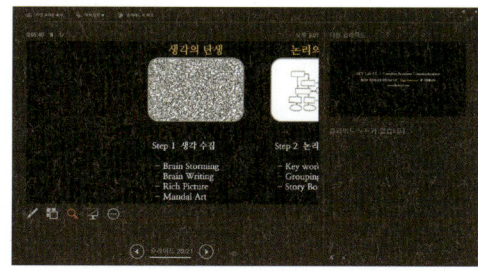
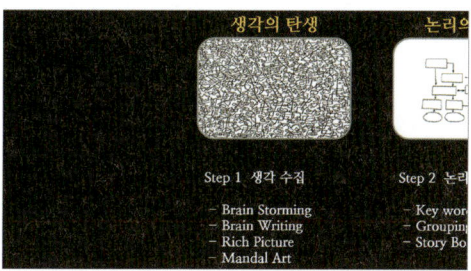

▲ 확대 설정 후 교수자가 보고 있는 슬라이드　　　　▲ 확대 설정 후 학습자가 보고 있는 슬라이드

4 | 슬라이드 쇼 검정 설정/취소 도구

슬라이드 쇼 중 슬라이드를 검정으로 만드는 도구이다. 교수자들이 설명을 할 때나, 잠시 슬라이드를 꺼두고 싶을 때 활용할 수 있다. 검정색으로 보이다가 다시 클릭하면 이전 상태로 돌아온다.

▲ 슬라이드 전체가 검정색으로 바뀌면서 시선을 교수자에게 집중시킨다

애니메이션으로
스토리텔링 Storytelling 하라

02

1983년 몬트리올 20여 명의 서커스 단원들이 모여 새로운 서커스를 시작했다. 당시 쇠락의 길을 걷던 서커스에 동물 공연을 모두 없애고, 공연자의 운동 능력과 스토리에 집중을 했다. 우리가 잘 아는 '태양의 서커스' 이야기이다. 태양의 서커스는 일회성 기예를 보여주는 공연에서 벗어나 이야기 중심으로 움직인다. 퀘담, 알레그리아, 아이디, 네비아, 바레카이 등 이야기를 중심으로 상품으로 만들어지면서 연 매출 1조 1000억 원이라는 공연 기업으로 성장하였고 완전히 새로운 문화를 창조해 냈다.

▲ 서유기 등장인물
출처: http://www.clien.net/cs2/bbs/board.php?bo_table=park&wr_id=31066498

필자가 가장 높이 평가하는 이야기는 서유기다. 중국 명나라의 장편 소설 서유기는 유교, 불교, 도교 등 동아시아의 다양한 문화 전통을 가지고 다양한 상상력이 동원된 작품이다. 수백 년 전 만들어진 이 작품은 원 소스 멀티 유스 one Source Multiuse라고 불리며 영화, 애니메이션, 게임, 등 문화산업 전반에 파생되어 지금도 우리가 즐기고 있다. 기억하는가? 드래곤 볼, 날아라 슈퍼보드, 모두 서유기를 기반으로 하는 판타지 콘텐츠다.

이야기의 힘이란 이렇게 대단하다. 그리고 파워포인트의 가장 핵심적인 기능은 자신의 이야기를 누군가에게 해주는 것에 있다. 바로 파워포인트 애니메이션을 이용하는 것이다.

그렇다면 이 애니메이션은 왜 필요한 것일까? 애니메이션은 내용에 몰입하게 하고자 하는 것에 그 의미가 있다. 그렇다면 우리는 무엇에 몰입을 잘할까? 바로 이야기다. 남녀노소를 불문하고 이야기로 강연을 시작하면 몰입도가 다르다.

애니메이션의 가장 핵심적인 요소는 이야기를 하고 강의 내용을 효과적으로 전달하기 위해서 존재한다. 애니메이션을 찾아보면 '움직이지 않는 물체를 움직이는 것처럼 보이게 만드는 촬영 기법 또는 그렇게 만들어진 영화'라고 정의하고 있다. 파워포인트라는 프로그램이 존재하는 이유는 애니메이션 때문이라고 말해도 과언이 아니다.

피해야 할 애니메이션

1 | 과도한 액션의 B급 애니메이션

우리가 흔히 B급이라고 말하는 영화가 있다. 이런 영화는 대부분 때려부수고 내용이 없거나 조악한 설정의 경우를 말한다. 교수자용 파워포인트에도 B급이 있다. 내용보다 화려한 애니메이션이 더 많은 파워포인트이다. 이러한 경우에는 지나치게 많은 애니메이션으로 인해 본래의 교수 목적이 퇴색되는 경우가 있다.

이렇게 화려한 애니메이션을 사용하는 이유는 뭔가 과시하고 싶어서이다. 신참 교수자들은 부푼 가슴으로 학습자들 앞에서 자신이 말하는 것에 큰 자부심을 느낀다. 이러한 마음을 갖고 강의에 임할 경우 자신의 능력을 과시하고 싶어지며 그것을 과도한 애니메이션으로 보여주는 경우가 있다.

2 | 애니메이션이 없는 파워포인트

애니메이션이 전혀 없는 파워포인트가 있다. 어떤 교수자의 경우 화면 전환 효과 조차 없다. 이러한 프레젠테이션은 스토리를 풀어내기가 매우 불리하고 페이지를 열어 보여주는 순간 내용을 모두 볼 수 있기 때문에 학습자들과의 소통에서 문제가 생긴다. 또한, 내용에 대한 이해가 어렵고 지루한 분위기 때문에 학습자들을 수면 상태로 이끌고 갈 것이다. 따라서 적절한 애니메이션은 매우 중요하다.

3 | 불필요한 소리가 많은 애니메이션

애니메이션에 소리 효과가 시작된 것은 2003 버전부터 적용된 것으로 기억한다. 당시에는 이 소리들이 신기하기도 하고 시선을 집중시키는 경우가 많아서 자주 사용했었다. 그러나 2016년인 지금, 애니메이션 효과음을 적용하는 것은 낡고 촌스럽기까지 하다. 효과 옵션에서 소리(금전 등록기, 레이저, 동전, 북소리, 폭발, 화살)는 특정한 목적을 제외하고 사용하지 말자.

4 | 너무 긴 시간을 필요로 하는 애니메이션

필자가 지양하는 애니메이션은 화려한 효과 부분의 애니메이션이다. 이 효과들은 일반적으로 2초 이상의 시간을 필요로 하기 때문에 학습자들의 시선을 분산시킨다. 특정한 목적을 제외하고 사용하지 않는 것을 추천한다.

5 | 1페이지에 너무 많은 애니메이션

필자가 10여 년 동안 파워포인트를 다루면서 1페이지에 가장 많은 애니메이션을 본 경우는 100개 정도의 애니메이션이다. 처음 이 파워포인트를 보았을 때 과연 작업자의 노동 시간이 얼마나 되었을지 궁금할 정도였다. 1페이지에 들어가는 애니메이션의 양은 10개 이하로 유지하는 것이 좋다.

가장 바람직한 애니메이션

애니메이션의 구조부터 함께 보도록 하자. 가장 기본적으로 나타내기, 강조하기, 끝내기, 이동 경로가 있으며 각각 4가지 효과를 다 가지고 있다. 바람직한 애니메이션을 살펴보자.

▲ 애니메이션과 효과 구성

1 | 단순한 애니메이션

애니메이션을 했는지 안 했는지 인지하지 못하게 하는 애니메이션이다. 수업 내용과 더불어 조화를 이루는 단순한 애니메이션이 가장 좋은 애니메이션이다. 애니메이션에서 기본 효과 몇 가지만 사용하는 것이 좋다. 필자가 가장 선호하는 것은 내밀기, 밝게 변하기, 시계 방향 애니메이션 정도이다.

2 | 도형과 방향에 맞는 애니메이션

도형의 모양에 맞는 애니메이션이다. 화살표의 경우는 밀기나, 내밀기를 사용하는 것이 좋고 원형이나 도넛 그래프라면 시계 방향으로 펼쳐 내는 애니메이션이 더 유리하다.

도형 방향에 맞는 애니메이션

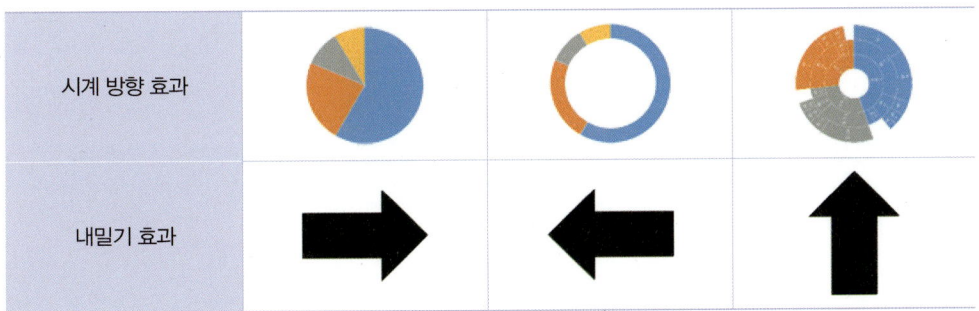

🔌 사라지기 애니메이션을 사용해 보자

표에서 애니메이션을 적용시키는 것은 쉽지 않다. 물론 여러 가지 방법을 사용해서 할 수는 있지만 잘못 적용하면 더 조잡스럽게 보일 수 있다. 표에서 애니메이션을 사용해야 할 필요성이 있는 경우 다음과 같이 사라지기 애니메이션을 사용해 보자.

다음 같은 표를 예로 들어 본다. 처음에는 텍스트가 보이지 않다가 학습자들에게 하나하나 텍스트를 보여 주는 과정이라고 하자. 빈 양식의 표를 만든 후 텍스트 상자를 활용해 텍스트를 넣고 이 텍스트 상자에 애니메이션 효과를 주는 방법이 있다. 하지만 텍스트 상자 안에 선을 넣기란 쉽지 않다. 따라서 표 양식에 직접 텍스트를 삽입한 경우에 활용할 수 있는 방법에 대해 알아보자.

▲ 표에 삽입된 텍스트

표현하고자 하는 표를 먼저 작성한 후 표 위에 도형으로 표의 내용을 가리는 것이다. 이때 배경 컬러와 어울리게 하는 것이 좀 더 세련된 파워포인트를 만드는 것이라 할 수 있다. 필자는 슬라이드 배경이 흰색이므로 깔끔한 느낌을 주기 위해 다음 이미지와 같이 흰색의 도형을 만들어 표의 텍스트가 보이지 않도록 제작했다.

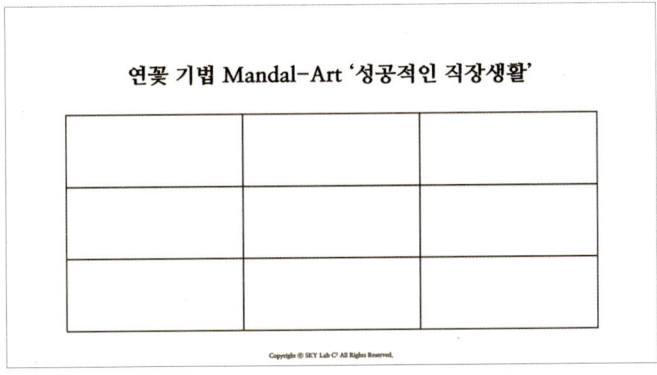
▲ 흰색 도형으로 표 안의 텍스트를 가린 상태

위 이미지는 빈칸처럼 보이지만 사실 각각의 칸마다 흰색 도형으로 표의 텍스트를 가린 상태이다. 흰색의 도형으로 텍스트를 가린 다음 보여 주고자 하는 텍스트 순서대로 흰색 도형에 사라지기 애니메이션을 설정하면 다음 이미지와 같이 하나하나 텍스트를 보여 줄 수 있다.

▲ 흰색 도형을 삭제해 나가는 상태

애니메이션을 설정한 흰색 도형을 다 사라지게 하면 다음과 같이 처음에 작성한 표를 확인할 수 있다.

▲ 흰색 도형을 모두 사라지게 한 상태

Show

전환 효과는
약이자 독이다

03

앞서 언급한 애니메이션의 개념 중 가장 중요한 것이 바로 전환 효과이다. 파워포인트 2003 버전 시절에는 전환 효과가 그다지 화려하지 않았다. 그래서 몇몇 파워포인트와 함께 설치해서 사용하는 화면 전환 효과 프로그램이 등장하기도 했었다. 지금 생각해 보면 정말 조악한 디자인에 형편 없는 효과였지만 그 당시에는 정말 혁신적이라며 여기저기 마구 적용하였던 기억이 있다.

버전을 거듭하면서 전환 효과는 다양해지고 더욱 화려해졌다. 선택의 폭이 넓어지다 보니 교수자들이 파워포인트를 사용하면서 가장 많은 실수를 하는 것 중에 하나가 바로 전환 효과가 되었다. 학습자들이 아이일 경우나 젊은 층일 경우는 화려한 애니메이션을 선호할 확률이 높다. 그러나 성인 학습자 중에서 직급이 높은 고직급자는 화려한 애니메이션을 선호하지 않을 가능성이 높다. 자신이 가르치고자 하는 콘텐츠와 흐름에 이질감을 느낀다면 차라리 사용하지 않는 것이 좋다.

얼마 전까지 전환 효과의 새로운 영역을 개척한 프레지Prezi가 있다. 많은 사람들이 초반에는 새로운 기술이라 환호했지만 프레지에 대한 반응은 호불호가 갈리는 것 같다. 프레지의 애니메이션은 확대와 축소를 반복적으로 한다. 영상 미디어에 익숙한 세대들은 거부감이 없겠지만 일부의 사람들은 어지러움을 느낀다. 대상에 맞는 시각 도구의 필요성을 느끼는 부분이다. 전환 효과는 교수자 프로그램의 성격과 분위기에 맞는 전환을 설정하는 것이 매우 중요하다. 학습자의 연령과 수준에 따라 구성하고 리허설을 통해서 완성해 보자.

🔌 파워포인트 전환 효과는 변화했다

전환 효과의 변천사를 보고 있으면 참 재미있다. 2007 버전에는 나타내기, 닦아내기, 밀어내기 등 간단한 효과들만 존재했다. 이후 2010 버전부터 은은한 효과, 화려한 효과, 동적 콘텐츠 등으로 화려하고 역동적인 부분이 강화되기 시작했다. 2013 버전에는 화려한 효과가 강력하게 나타났다. 2016 버전에는 2013 버전과 동일한 전환 효과를 가지고 있다.

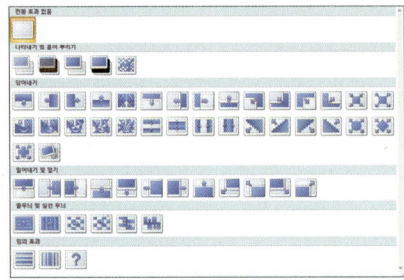

▲ 2007 버전

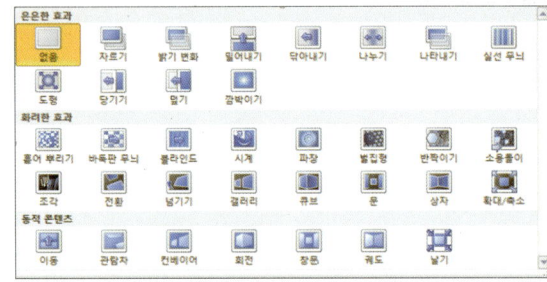

▲ 2010 버전

▲ 2013 버전

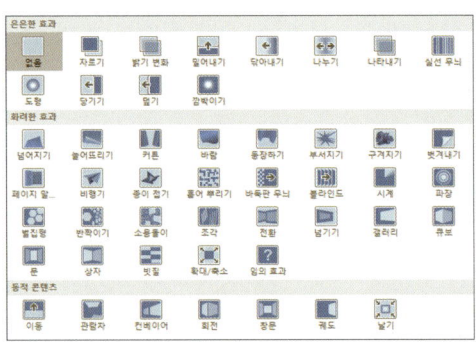

▲ 2016 버전

독이 되는 전환 효과

독이 되는 전환 효과는 가능한 사용하지 않는 것을 원칙으로 한다. 다음 2가지이다.

1 | 화려한 효과를 연속하는 경우

화려한 효과를 연속 3회 이상 사용하는 것이다. 전환의 종류에 따라 다를 수 있지만 일반적으로 화려한 효과는 특정 페이지에서 다음 페이지로 특정한 의미 부여를 위해서 존재한다. 이 기능을 연속적으로 사용하는 것은 초보 교수자의 모습을 보이는 것이다.

2 | 특정 효과만 계속 사용하는 경우

강의용 파워포인트에 1가지 전환 효과만 사용하는 것도 지양해야 한다. 실선 무늬, 도형, 깜박이기 등을 연속적으로 사용하면 지루해질 수 있고 피로감을 느낄 것이다. 물론 밝기 변화와 같은 기본적인 효과는 제외이다.

약이 되는 전환 효과

약이 되는 전환 효과는 상황에 적합한 효과이다. 다음과 같은 전환 효과를 추천한다. 버전은 2013 버전을 기준으로 한다.

추천하는 전환 효과

효과	용도	종류
일반 페이지	페이지 전환	밝기 변화, 나타내기
강의 시작	강의 수업의 시작	문, 넘어지기, 넘기기
Chapter 전환	수업 내용의 분류 전환	큐브, 커튼, 컨베이어
Message	의미 부여의 페이지	바람, 등장하기, 구겨지기, 벗겨내기, 페이지 말기, 종이 접기

전환 효과를 이용하여 연기력을 더해보자

어느 날 필자의 어린 아들이 스마트폰을 가지고 놀다가 갑자기 벌떡 일어났다. TV 앞으로 달려가더니 벽걸이 TV 화면을 이리저리 밀기 시작했다. 아이를 키우는 부모라면 한번쯤은 겪을 법한 일이다. 그 모습을 보면서 이런 생각을 했다. 전환 효과를 이용해서 학습자들 앞에서 이러한 행동을 한다면 강의에 몰입 요소로 만들 수 있을 것 같았다. 즉 전환 효과에 맞추어 교수자가 행동으로 받침을 해주는 것이다. 필자는 전환 효과와 함께 다음과 같은 연기력을 더한다.

연기력을 더해주는 전환 효과

구분	효과	용도	행동(스크린 앞에서)
일반	밀어내기	페이지 이동 시	스마트폰을 만지듯이 스크린을 밀어낸다.
	덮기		
	넘기기		
전환	늘어뜨리기	• 학습 목표 보여주기 • 메시지 남기기 • 동화책 읽듯 스토리텔링 시	위에서 펴듯 늘어트린다.
	커튼		줄을 잡아당기듯 잡아당긴다.
	벗겨내기		책 넘기듯 넘긴다.
	페이지 말기		책 넘기듯 넘긴다.

구분	효과	용도	행동(스크린 앞에서)
의미 부여	구겨지기	부정적인 감정, 나쁜 습관을 구겨서 버리자.	스크린 전체를 구기듯이 연기하고 아래로 던진다.
	비행기	저 멀리 날리고 싶은 곳으로 내용을 날려보내자. 나의 목표, 희망, 닿고자 하는 곳으로.	스크린 앞에서 비행기를 접듯 접어서 측면으로 던진다.
	바람	바람에 날려 보내고 싶은 무엇인가를 넣고 날려 보낸다.	입으로 후~~~ 하고 불어낸다.
	넘어지기	쓰러트리고 싶은 대상을 정하고 밀어낸다.	장풍 쏘듯이 스크린을 밀어낸다.
	부서지기	버리거나 없애고 싶은 내용을 부순다.	돌을 던지듯 던진다.
	파장	메시지를 던지듯 던진다.	물에 돌을 던지듯 한다.

포인터 옵션으로
아날로그 Analogue 향기를 내자

04

IT와 스마트 기술은 똑똑하고 빠르지만 느낌은 차갑고 딱딱하다. 기술이 발달할수록 인간의 아날로그에 대한 향수는 더욱 강해지는 것 같다. 손으로 그린 무엇인가를 그리워하는 것은 확실한 것 같다. 최근 캘리그래피 학원들이 쏟아지듯 생겨났고 유명 작가들도 늘어났다. 서점에는 캘리그래피 책과 비주얼 씽킹 책이 마구 출간되고 있다. 이러한 현상은 많은 사람들이 아날로그 감성을 그리워하기 때문은 아닐까? 그러나 아날로그는 검색과 정보화에 있어 속도가 더디고 효율성이 떨어진다. 이 부분을 보완하기 위한 스마트 디바이스들이 속속 개발되고 있다.

▲ 화이트 보드와 스마트 디바이스의 동기화 제품 'Smart kapp'
출처 : https://www.youtube.com/watch?v=sSN0a-Hh1zk

▲ 노트에 작성하며 바로 스마트 디바이스로 연결해주는 '네오 스마트펜 N2'
출처 : https://www.youtube.com/watch?v=oiHWr-1JM6I

필자 또한 아날로그 감성을 느끼는 일지를 작성한다. 일주일에 4~5회가량 작성하는 성장일지가 바로 그것이다. 하루의 일들을 간단한 이미지로 표현하고 하루에 필자가 성장한 부분을 붉은 색으로 작성한다. 205쪽에서 언급한 바 있다.

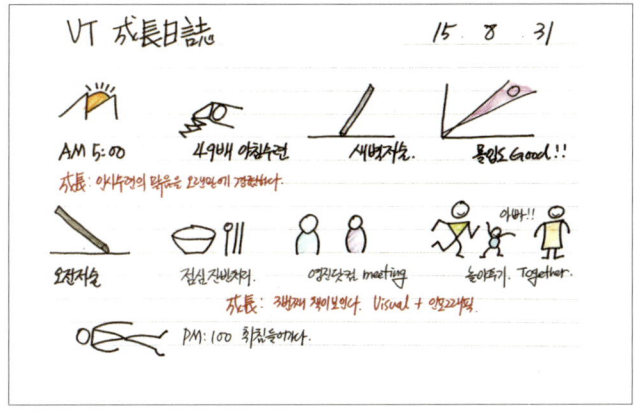

▲ 필자가 작성한 아날로그 감성의 성장일지

포인터 옵션 구성

그렇다면 실제 강의에서 아날로그적인 감성을 내보는 것은 어떨까? 강의에서도 아날로그적인 향기를 낼 수 있다. 바로 포인터 옵션을 사용한 방법이다. 포인터 옵션 구성은 다음과 같다.

▲ 2007 버전 ▲ 2010 버전

▲ 2013과 2016 버전

❶ 레이저 포인터

레이저 포인터의 경우 학습자에게 특정 부분을 지목할 때 사용된다. 그러나 최근 파워포인트에는 레이저 포인터로 지적을 할 만큼 많은 양을 넣지 않는다. 따라서 사용 빈도가 줄고 있는 추세이다.

[슬라이드 쇼] 탭-[슬라이드 쇼 설정]-[레이저 포인터 색]에서 포인터 색 변경이 가능하다. 빨강, 녹색, 파랑으로 선택할 수 있다.

❷ 펜

파워포인트 화면에서 실제 글씨와 같은 글을 쓸 때 사용된다. 태블릿이나 터치 펜을 사용하면 매우 용이한 부분이다. 마우스로 사용하기에는 쉽지 않다는 단점이 있다.

강의 중 펜을 사용하고 싶다면 `Ctrl`+`P`를 눌러 펜을 활성화시키자. 펜을 모두 사용한 이후 `Ctrl`+`H`를 누르면 일반 모드로 돌아온다.

❸ 형광펜

포인터 옵션에서 가장 많이 사용하는 기능이다. 강의 내용 중 특정 부분을 형광펜으로 밑줄을 긋거나 화살표로 표시할 수 있다.

❹ 지우개

작성한 펜과 형광펜을 지울 수 있는 도구이다.

❺ 화살표 옵션

작성 중 커서를 표시하고 생성하기 위해서 설정하는 옵션이다.

Power 펜/형광펜 사용하기

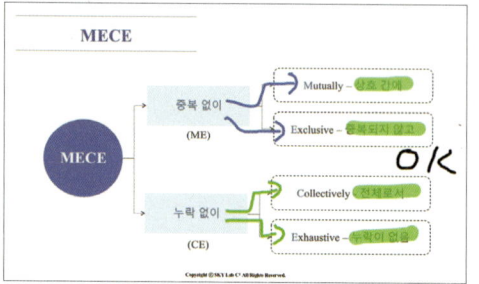
▲ 펜을 이용한 MECE 설명

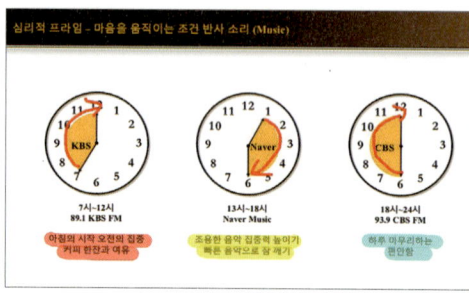
▲ 시간에 대한 의미 부여를 펜으로 설명

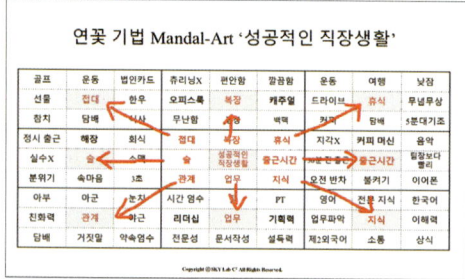
▲ 중앙에서 꽃처럼 피어나는 연꽃 기법을 펜으로 설명

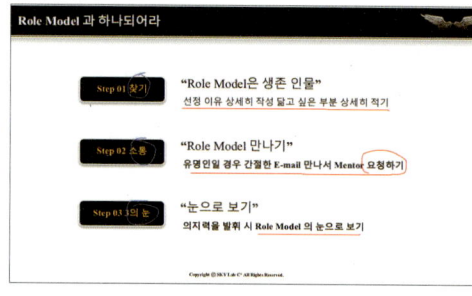
▲ 펜으로 밑줄 긋듯 설명

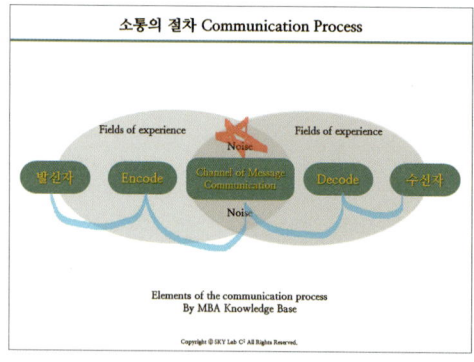
▲ 소통의 절차를 설명하면서 형광펜으로 중요도를 표현

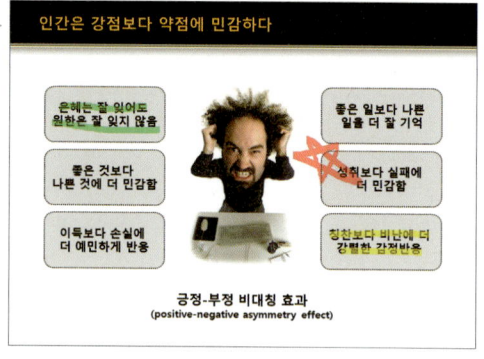
▲ 긍정/부정 비대칭 효과를 설명하면서 형광펜으로 핵심 표현

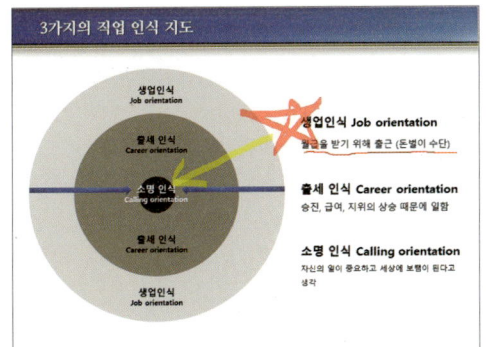

▲ 우리가 지향해야 하는 방향을 형광펜으로 표현

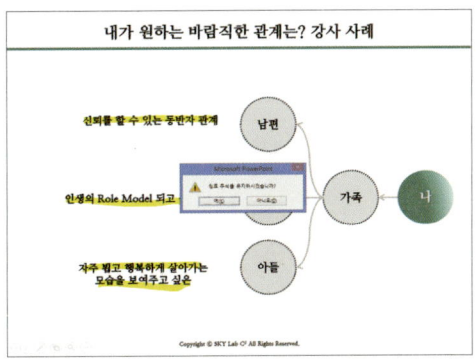

▲ 역할에 따른 목표를 형광펜으로 표현

위의 기능들을 모두 사용하고 슬라이드 쇼를 마무리하려고 하면 마지막 그림처럼 '잉크 주석을 유지하시겠습니까?'라는 질문이 나타난다. 펜을 유지하려면 '예', 그렇지 않으면 '아니오'를 선택해 펜과 형광펜의 유지 및 삭제를 선택할 수 있다.

강파워! 강사를 위한 파워포인트 노하우

Activity 化
_파워포인트는 강의용 Activity 최고의 도구이다!

참여자 중심의 학습 시대이다. 참여를 위해서는 궁금증을 유발하고 즐거움 감정을 유발시켜야 한다. 파워포인트를 가지고 참여시키고 활용하는 방법을 학습하고자 한다. 파워포인트를 활용한 Activity 방법과 수업 전 파워포인트, 엑셀을 이용하는 방법과 음악 활용, 엔딩 스킬까지 학습을 한다. 수업의 운영과 활동에 큰 도움이 될 것이다.

POWERPOINT FOR LECTER · TEACHER · PROFESSOR

Activity 化

학습에 플러스 프레임을 결합시켜라

01

산에 사는 아이는 해가 산에서 나온다고 생각할 것이다. 섬에 사는 아이는 해가 바다에서 나온다고 생각할 것이다. 사람들은 대부분 자신이 살아온 경험과 학습의 정도로 세상을 바라본다. 〈프레임〉의 저자 서울대 최인철 교수는 프레임을 '세상을 보는 마음의 창'이라고 했다. 똑같은 해를 바라보는 두 아이의 생각이 완전히 다르듯 우리의 학습자들 또한 교수자와 학습에 대한 프레임이 다를 것이다. 프레임은 타고난 성격을 기본으로 살아온 경험에 의해서 만들어지고 왜곡되기 때문이다. 우리는 그 프레임에 주목할 필요가 있다. 학습자 개개인이 가지고 있는 프레임에 따라서 학습의 효과가 좌우되기 때문이다.

플러스 프레임과 마이너스 프레임

우리는 하루에도 수많은 감정을 느낀다. 신나고 행복한 좋은 감정, 낙담하거나 분노하는 나쁜 감정을 느낀다. 그리고 느끼는 감정의 빈도에 따라서 감정의 흐름이 생긴다. 이것이 정서로 변한다. 다음 A와 B의 이야기로 감정과 정서를 이해해 보자.

A는 어린 시절부터 부모로부터 많은 사랑을 받았다. 응원과 격려에 힘입어 많은 성취 경험을 했다. 배려심이 깊어 친구들과 사이가 좋은 아이로 밝고 맑게 성장하였다. 그는 UN에 가서 이 세상을 평화롭게 하려는 비전으로 살아가려는 젊은이다.

B는 폭력적인 부모 밑에서 자랐다. 부모에게 폭행을 받고 성장한 터라 타인을 믿지 못하고 적개심이 강해서 폭력적이었다. 어려서부터 폭력성이 강한 B에게 친구가 생기지 않았다. 그는 늘 혼자였다. 지금은 가장 편하게 자살하는 방법을 찾고 있는 젊은이다.

▲ A 프레임 : 아름다운 지구를 위한 평화

▲ B 프레임 : 편하게 자살하는 방법

인간은 자신이 알고 있는 만큼 세상을 바라보고 이야기할 수 있다. A가 바라보는 세상은 평화를 유지하고 싶은 아름다운 지구이고 B가 바라보는 세상은 존재할 이유가 없는 세상이다. 필자는 이렇게 바라보는 프레임을 플러스 프레임Plus Frame과 마이너스 프레임Minus Frame이라고 부른다. 그리고 이 프레임은 우리가 매일 느끼고 바라보는 정보에 의해서 만들어진다.

즐거움과 성취, 그리고 행복한 감정을 주로 느끼는 사람은 플러스 정서에 머무르게 되고 플러스적인 프레임으로 세상을 바라본다. 반면 분노와 원망과 같은 아픈 감정을 주로 느끼는 사람은 마이너스적인 정서에 머무르게 되고 마이너스적인 프레임으로 세상을 바라본다. 감정은 일시적인 하나의 점과 같다. 그리고 그 점들은 모여서 정서를 만들어 낸다. 그 정서에 따라서 프레임이 형성된다.

▲ 지속적으로 느끼는 감정이 곧 정서이다

플러스 프레임으로 세상을 바라보는 사람은 자원이 형성된다. 이것을 긍정 심리 자본 Positive Psychological Capital이라고 한다. 다음은 플러스적인 감정을 많이 느껴 쌓여진 정서가 개인의 자원과 그것이 미치는 영향을 표현한 것이다.

긍정 심리 자본

감정	생각과 행동	자원
기쁨	놀이, 관여하게 됨	경험 학습을 통한 기술 습득
감사함	친사회적이 되고자 하는 창의적 욕구	돌봄, 사회적 유대를 표현하는 기술
평온함	음미와 통합	우선순위, 자신에 대한 새로운 관점
호기심	탐색과 학습	지식
희망	더 나은 미래를 위한 계획	회복탄력성, 낙관주의
자부심	큰 꿈꾸기	성취에 대한 동기 부여
재미	유쾌함과 웃음 공유	사회적 유대
감화	자신의 기반을 향상시키기 위해서 노력	개인 성장에 대한 동기 부여
경외	빠져들고 순응함	새로운 세계관
사랑	일부 또는 모든 생각과 행동, 상호 돌봄	일부 또는 모든 자원, 특히 사회적 유대

출처 : 바바라 프리드릭슨Barbara Fredrickson 긍정 정서의 확장과 구축 이론

느끼는 감정에 따라서 우리 안에서 우리 자신도 모르게 만들어 지는 자원이 생성되는 것이다. 인간이 인간답게 살아가는 모든 사회적 영역이 있음을 알 수가 있다. 필자가 가장 주목하는 3가지 감정은 재미, 호기심, 사랑이다. 인간은 혼자서는 살아갈 수 없다. 삶의 상당 부분은 유대 관계에서 나오기 때문이다. 재미는 소통에서 가장 큰 요소 중 하나이다. 호기심은 새로운 정보를 유입시키고 삶을 마감하는 날까지 존재감을 확인시켜주는 감정이다. 또한 지식이 쌓여 올바른 선택의 길을 찾을 수도 있다. 필자가 가장 중요하다고 생각하는 감정은 사랑이다. 사랑은 모든 자원을 향상시킨다. 인간 본성의 모습을 잃어버린 행동을 하는 사람은 사랑을 받지 못하고 주지 못하고 나누지 못한 사람이다. 이 시대의 모든 성인들과 신성神性을 밝힌 사람들은 궁극의 사랑을 말한다.

▲ 재미　　▲ 호기심　　▲ 사랑

🖥 학습에 재미와 호기심을 결합하라

1 | 사랑은 기본이다

3가지 자본을 모두 향상시킬 수 있는 사람이 몇 명이 있다. 그 중에 1명은 교수자라고 생각한다. 이 글을 읽는 독자께서는 학습자들에 대한 애정과 사랑이 있는가? 학습자들에 대한 사랑과 애정이 결여된 교수자는 진정한 교수자가 아니라고 감히 말하고 싶다. 모든 가르침과 전달에 있어서 청중과 학습자에 대한 배려와 애정, 그리고 사랑은 가르침과 통찰을 전하는 자의 기본 소양이다.

2 | 재미와 호기심을 연결하자

필자가 오래 전에 읽은 책 장승수 변호사의 〈공부가 가장 쉬웠어요〉라는 책이 있다. 막노동꾼에서 서울대 수석 입학까지의 굴곡진 이야기가 흥미진진하게 펼쳐진다. 그런데 책 제목처럼 공부가 정말 쉬울까? 저자인 장승수님이 쉽다고 하는 이유는 그동안 살아온

파란만장한 인생 때문은 아닐까? 막노동판을 전전하고 가스 배달을 하는 것보다 차라리 공부가 쉬운 것은 아닌가 생각한다.

사실 학습이란 '쉽다'는 느낌보다는 '재미'를 느끼면 가속화된다. 어렵더라도 성취감을 느낄 수 있다거나 과정 자체가 즐거우면 느낄 수 있기 때문이다. 그렇다면 언제 공부하고 학습하면서 재미있고 즐거웠던가? 필자의 학창 시절의 경우 재미있다고 느낀 적은 단 한 번이다. 물리 선생님께서 모든 수업을 실험실에서 실제 실험으로 가르치셨기 때문이다. 물리 선생님의 진정성 있는 수업에 대한 자세는 지금도 잔잔한 감동으로 남아있다. 아쉽게도 물리 선생님 이외 경험은 없다.

그렇다면 학습에서 느끼는 재미는 무엇일까? 재미는 인지적 재미와 정서적 재미 2가지로 나누어진다.

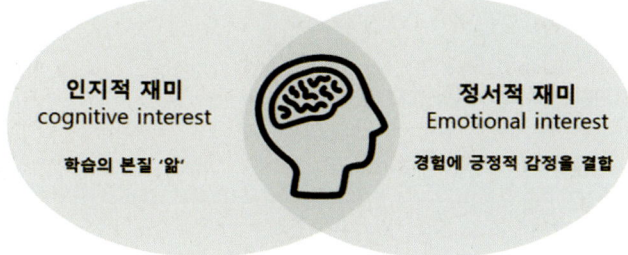

▲ 인지적 재미와 정서적 재미

인지적 재미란 새로운 정보를 접하거나 예상과 다른 무언가를 발견할 때, 상황에 대한 추리로 설명하는 것 등 새로운 사실에 흥미를 느끼는 것으로, 이 때 뇌의 전두엽이 활발히 움직이는데, 이러한 반응에서 학습자들은 재미와 흥미를 느끼게 된다. 학습의 본질적인 '앎', 즉 호기심을 느끼고 충족하는 과정이다. 정서적 재미란 단순하게 어떤 상황을 떠올리며 '낄낄'거리게 되는 재미를 말한다. 특이한 자극을 주거나, 논리에 맞지 않거나, 엉뚱한 이야기를 하거나, 우스갯소리 등으로 웃음을 유발하는 것이다. 바로 재미이다. 그것도 관계 속에서 나타나는 재미이다.

3 | 인지적 재미는 더욱 깊어져야 한다

인터넷 혁명 이후 교수자 개인이 가지고 있는 정보만 전달하기엔 학습자들이 너무나 많은 정보를 갖게 되었다. 간단한 검색으로 끝나는 정보를 전달하는 것은 무의미하다. 밝혀진 정보만이 아닌 숨어 있는 정보 해당 과정에서 파생된 정보, 응용된 정보를 전달할 수 있어야 한다. 그리고 이 정보가 가지고 있는 정보의 의미까지 말해 줄 수 있는 교수자는 최고의 교수자라 하겠다. 따라서 교수자는 강의와 수업 준비에 최선을 다해야 한다.

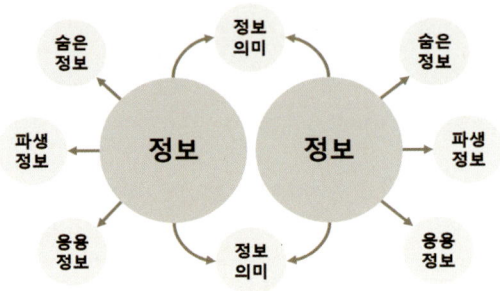

▲ 교수자는 정보 생산자가 되어야 한다

4 | 정서적인 재미에 대한 부담을 덜자

"나는 웃길 줄 모릅니다. 나한테 유머 따위는 기대하지 말아주세요. 대신 수업의 깊이로 승부를 걸겠습니다."

필자와 알고 지내는 모 교수자가 학습자에게 실제로 하는 말이다. 앞에 서는 사람의 유머러스함이 기본이 되어 버린 사회에서 유머에 대한 부담감을 느낀 나머지 학습자들에게 사전 선포를 하는 것이다.

단시간에 정서적 재미가 뛰어난 교수가 될 수는 없다. 그러나 정서적 재미는 즐겁고 행복한 분위기 속에서 천천히 향상된다. 이번 장에서 다룰 파워포인트를 이용한 기술과 영상을 이러한 분위기를 위해 이용해 보자. 정성스럽게 만든 파워포인트가 즐거움과 재미라는 감정과 학습 경험을 결합시킬 수 있다.

Activity 化

Activity PPT의 종류를 알아보자

02

앞서 이야기한 인지적 재미와 정서적 재미 중 인지적 재미는 학습목표, 강의 콘텐츠 등을 고려해서 교수자가 고민해야 할 부분이다. 강의하는 내용에 따라 재미있게 전달하는 방법을 개발하여 대상자들이 재미를 느끼면서 새로운 것을 발견할 수 있게 해야 한다. 인지적 재미, 이건 교수자들의 몫이다. 그렇다면 강의 또는 교수 중에 정서적 재미를 어떻게 느끼게 할까?

인지적 재미를 위해 파워포인트로 할 수 있는 Activity는 많이 있다. 그렇지만 학습 목표에 벗어나는, 학습 흐름에 거슬리는 Activity는 역효과를 가져온다. 차라리 하지 않는 것보다 못하다는 이야기다. 학습에 관련된 Activity를 하기 위해서는 끊임없는 노력과 연구가 필요하다. 그렇다면 모든 콘텐츠에 다 활용할 수 있는 Activity는 없을까? 지금부터 이야기하는 Activity는 모든 강의에 활용할 수 있으며, 강의 중간중간 Spot 형식으로도 진행할 수 있다.

🔲 네모형 PPT Activity – 빈칸에 들어갈 낱말을 맞추는 형식

① 먼저 6인 1팀으로 나누고 번호를 부여한다.

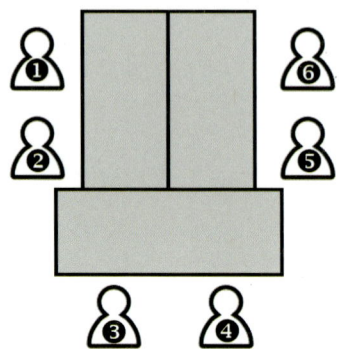

② 다음과 같은 멘트를 실시한다. "1번에게 질문합니다. 네모하겠습니까?"
③ "손으로 둥근 달처럼 둥근 표시는 O, 양손으로 가슴 앞에 교차는 X입니다."
④ 해당 번호가 답을 하면 확인 이후 애니메이션을 누른다.

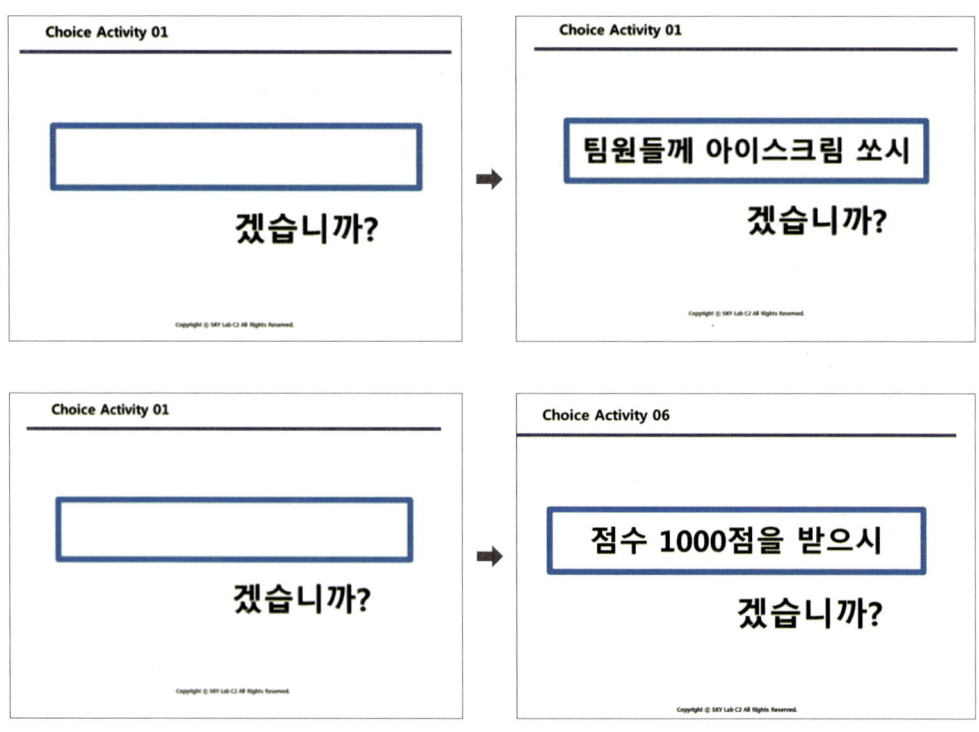

▲ 빈칸 맞추기 게임

해당 활동은 알 수 없는 네모를 두고 고민을 해야 하는 것이다. 따라서 어떤 내용을 넣느냐에 따라서 콘텐츠가 바뀐다. 자신들을 풍자하는 이야기를 했을 때 더욱 재미를 느낄 수 있으며 해당된 내용으로 벌칙을 수행하거나 점수를 주면 좋다. 질문 내용에 따라 교육 시작 시, 또는 중간 쉬는 시간 직전에 하면 큰 효과를 볼 수 있다.

유추형 PPT Activity – 열거된 단어를 보고 유추하는 형식

유추형 Activity는 개인별, 모둠별 모두 가능한 Activity이다. 2가지 단어를 가지고 연상되는 1가지 단어를 맞추는 게임이다. 이 게임은 교육과 연관된 단어를 활용하면 더욱 효과적이다. 예를 들면 수학 학습이라면 '수학자', '삼각형'이라는 단어를 제시하고 연관되는 단어는 '피타고라스'로 하면 된다. 신입사원 대상 동기부여 교육이라면 '○○회사', '나'라는 단어를 제시하면 '성공', '목표', '밥벌이' 등 재미있는 단어가 많이 나올 것이다. 이러한 대답은 애사심을 길러주어 동기부여 교육 효과에 적절한 질문이 된다. '○○회사', '나'와 관련 연상 단어를 'VIP'로 하면 대상자의 자아 존중감 또한 높아질 것이다.

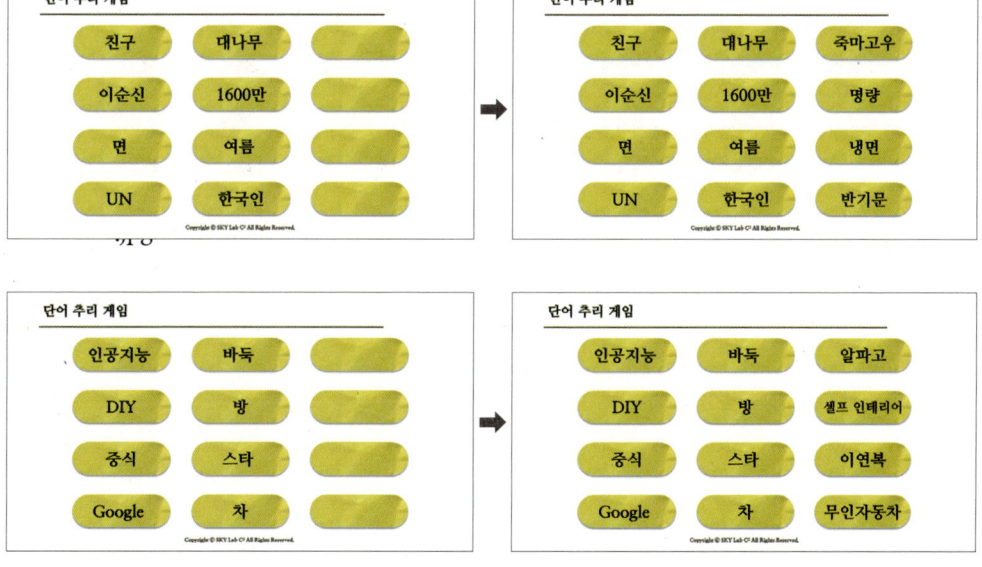

▲ 단어 추리 게임

🖥 이미지형 PPT Activity - 이미지를 보고 알아 맞추는 형식

이미지형 Activity는 수업 또는 강의 중간에 주위를 환기하는 용도로 활용하면 효과적이다. 이미지를 보여줌으로써 대상자들의 집중력을 끌어 올릴 수 있고 적절한 보상(선물 등)을 함으로써 교육 참여도를 높일 수 있는 Activity이다. 다음 소개한 이미지는 고정된 생각의 틀을 바꾸는 콘텐츠로 활용하면 효과를 높일 수 있다.

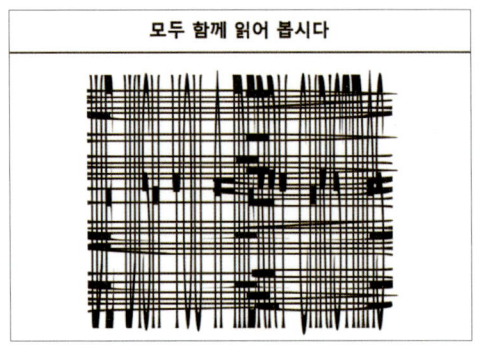 

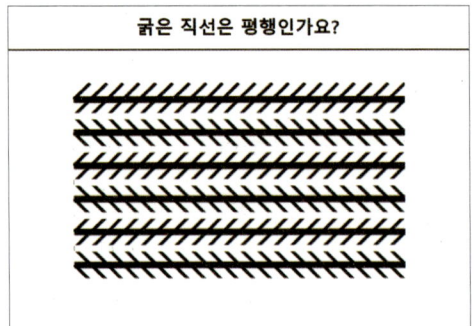 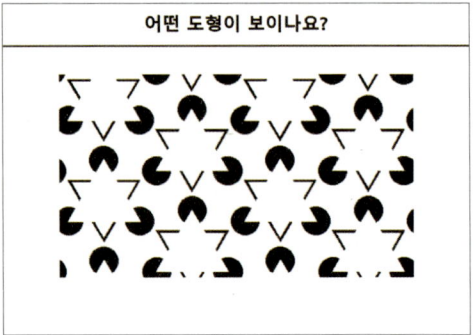

▲ 이미지 맞추기 게임

Activity 化

수업 전 PPT로
강의 시작을 알리자

03

이 책을 읽고 있는 교수자들은 강의나 수업 첫 시작을 어떻게 하는가? 첫인상이 사람에게 중요하듯이 강의 첫 시작이 그 강의 전체에 미치는 영향은 매우 크다. 성공적인 강의의 성패는 시작 5분 만에 결정 난다고 한다. 그만큼 시작이 중요한 것이다. 시작을 잘하기 위해서는 시작 전에 강의 분위기를 형성하는 것이 중요하다.

본격적인 수업 전 PPT를 돌리자

시작 전 강의장의 분위기는 대상자의 규모나 성향에 따라 다소 차이는 있지만 어수선한 것이 보통이다. 그러한 어수선함을 정리하고 학습자가 강의에 집중할 수 있도록 하는 것은 교수자의 몫이다. 이때 효율적인 방법이 수업 전 파워포인트를 돌리는 것이다. 수업 전 공지 파워포인트는 학습자들을 교육에 집중하도록 함과 동시에 말로서 전달하기 껄끄러운 공지사항을 전달하는 효과가 있다. 예를 들어 성인에게 휴대폰 사용 자제 요청, 강의 시 정숙 등이다.

학습자들은 수업 전 파워포인트를 보면서 강의의 기본적인 가이드 라인을 알 수 있다. 수업 전 파워포인트는 학습자들이 강의에 참여할 수 있도록 하는 준비 시간을 갖게 할 수 있다. 특히 음악과 함께 나오는 수업 전 파워포인트는 학습자들의 기분을 좋게 하고 긍정적으로 강의를 바라볼 수 있는 시각을 길러준다.

수업 전 PPT에는 어떤 내용이 들어갈까

수업 전 파워포인트에 어떤 내용이 들어가면 좋을까? 필자는 다음과 같은 내용으로 수업 전 파워포인트 내용을 구성한다.

① 환영 인사 : 강의 제목과 함께 환영 인사를 한다.
② 강사 소개 : 강사 소개를 한다. 간단하게 이름만 소개하는 것이 좋다. 약력 등이 들어가면 가독성이 떨어질 뿐만 아니라 역효과를 줄 수 있다.
③ 공지 및 주의 사항 : 시설 안내나 교육장 주의 사항 등을 간단하게 구성한다.
④ 강의 특성 : 강의 특성에 대해서 간략하게 알려 준다.
⑤ 강의 시간 : 강의 및 휴식 시간에 대해서 알려 준다.

이상은 필자가 현재 활용하고 있는 수업 전 파워포인트 구성이다. 물론 이것이 정답은 아니다. 대상자들의 성격에 따라서 간단한 유머나 명언 등으로 구성할 수도 있고, 오늘 강의 내용에 대해서 간략하게 안내하는 성격의 파워포인트도 무방하다. 1가지 조심할 것은 강의 내용을 너무 노출시키지 않는 것이 좋다. 수업 전에 강의 내용을 너무 노출하면 실제 강의 시 집중도가 떨어지기 때문이다.

수업 전 PPT를 만들어 보자

1 | 수업 전 PPT 내용을 구상하고 파워포인트로 내용을 작성한다

수업 전 파워포인트 내용 구상이 끝났으면 이를 파워포인트로 작성한다. 슬라이드 1페이지에는 하나의 메시지를 전달하는 것이 좋다. 단순한 텍스트만 있는 것보다는 메시지에 어울리는 이미지가 들어가는 것이 전달력이 뛰어나다.

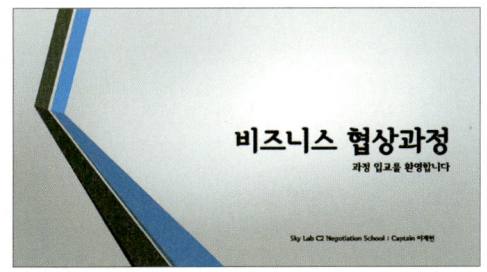

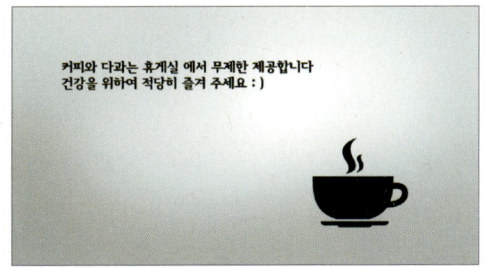

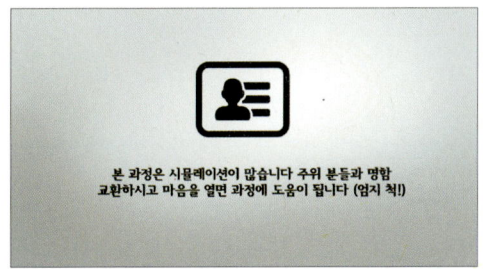
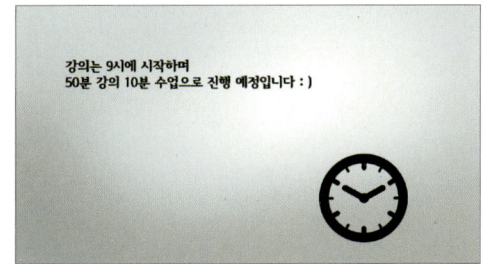

▲ 필자가 사용하는 수업 전 파워포인트

2 | 페이지마다 어울리는 전환 효과를 설정한다

파워포인트의 장점은 시각 효과이다. 그 중에서도 전환 효과는 학습자들의 집중을 유도할 수 있다. 다만 너무 화려한 전환 효과는 피하는 것이 좋다. 너무 화려한 전환 효과로 인해 전달하고자 하는 메시지 내용이 상쇄되기 때문이다. 전환 효과를 임의 효과로 하는 것도 하나의 방법이다. 임의 효과로 설정하면 평상시 잘 쓰지 않는 전환 효과도 볼 수 있기 때문이다.

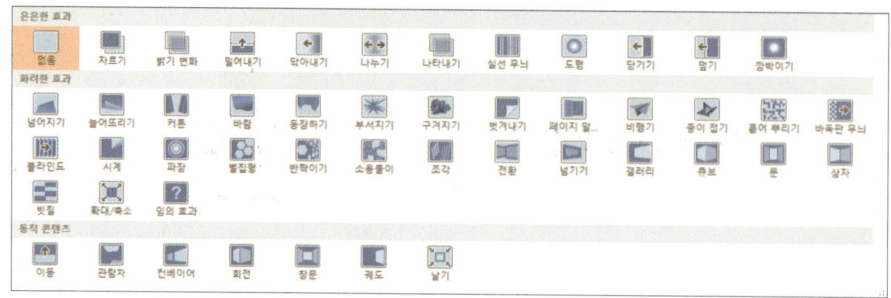

▲ 다양한 전환 효과

3 | 자동으로 화면 전환이 되도록 설정한다

슬라이드 화면이 자동으로 전환되도록 설정하는 것이 좋다. 전환 타이밍은 1~2초가량이 적절하다. [전환] 탭에서 전환 효과를 선택하고 [다음 시간 후]를 체크하고 시간 설정을 한다.

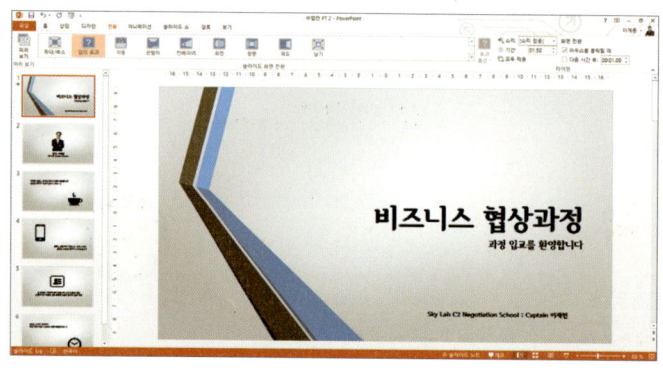

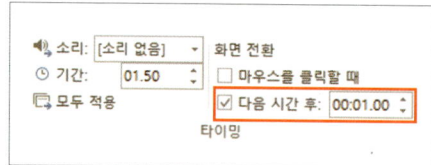

4 | 슬라이드 쇼가 반복되도록 한다

슬라이드 쇼가 끝나면 다시 처음부터 재생되도록 설정한다. [슬라이드 쇼] 탭-[슬라이드 쇼 설정]을 클릭하고 대화상자의 [표시 옵션]-[⟨ESC⟩키를 누를 때까지 계속 실행]에 체크한다.

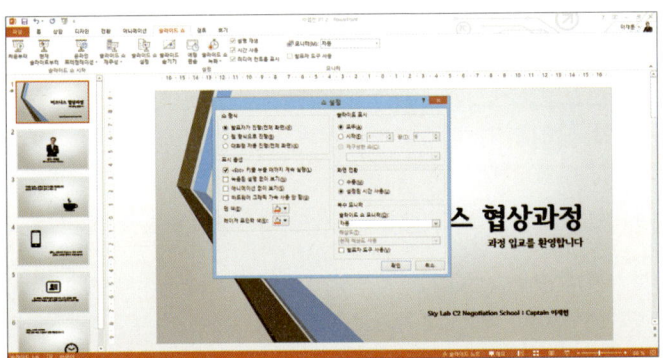

음악 활용하기

수업 전 파워포인트 상영 시 음악을 같이 활용하면 그 효과가 배가 된다. 수업 전 파워포인트를 눈으로 봄으로써 시각을 활성화하고 음악을 들음으로써 청각을 활성화하는 것이다. 아무런 음악도 없이 파워포인트만 상영한다면 자칫 무미건조해지기 쉽다. 참고할 음악은 '마음을 움직이는 DJ^{Disk Jockey}가 되어라'에 자세하게 소개되어 있다.

음악 활용법은 2가지가 있다.

1 | 별도 플레이어로 들려주기

수업 전 파워포인트 파워포인트 파일에 음악을 삽입하지 않고 PC에 있는 플레이어로 별도로 음악을 재생하는 것이다. 이 방법을 활용하면 상황에 맞는 음악을 자유롭게 선택할 수 있다.

2 | 수업 전 PPT에 음악 삽입하기

수업 전 파워포인트 파일에 직접 음악을 삽입해서 재생하는 방법이다. 이 방법을 활용하면 1가지 프로그램 실행만으로 영상과 음악까지 모두 실행이 가능하다. 수업 전 파워포인트에 음악을 삽입하는 방법은 다음과 같다.

 **파워포인트에 음악 삽입하기**

01 [삽입] 탭-[오디오]를 클릭한 후 [오디오 삽입] 대화 상자에서 음악 파일 선택하고 [삽입]을 클릭한다.

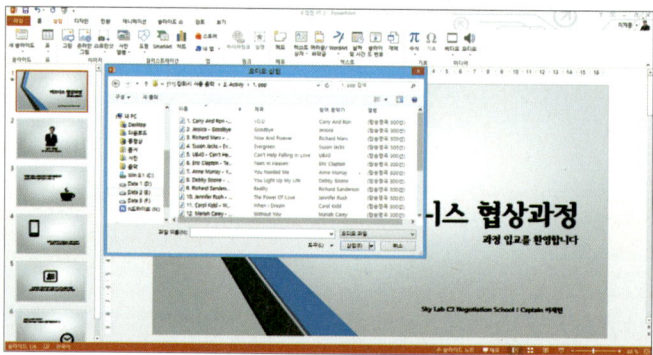

02 [오디오 도구]-[재생] 탭-[백그라운드에서 재생]을 클릭해 확인한다.

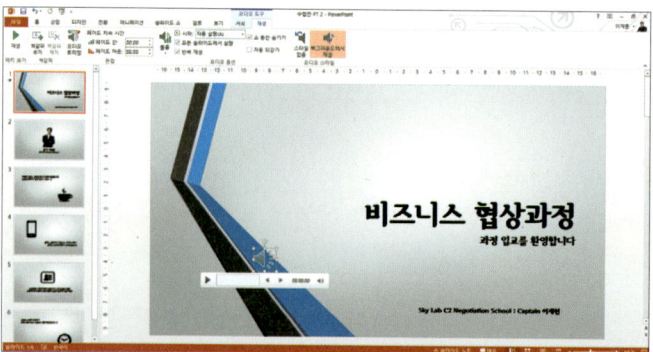

Activity 化

간단한 엑셀Excel 파일을 넣자

04

1995년 윈도우 95 버전이 처음 나왔을 때 오피스는 윈도우 OS에 포함되어 출시되었었다. 이후 오피스는 발군의 역량으로 전 세계를 제패했고 윈도우의 시장 점유율은 하늘 높은 줄 모르고 치솟았다. 지금은 오피스 제품을 따로 구매해야 할 정도로 그 위상이 높아졌다.

윈도우 제품군의 우수성은 상호 간의 윈도우 운영체제부터 오피스군까지 연계가 된다는 것이다. 여러 가지 탁월한 기능을 포함한 제품으로 변화되어 엄청난 영향력을 끼치고 있다. 이처럼 OS와 오피스의 상호 보완적인 역할을 하는 여러 가지가 있지만 여기서는 강의용 파워포인트와 엑셀 간의 조합을 함께 보도록 하자.

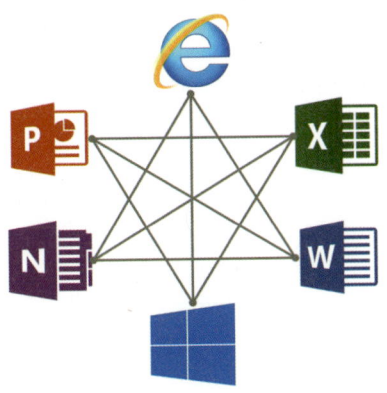

▲ 윈도우와 오피스는 서로 상호작용을 한다

엑셀의 가장 중요하고 편한 기능은 숫자이다. 숫자 중에서도 합산 가격과 평균 가격이다.

① 합산 : 팀별 점수를 부여하거나 종목이나 라운드별 합산 값이 필요한 경우
② 평균 : 점수가 종목이나 라운드별 평균값을 나타내는 경우

 **점수판을 파워포인트 엑셀 시트로 넣기**

01 그림과 같이 엑셀 파일로 가로 축은 팀 이름을 작성하고 세로 축은 라운드 회수, 합산, 평균을 작성한다.

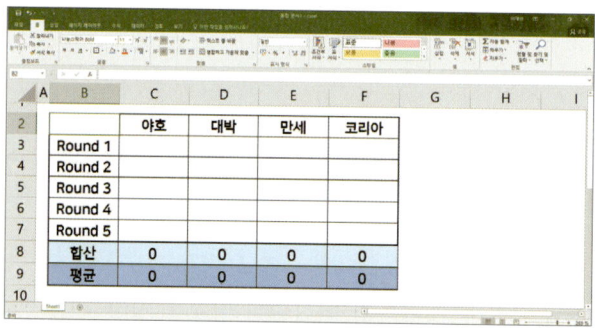

02 엑셀 파일로 작성한 표를 복사한 후에 파워포인트를 열고 붙여넣기를 한다. 이때 중요한 것은 반드시 [포함]으로 붙여넣기를 해야 한다. 그렇지 않으면 엑셀 서식이 따라오지 않기 때문이다. 파워포인트에 삽입한 표의 꼭지점을 드래그하여 크게 만들어 준다.

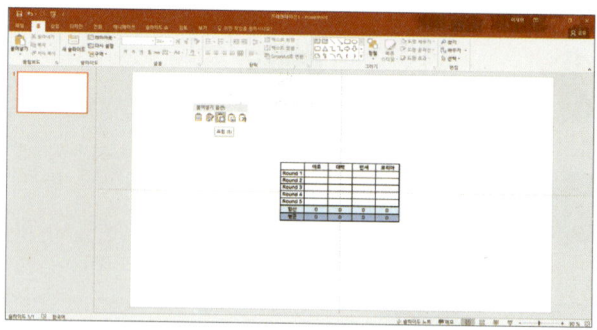

03 파워포인트에 삽입한 표를 더블클릭하면 파워포인트 내에서 엑셀 파일이 열리며 점수 등을 작성할 수 있다.

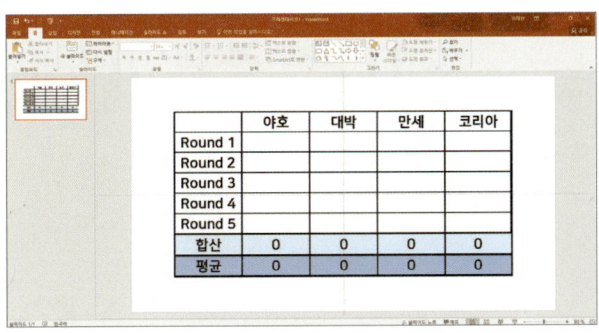

04 파워포인트 내의 엑셀 파일에 각 팀의 점수를 작성하면 합산과 평균이 자동으로 계산된다. 작성 이후 Esc 를 누르면 파워포인트 상태로 변경된다.

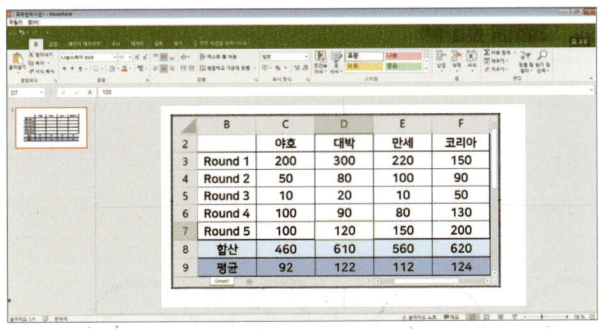

05 표 완성 후에 슬라이드 쇼를 실행하면 그림과 같이 보여진다. 왼쪽은 교수자가 보는 화면이고 오른쪽은 대상자들이 보는 화면이다.

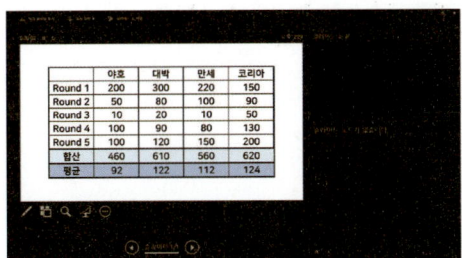

Activity 化

마음을 움직이는
DJ(Disk Jockey)가 되어라

05

호텔 로비에는 부드러운 클래식 음악이 주로 나온다. 호텔에 방문한 사람들에게 럭셔리한 VIP라는 것을 느끼게 하기 위해서이다. 대형 마트는 빠르고 즐거운 노래가 나올수록 구매가 높아진다고 한다. 필자처럼 라디오를 좋아하는 사람은 계절과 날씨에 노래 선곡이 얼마나 많이 바뀌는지 잘 알 수 있다. 감각을 수용하는 5가지 기관 중에서 마음을 움직이는 가장 중요한 기관은 청각이다. 우리는 모두가 음악을 듣고 희로애락을 경험한다.

▲ 청각에 따라 희노애락을 경험한다

교수자는 모두가 음악으로 감정을 다룰 수 있는 사람이 되어야 한다. 즉 DJ가 되어야 한다. 감정을 움직이기 위해서는 어떤 음악을 선곡하는지가 매우 중요하다. 창의적인 수업에서는 에너지가 넘치면서 즐거운 음악을 선곡하고 자신을 성찰하고 사색이 필요한 경우에는 고요하고 차분한 음악을 선곡한다. 음악에 의해서 학습자들이 사고의 혁신을 가져올 수 있고 자신의 내면을 들여다 볼 수 있으며 암기에 도움을 주며 대화의 물꼬를 틀 수도 있다.

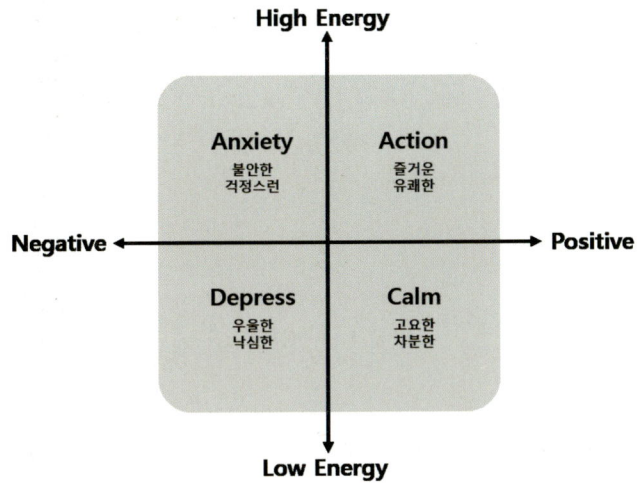

▲ 강의 음악은 정서와 에너지 2가지 요소로 선정한다

감성을 움직이는 것은 음악이다. 때문에 학습자들의 마음을 움직이기 위해서 가장 효과적인 것 또한 음악이다. 어떤 음악을 선곡하는가에 따라서 분위기를 만들 수 있기 때문이다. 필자가 생각하는 강의에서 활용할 수 있는 음악 리스트를 만들어 보았다. 성인 학습자들을 위한 리스트이다.

강의에서 활용하기 좋은 음악

테마	음악	가수
강의 시작 전	Feels So Good	Chuck Mangione
	Elnino Prodigo	Windy City
	Quando Quando Quando	Nat King Cole
	We don't stop	Asoto Union
	A Perfect Day	Standing Egg
	Cha Cha	Winter Play
	Over The Rainbow, What A Wonderful World	Israel Kamakawiwo'ole
	Ain't No Mountain High Enough	Marvin Gaye

즐거운 활동 시	I'll Be Missing You	Puff Daddy
	Hush Little Baby	Bobby McFerrin
	Dancing Queen	Abba
	Can't Help Falling In Love	UB40
	Uptown Funk	Mark Ronson
	Boogie Wonderland	Earth, Wind & Fire
	Play That Funky Music	Wild Cherry
	Let's Groove	Earth, Wind & Fire
	We No Speak Americano	DCup
차분한 활동 시	I.O.U	Carry And Ron
	Goodbye	Jessica
	Now And Forever	Richard Marx
	Evergreen	Susan Jacks
	Tears In Heaven	Eric Clapton
	You Needed Me	Anne Murray
	You Light Up My Life	Debby Boone
	Reality	Richard Sanderson
	The Power Of Love	Jennifer Rush
	Without You	Mariah Carey
	Nothing's Gonna Change My Love For You	Glenn Medeiros
	Midnight Blue	E.L.O
	Honesty	Billy Joel
	You Call It Love	Karoline Kruger
	Heaven	Bryan Adams
	When I Dream	Carol Kidd

회상/명상	Mo Better Blues	Branford Marshalis
	Let There Be Love	Laura Fygi
	Twilight Time	Verdens Orkestret
	Whisperings	Kevin kern
	Magine	John Lennon
	MayBe	이루마
	A Lover's Concerto	진혜림 陳慧琳
	Kiss The Rain	이루마
	Love Letter OST – A Winter Story	Yuhki Kuramoto
	Les Jours Tranquilles	Andre Gagnon

날씨와 계절에 따라 활용하기 좋은 음악

우리나라 사람들은 다른 민족에 비해 감수성이 예민하다. 특히 계절에 따라 느끼는 감정적 기분은 모든 활동에 영향을 주곤 한다. 이러한 감수성을 강의에 적용해 보자. 계절에 따른 분위기 있는 음악은 학습자들의 정서를 편안하게 해준다. 특히 내용이 들리는 가요를 활용하면 그 효과가 배가 된다. 필자가 활용하는 계절별/날씨별 음악 리스트는 다음과 같다.

계절별 음악

봄	• 봄이 오면–김윤아 • 벚꽃 엔딩–버스커 버스커 • 봄봄봄–로이킴 • 봄, 사랑, 벚꽃 말고–아이유	가을	• 가을이 오면–서영은 • 10월의 어느 멋진 날에–김동규 • 거리에서–성시경 • 바람 기억–나얼 • 찬바람이 불면–김지연
여름	• 해변의 여인–쿨 • 파도–유엔 • 냉면–무한도전 올림픽대로 가요제 • 팥빙수–윤종신 • 태양은 가득히–M.C. The Max	겨울	• 눈의 꽃–박효신 • 하얀 겨울–Mr. 2 • 크리스마스 이브–김현철 • Must Have Love–SG워너비 • 크리스마스니까–성시경

날씨별 음악

맑은 날	• 여전히 아름다운지–토이 • 너에게 난 나에게 넌–자전거 탄 풍경 • All for yor–서인국, 정은지 • 행복을 주는 사람–해바라기	비 오는 날	• 비오니까–싸이 • 비와 당신–박중훈 • 만약에 말야–노을 • 비처럼 음악처럼–김현식 • Rain Drop–아이유
흐린 날	• 사랑은 은하수 다방에서–10Cm • 바람이 분다–이소라 • 체념–빅마마 • Rain–박혜경 • 기다리다–윤하	눈 오는 날	• 겨울 이야기–조관우 • 혼자만의 겨울–강수지 • 사랑의 눈보라–린 • 첫눈–SG워너비 • White–핑클

DJ 역할에 가장 중요한 것 중에 하나가 프리젠터이다. '프리젠터는 의형제다'의 3M의 WP-8500로 볼륨을 조절하면서 라디오 DJ가 되어보자. 학습자들의 정서와 감정을 더욱 끌어 올릴 수 있다.

Activity 化

엔딩 크레디트를 올려라

06

필자에게 학습자는 고객이다. 고객에 대한 만족감을 주는 것이 의무이며 그들에게 긍정적인 변화를 이끄는 것이 목표이다. 이런 고객이 강의 이후 시끌벅적한 강의장을 떠나는 이들에게 마지막으로 줄 수 있는 것은 무엇일까?

Power 학습자에게 엔딩 크레디트를 선물하라

종종 근처 멀티플렉스 영화관을 간다. 영화가 끝나면 엔딩 크레디트 Ending Credit 가 항상 올라간다. 사실 이 엔딩 크레디트를 보는 사람은 거의 없다. 성격 급한 사람들은 영화에 누가 투자를 했고 누가 만들었는지 관심이 없는 것이다. 그럼에도 불구하고 대부분의 영화에는 엔딩 크레디트가 존재한다.

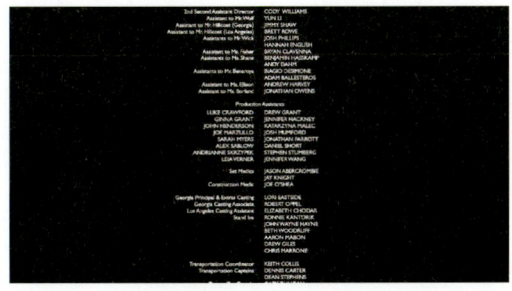

▲ 영화의 엔딩 크레디트

성격 급한 한국 사람들을 위한 국내 영화도 엔딩 크레디트를 올린다. 설령 아무도 보지 않아도 말이다. 그렇다면 엔딩 크레디트가 왜 존재하는가? 그것은 이 영화를 만들기 위해서 수고한 사람들을 기리고 그들의 노고에 감사를 전하는 일종의 표현이라고 한다. 필자는 강의도 영화와 마찬가지라고 생각한다. 따라서 엔딩 크레디트를 올린다. 학습자들이 보든 안보든 이 강의가 만들어지기까지 자신에 대한 노고와 가족에 대한 감사, 그리고 나의 강의를 함께 해준 참여자들에 대한 감사를 보이는 것이다.

엔딩 크레디트에 무엇을 표현할까

일반적으로 영화에서 엔딩 크레디트 표기 순서는 다음과 같다고 한다.
① 영화 배급처, 투자자
② 출연자
③ 제작 스태프
④ 촬영을 위해 도와주신 분들 협찬, 우정 출연 등

필자가 생각하는 엔딩 크레디트의 순서는 다음과 같다.
① 해당 프로그램 개발자
② 교수자
③ 프로그램 개발자
④ 강의를 위해서 도와주신 분들

엔딩 크레디트에 삽입하는 사진이나 영상은 학습 관련 영상, 또는 학습이 주는 메시지를 넣는 것이 좋다. 또는 학습자들을 대상으로 동영상이나 사진 촬영을 하여 미리 만들어진 엔딩 크레디트에 삽입하여 보여주면 부드러운 분위기로 강의를 종료할 수 있다.

엔딩 크레디트 만드는 방법

엔딩 크레디트는 파워포인트로 만드는 방법도 있고 무비메이커로 만들 수도 있다. 만드는 방법을 간단하게 알아보자.

파워포인트로 엔딩 크레디트 만들기

01 파워포인트 배경을 원하는 컬러로 변경한다. 필자는 영화에 주로 사용되는 컬러인 검정색으로 변경했다. 마우스 오른쪽 버튼을 클릭한 후 [배경 서식]을 클릭하고 작업 창의 [채우기]-[단색 채우기]를 선택하고 [색]에서 '검정색'으로 설정한다.

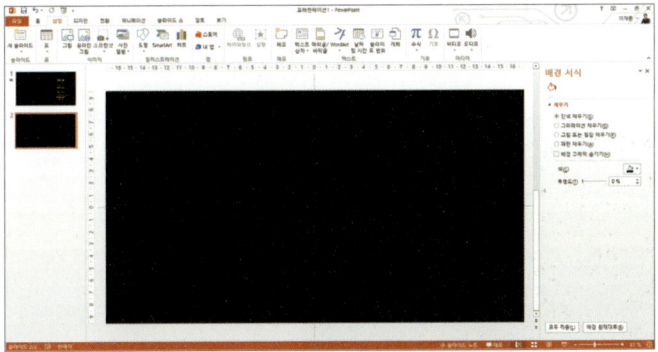

02 [삽입] 탭-[텍스트 상자]-[가로 텍스트 상자]를 클릭하고 슬라이드에 추가한다. 텍스트 상자에 대상자에게 전달하고 싶은 내용을 작성한다.

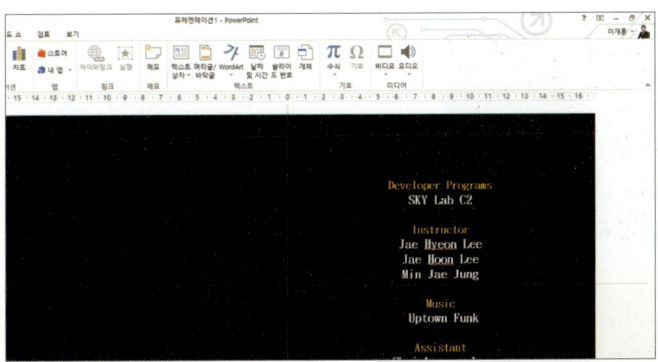

03 텍스트 상자 시작과 끝 효과를 극대화하기 위해 다음과 같이 위에 도형을 삽입한다. [삽입] 탭-[도형]-[직사각형]을 선택해 삽입한 뒤 [그리기 도구]-[서식] 탭의 작업 창 단추를 클릭한다. [도형 서식]-[단색 채우기]를 선택한 뒤 [색]을 '검정색', [선 없음]을 선택한다.

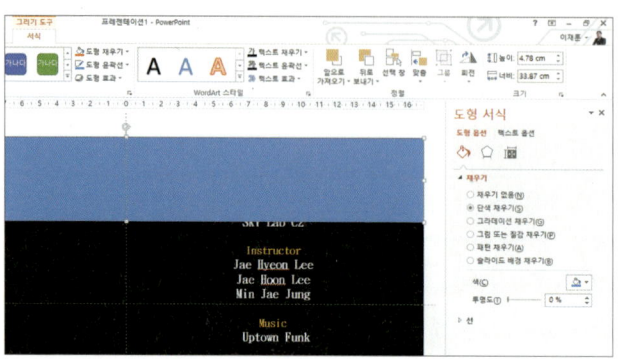

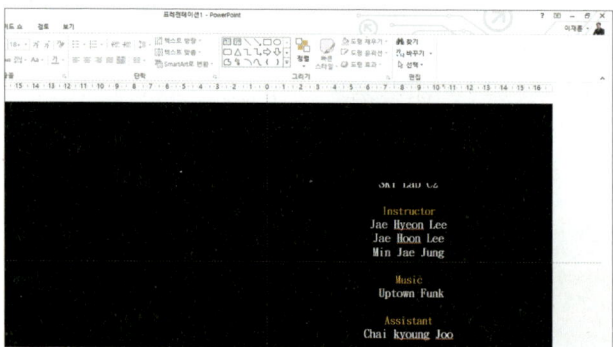

04 텍스트 상자의 이동 경로를 지정한다. [애니메이션] 탭-[이동 경로]-[선]을 선택한다. 슬라이드의 선을 조절해 경로를 만든다.

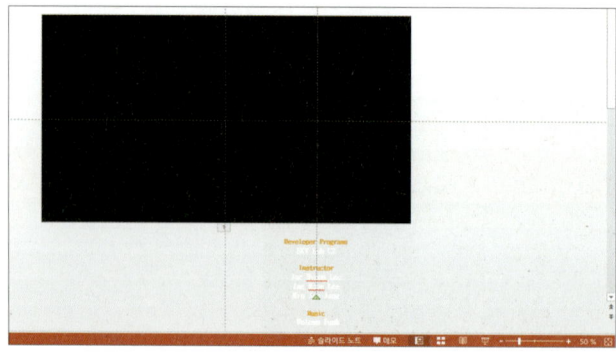

05 강의에 적합한 이미지를 삽입해 전달력을 극대화한다.

 윈도우 무비메이커로 엔딩 크레디트 만들기

01 윈도우 무비메이커에 사진이나 영상을 삽입해 본다. [홈] 탭-[비디오 및 사진 추가]를 클릭해 사진이나 영상을 선택한다.

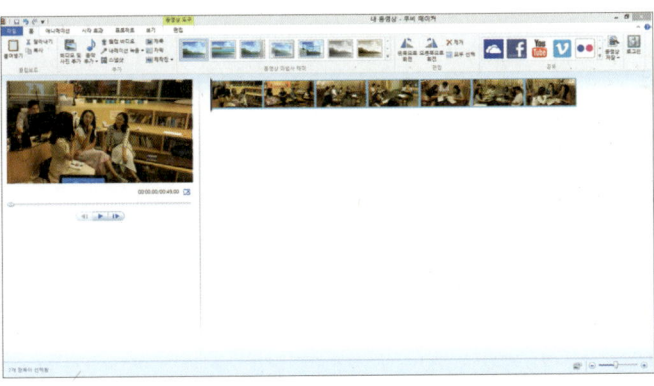

02 삽입한 영상에 애니메이션이나 시각 효과를 삽입한다. [애니메이션] 탭에서 시각 효과를 선택한다.

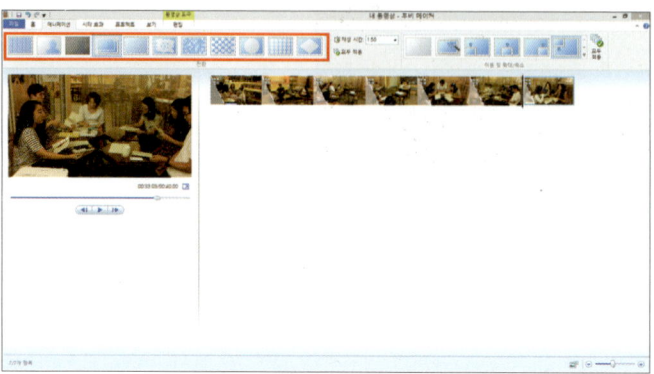

03 음악을 삽입한다. [홈] 탭-[음악 추가]를 클릭해 끝과 시작에 페이드 인 & 페이드 아웃을 설정할 수도 있다. [홈] 탭-[음악 추가]를 클릭하고 대상 파일을 연다. [음악 도구]-[옵션] 탭-[페이드 인]을 [보통]으로 [페이드 아웃]을 [보통]으로 선택한다.

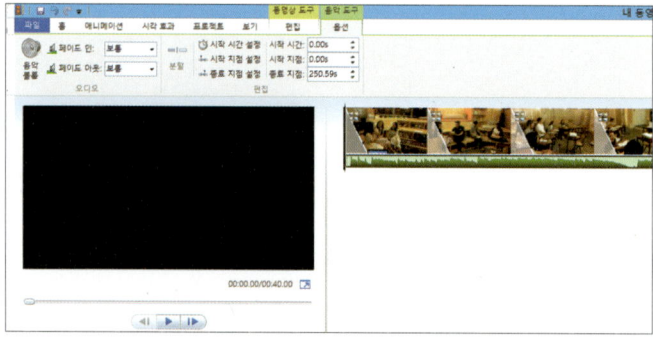

04 엔딩 크레디트 문구를 작성한다. [홈] 탭-[제작진]을 클릭하여 [문구 작성]을 선택해 입력한다.

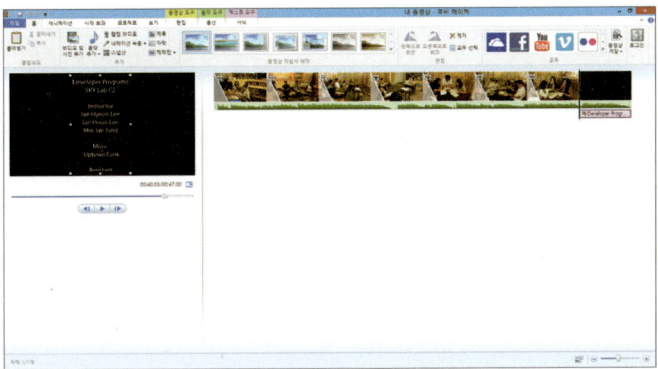

05 동영상으로 저장한다. [파일] 탭-[동영상 저장]을 선택해 저장한다.

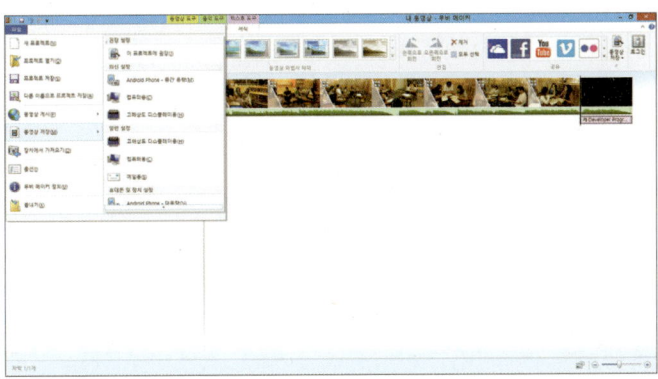

강파워! 강사를 위한 파워포인트 노하우

Smart PPT
_구름Cloud 타고 스마트Smart한 강의를 하라!

대학이나 기업에서는 스마트 디바이스 활용은 수업이 필수가 되었다. 활용할 수 있는 많은 앱이 있고 강의에 매우 강력한 힘을 발휘하기도 한다. 이번 학습 내용은 스마트 파워포인트이다. 원노트, 원드라이브와 오피스 온라인으로 PC와 스마트 디바이스를 연결, 그리고 여기에 파워포인트 앱과 오피스 렌즈 앱으로 강의용 파워포인트의 활용하는 방법을 알아볼 것이다. 당신 안에 있는 스마트폰으로 강의에 정점(頂点)에 올라 보자.

POWERPOINT FOR LECTER · TEACHER · PROFESSOR

Smart PPT

스마트 빅뱅은 서막이다

01

2011 최고의 인기를 끌었던 영화 '써니'. 80년대 후반을 배경으로 하는 주인공들이 라디오를 들으며 서로 이야기를 나눈다. 춘화(강소라)는 멀지 않은 미래에는 걸어 다니면서 전화를 할 수도 있고 TV도 볼 수 있을 거라고 말한다. 춘화의 친구는 이렇게 말한다. "야~ 그럼 나중에는 물도 사먹겠다~ 응~!" 그렇다. 우리는 이제 물을 사먹는다.

2007년 아이폰 등장 이후 우리는 커다란 변화를 겪었다. 교통, 은행, 비즈니스, 시간 관리, SNS, 게임까지 기존의 방식과는 완전히 다른 변화를 가져왔다. 아이폰과 같은 디바이스와 페이스북 같은 특정 조직은 상상을 초월하는 권력을 갖게 되었다. 그러나 이것은 스마트 빅뱅의 서막일 뿐이다. 사물과 사물을 연결시키는 사물 인터넷 시대가 멀지 않은 시간에 도래할 것이다.

스마트 시대의 가장 큰 2가지 개념은 정보와 연결이다. 그리고 그 중심에는 클라우드Cloud가 있다. 클라우드 서비스는 일하는 방식, 공부하는 방식, 가르치는 방식 또한 변화를 가져올 것이다. 누구든 어디서든 원하면 대부분 알 수 있고 볼 수 있는 세상이다. '스마트 시대'의 학습자들의 정보력과 창의성은 교수자보다 얼마든지 뛰어날 수 있다. 그렇다면 이러한 시대에 교수자들은 어떤 자세를 가져야 할까? 필자는 다음 3가지의 역량을 말하고 싶다.

1 | 변화에 민감한 교수자가 되어야 한다

빠르게 변화하는 상황에 발 맞추어 트렌드에 맞게 교안과 교수법을 전환할 필요가 있다. 예민한 감각과 포착을 위한 더듬이가 필수 요소이다.

2 | 창의적 에디터가 되어야 한다

이제 더 이상 학습자들의 정보적인 우위를 말할 수 없다. 관련 정보를 알맞게 편집하고 의미부여를 잘 이끌어 내야 한다.

3 | 스마트 워크 시스템을 구축해야 한다

스마트 디바이스 사용에 능숙하여 학습자들과 소통이 능하며 클라우드 서비스와 소프트웨어에 능해야 한다.

▲ 탁월한 교수자의 3가지 역량

Smart PPT

오피스 온라인을 열어보자

02

오피스를 온라인 버전으로 사용할 수 있다는 것을 알고 있는 사람들은 그다지 많지 않다. 'www.office.com'에 접속하면 다음과 같은 이미지가 독자를 반기게 된다. 익스플로러Explorer에서 구동되는 오피스 온라인Office Online은 워드, 파워포인트, 엑셀, 원노트, 아웃룩 등 마이크로소프트의 최고의 프로그램이 모여 있는 곳이다.

▲ 오피스 온라인

일단 파워포인트 온라인에 접속을 하면 로그인을 해야 한다.

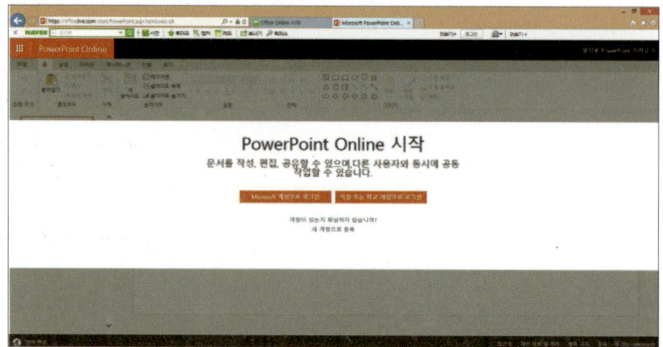

▲ 파워포인트 온라인 시작 화면 1

로그인 이후 최근 사용한 항목과 새로운 작업에 대한 디자인을 제안한다.

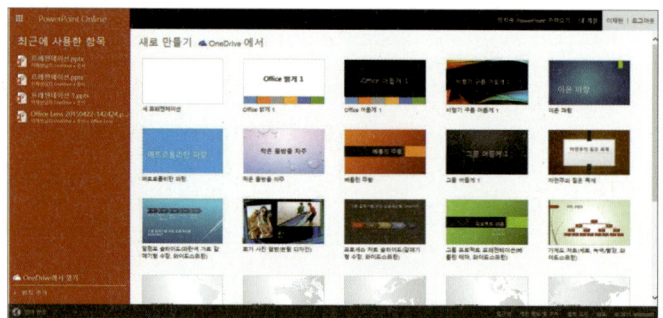

▲ 파워포인트 온라인 시작 화면 2

선택한 후 작업을 할 수 있다.

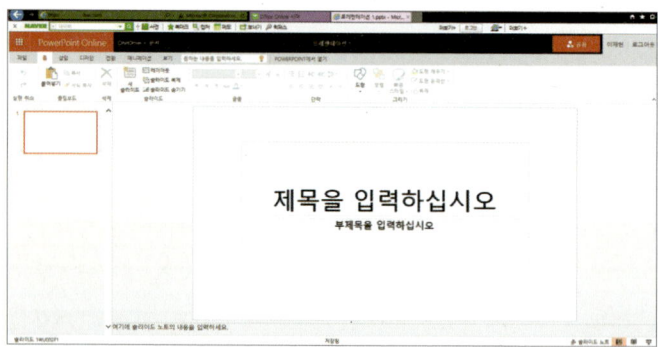

▲ 파워포인트 온라인 작업 화면

이곳에서 작업되는 모든 자료는 원드라이브 OneDrive로 저장된다. 또한 사용하던 파일을 원드라이브로 업로드해두면 열람이 가능하다. 옵션으로는 편집, 쇼 시작, PDF로 인쇄, 다른 사용자와 공유가 있다.

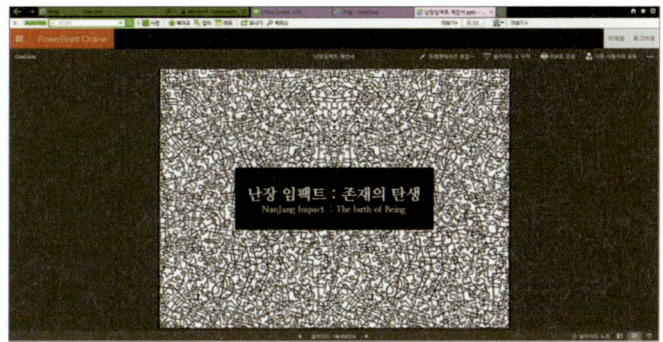

▲ 원드라이브 업로드로 편리하게 사용 가능하다

따라서 원드라이브에 업로드한 자료라면 오피스 온라인에서 열람과 편집이 가능하다. 만약 당신이 사용하는 PC에 오피스가 설치되어 있지 않다면 편집을 위해서 파워포인트를 사용할 것인지 아니면 온라인 파워포인트를 사용할 것인지 질문을 한다. 즉 실제 파워포인트가 설치되어 있지 않아도 사용할 수 있고 설치되어 있는 경우에도 편집이 가능하다는 것이다.

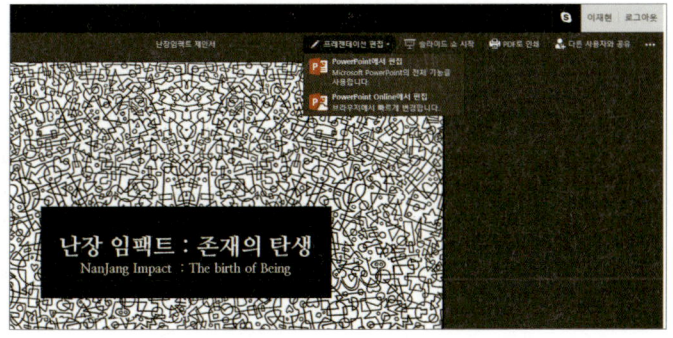

▲ 파워포인트와 파워포인트 온라인 모두 편집 가능하다

SPECIAL PAGE

PowerPoint Offline vs PowerPoint Online

그렇다면 파워포인트와 파워포인트 온라인은 어떤 차이가 있을까? 필자가 모두 분석해 본 결과 다음과 같은 결과를 알 수 있다. 표는 다음과 같은 방법으로 확인한다.

❶ [리본] 탭 / ❷ [리본] 그룹 / ❸ 도구

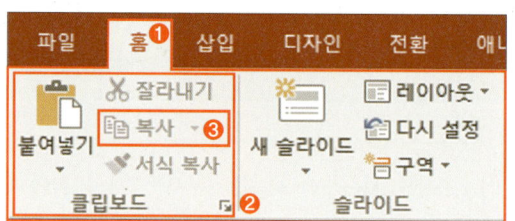

★ 온라인에만 있는 메뉴 / ★ [리본] 탭 또는 [리본] 그룹 안에 없음 / ★ PowerPoint 도구와 동일

리본 탭	리본 그룹	도구
★ 파일		★ 저장, 내보내기, 닫기, 계정, 옵션
홈	클립보드	★ 잘라내기
	슬라이드	★ 다시 설정, 구역
	글꼴	★ 문자 간격
	단락	★ 텍스트 방향, 텍스트 맞춤, SmartArt로 변환
	그리기	★ 도형 그리기 모양 적음, 도형 효과
	편집	★
삽입	슬라이드	★
	표	★
	이미지	★ 스크린 샷, 사진 앨범
	일러스트레이션	★ 차트
	앱	★

	링크	★
	메모	★
	텍스트	★ 머리글/바닥글, WordArt, 날짜 및 시간, 슬라이드 번호, 개체
	기호	★ 수식
	비디오	★
	오디오	★
	온라인 미디어	Online만
디자인	테마	Offline 29개, Online 21개
	적용	★
	사용자지정	★ 슬라이드 크기
전환	미리 보기	★
	슬라이드 화면 전환	Offline 48개, Online 4개
	타이밍	★ 모두 적용
애니메이션	미리 보기	★
	애니메이션	Offline 45개, Online 3개
	고급 애니메이션	★
	타이밍	★ 효과 일부만
슬라이드쇼	★	★
검토	★	★
보기	프레젠테이션 보기	
	마스터 보기	★
	표시	★ 눈금자, 눈금선, 안내선
	확대/축소	★
	컬러/회색조	★
	창	★
	매크로	★

결론적으로 오피스 온라인은 오프라인 프로그램의 약 50% 정도의 기능을 가지고 있다고 본다. 보다 나은 강의와 수업을 위해서 오프라인 소프트웨어를 구매하는 것을 추천한다. 필자는 오피스 365 비즈니스 버전을 사용하고 있다.

파워포인트 앱을 사용해보자

03

스마트폰이 생겨나면서 많은 것들이 이전 PC의 역할을 대신하게 되었다. 마이크로소프트 파워포인트 앱은 안드로이드, 그리고 iOS에게 모두 무료 제공을 한다. 파워포인트 PC 버전과 비교해 봤을 때 '애니메이션' 기능을 제외하고 거의 모든 기능이 있다고 할 수 있다. 파워포인트 작업 특성상 스마트 디바이스에서의 문서 작성은 제한이 많다. 우선 화면이 작아 눈에 피로감을 줄 수 있고 키보드 사용에 제한이 있어 장시간 작업에 불편이 있다. 또한 스마트 디바이스 화면이 계속 켜져 있어 배터리 문제도 있을 것이다.

하지만 PC 파워포인트에서 문서 작업을 하고 이를 디바이스에 저장 후 작성한 문서를 확인하거나, 일부분을 수정하는데 활용한다면 파워포인트 앱은 업무 향상에 분명 강력한 도구임에 틀림없다. 무료로 제공되는 MS 오피스 모바일 버전의 앱은 원드라이브^{OneDrive} 뿐만 아니라 박스 클라우드^{Box Cloud}, 드롭 박스^{Drop Box} 등의 클라우드에 파일을 저장하고 또 이를 불러와서 이용하는 등의 작업이 가능하다. 따라서 PC에서 문서 작업 후 클라우드에 저장하고 이를 스마트 디바이스에서 활용하는 것이 파워포인트 앱을 가장 잘 활용하는 것이라 할 수 있다.

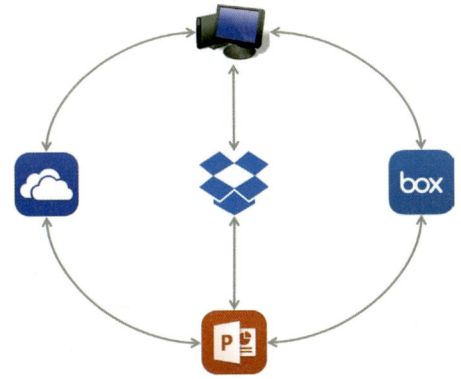

▲ 파워포인트 앱은 다양한 클라우드에 저장할 수 있다
출처: http://www.iconarchive.com

파워포인트 앱의 기능

파워포인트 앱을 사용하는 것은 파워포인트 작업을 해본 사람이라면 무리 없이 사용할 수 있다. 간단하게 앱에 대해서 알아보자.

파워포인트 앱을 처음 실행하면 위와 같이 최근에 사용한 항목이 나온다. 물론 앱을 처음 사용한 경우에는 최근 사용 목록이 없는 것이 당연하다. [열기]와 [새로 만들기]를 터치할 수 있다.

▲ 파워포인트 앱 실행 첫 화면

[열기]를 터치하면 마이크로소프트의 클라우드 서비스인 원드라이브뿐만 아니라 구글 드라이브 등 각종 클라우드 저장소, 디바이스에 저장되어 있는 문서까지 불러올 수 있다. [새로 만들기]를 터치하면 다음과 같이 PC 파워포인트 2013 이상의 버전과 같은 새 프레젠테이션과 각종 디자인을 선택할 수 있다.

 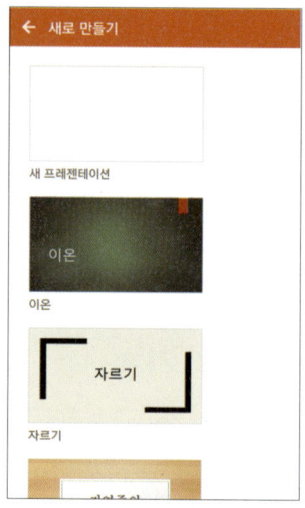

▲ 파워포인트 앱의 위치와 디자인 선택 화면

1 | 아이콘별 기능

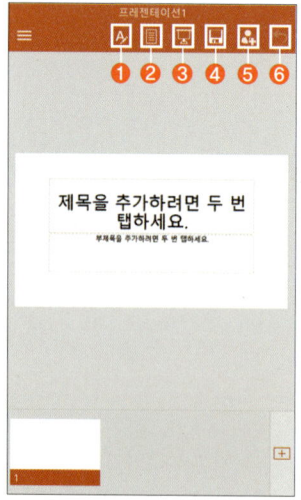

▲ 새로 만들기 터치 시 화면

[새로 만들기]를 터치하면 다음과 같이 파워포인트 문서를 작성할 수 있는 슬라이드가 나타난다.

❶ : 파워포인트 기본 메뉴를 열 수 있다. 터치하면 [홈] 메뉴가 열리고 [홈] 메뉴를 터치하면 [홈], [삽입], [디자인], [전환], [슬라이드 쇼], [검토], [보기] 메뉴가 열린다.

❷ : 프레젠테이션을 할 때 활용할 수 있는 슬라이드 노트를 작성하는 메뉴이다.

❸ : 슬라이드 쇼를 할 수 있는 메뉴이다.

❹ : 저장할 수 있는 메뉴이다. 저장은 원드라이브뿐만 아니라 각종 클라우드 서비스에 저장이 가능하며, 디바이스 내부 저장소에도 저장할 수 있다.

❺ : 다른 사람과 공유할 수 있는 메뉴로 링크 공유도 가능하고 첨부 파일로 공유할 수도 있다. 공유 시 메일은 물론 각종 클라우드 서비스 원노트 등으로 공유가 가능하다.

❻ : 문서 작성 시 이전 단계로 되돌리는 메뉴이다. PC 버전의 Ctrl + Z 기능으로 생각하면 된다.

2 | 기본 메뉴 기능

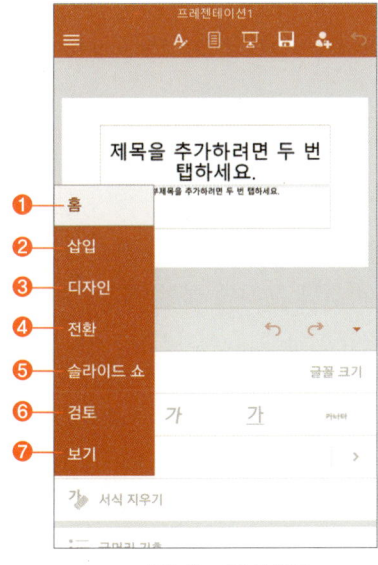

▲ [홈] 메뉴 터치 시 화면

기본 메뉴를 선택할 수 있는 ▣를 터치하고 ♦를 터치하면 위와 같이 메뉴가 나타난다. 각 메뉴를 선택하면 PC 버전에 있는 리본 메뉴와 동일하게 파워포인트 앱을 활용할 수 있다.

❶ **홈** : [홈] 메뉴로 글꼴 선택, 글자 크기, 글자 색깔, 글머리 기호, 번호 매기기, 텍스트 맞춤 등의 기능을 활용할 수 있다.

❷ **삽입** : [삽입] 메뉴로 새 슬라이드, 표, 이미지, 도형, 텍스트 상자를 삽입할 수 있는 메뉴이다.

❸ **디자인** : [디자인] 메뉴로 파워포인트 디자인을 선택할 수 있다. 현재 23개의 디자인을 제공하고 있다.

❹ **전환** : [전환] 메뉴로 화면 전환 효과 설정 시 사용하는 메뉴이다. 파워포인트 앱에서는 파워포인트 2013 PC 버전과 동일한 전환 효과(47개 전환 효과)를 제공하고 있다.

❺ **슬라이드 쇼** : [슬라이드 쇼] 메뉴로 프레젠테이션을 할 때 사용하는 메뉴이다. 슬라이드 쇼 처음부터, 현재 슬라이드부터, 슬라이드 쇼 재구성 메뉴를 제공하고 있다.

❻ **검토** : [검토] 메뉴로 PC 버전과 차이가 많은 부분이다. 파워포인트 앱의 [검토] 메뉴는 변경 내용 표시 기능만 제공한다.

❼ **보기** : [보기] 메뉴로 PC 버전과 차이가 많은 부분이다. 확대, 축소, 창에 맞춤 기능만 제공한다.

앞서 이야기했지만 파워포인트 앱을 활용해 새 문서를 작성하기에는 불편한 것이 사실이다. 특히 도형을 삽입하거나 크기를 조절하는 등 섬세한 작업을 할 때는 PC 버전에서 사용하는 것 같은 속도를 내기는 어렵다. 하지만 PC에서 작성한 문서나 첨부 메일로 온 문서를 확인하고 일부분을 수정하는데 활용한다면 교수자 입장에서 꼭 필요한 앱이라고 할 수 있다.

Smart PPT

오피스 렌즈 Office Lens로 모든 것을 촬영하자

04

이미지 작업을 위해서 각종 이미지 제공 사이트에서 다운로드 받아 활용하는 방법이 가장 기본이라고 할 수 있다. 또 보유해야 하는 중요한 이미지가 있다. 학습자들이 만든 작품이나 결과물이다. 이런 이미지는 보통 스마트폰 카메라로 찍기 마련이다. 그러나 스마트폰 사진은 파워포인트에 삽입했을 때 밝기, 색감, 각도 등이 너무나 실망스러운 경우가 무척 많다.

그래서 필자가 사용한 것이 휴대용 스캐너이다. 깨끗하고 질 높은 이미지를 위해서 휴대용 스캐너를 이용했다. 그러나 휴대용 스캐너의 문제점은 손의 속도와 각도에 따라서 이미지가 찌그러지거나 밀리기도 한다는 것이다. 손으로 기계의 모터만큼 정확한 속도로 밀어 주어야 하는 것이었다. 또한 A4용지 정도의 결과물만 스캔할 수 있을 뿐 그 이상의 크기는 불가능했다. 말이 휴대용이지 약 30cm가량의 바 형태로 되어 있어 휴대도 쉽지 않았다. 이러한 불편은 하나의 앱으로 99% 해소되었다. 바로 마이크로소프트에서 개발한 오피스 렌즈 Office Lens다.

스캐너 앱이 많이 있지만 이러한 앱의 관건은 문서에 대한 인식력이다. 사진으로 찍어도 되지만 스캐너 앱을 사용하는 이유는 인쇄된 종이 텍스트를 디지털화하기 위함일 것이다. 오피스 렌즈는 인식률 부분에서 좋은 반응을 얻고 있다. 또한 스캔한 이미지를 다양한 형태로 저장이 가능하다는 것이 다른 스캐너 앱과 차별화된 점이다.

▲ 오피스 렌즈로 다양한 활용 가능

오피스 렌즈 앱의 사용법을 알아보자

오피스 렌즈 앱의 사용법은 의외로 간단하다. 그럼 사용법을 한번 알아보자.

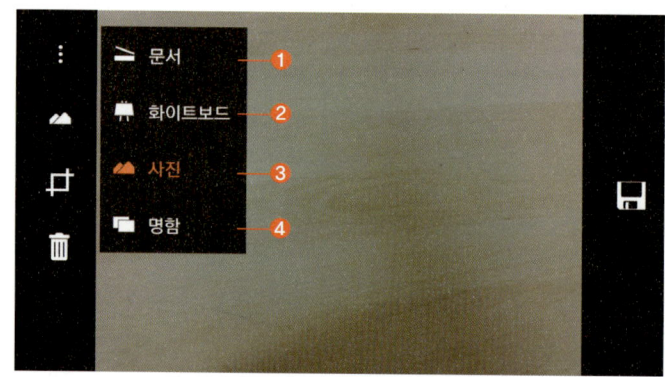

▲ 오피스 렌즈 앱은 마이크로소프트 프로그램과의 호환이 강력하다

오피스 렌즈 앱을 실행하면 위와 같이 카메라 기능이 실행된다. 스캔 시 문서, 화이트 보드, 사진 형태로 스캔이 가능하며 촬영 후에 변경도 가능하다. 아래에서 자세한 내용을 보자.

❶ 문서 : 비즈니스 문서나 책, 잡지 등을 촬영할 때 사용한다. 천연 컬러에 대한 인식이 높은 옵션이다.

❷ 화이트 보드 : 화이트 보드의 작성된 내용을 촬영할 때 사용한다. 흰색과 검은색에 대한 구별이 강화된 옵션이다.

❸ 사진 : 일반 카메라와 같다. 단 저장 기능을 원드라이브, 원드라이브 내 오피스 파

일에 바로 저장할 수 있다는 장점이 있다.

❹ 📇 **명함** : 명함을 찍어서 보관할 때 사용하는 기능이다. 원노트로 연락처와 이미지를 전송한다.

스캔 대상에 대해서 오피스 렌즈 앱이 스스로 인식해 사각형 형태를 만들어 낸다. 다음의 사진에서 책 주변의 하얀색 띠는 오피스 렌즈 앱이 스캔할 부분을 종이로 인식한 모습을 보여 주는 것이다. 이 부분만 스캔하겠다는 것으로 생각하면 된다.

▲ 스캔 중인 화면

▲ 스캔 완료된 화면

스캔하려는 대상이 흰색 띠로 둘러졌을 때 촬영 버튼을 터치하면 스캔이 된다. 스캔한 책 표지가 이미지와 같이 나타난다. 이때 [저장]을 터치하면 원하는 위치, 형태로 저장이 가능하다.

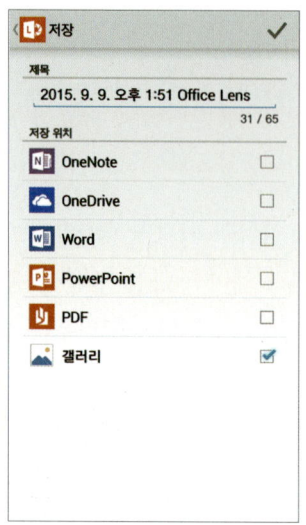 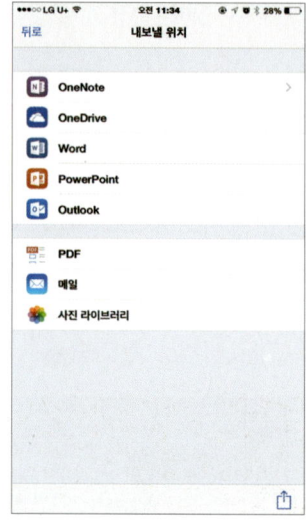

▲ 안드로이드 저장 화면(왼쪽)과 iOS의 저장 화면(오른쪽)

저장 가능한 문서 형식

원노트	자료 수집 도구인 원노트로 촬영한 사진을 보낼 수 있다.
원드라이브	클라우드 서비스로 바로 업로드한다.
워드/파워포인트	원드라이브에 있는 파워포인트나 워드 파일에 삽입할 수가 있다.
PDF	어도비 파일인 PDF로 변환이 가능하다.
갤러리/ 사진 라이브러리	안드로이드, iOS 이미지를 볼 수 있는 앱으로 이동한다.

촬영한 이미지를 워드 앱과 함께 사용해 보자

오피스 렌즈 앱에서 스캔한 문서를 원드라이브로 워드 저장을 하면 OCR : Optical Character Recognition 기능이 작동하여 스캔한 글자를 워드 포맷에 맞춰서 문서로 저장한다. 텍스트 내용과 촬영한 이미지 2가지가 포함된다.

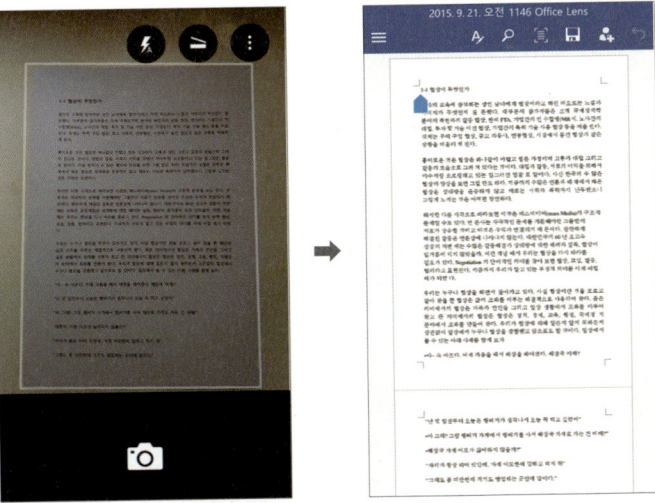

▲ 스캔한 내용(왼쪽)을 워드(오른쪽)로 옮긴 화면

물론 스크린 샷을 워드로 보내는 것도 가능하다. 신문 기사나 특정한 정보를 읽고 있었다면 스크린 샷을 활용한다. 오피스 렌즈 앱의 [가져오기로]를 터치해 이미지를 불러온 뒤 워드로 저장하는 것이다.

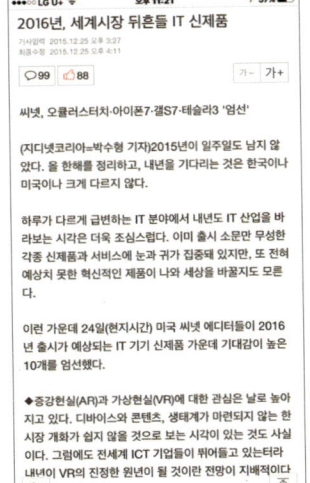  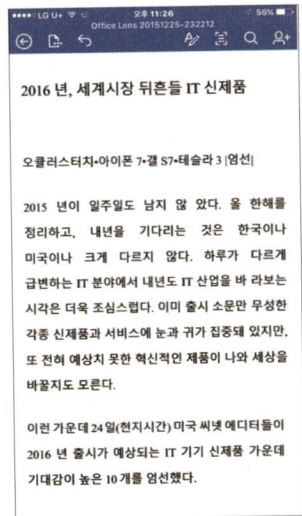

▲ 정보 스크린 샷   ▲ 가져오기   ▲ 워드로 옮겨진 기사 내용

위 이미지와 같이 오피스 렌즈 앱을 활용하여 텍스트와 이미지가 있는 책을 스캔하고 이를 워드로 저장하면 이미지와 같이 텍스트는 텍스트 형태로 변형되어 수정이 가능하며 이미지는 이미지로 저장된다. 이는 워드 작업의 속도를 향상시켜주어 업무 능력이 향상될 것이다. 중요한 교안이나 문서가 있다면 촬영 이후 워드로 변환해 보자.

촬영한 이미지를 파워포인트 앱과 함께 사용해 보자

오피스 렌즈 앱에서 스캔한 이미지를 파워포인트로 저장하면 원드라이브에 저장된다. 저장 후 원드라이브에서 파워포인트를 실행하면 3가지 옵션으로 사용이 가능하다.

▲ 오피스 렌즈 앱으로 스캔 진행

오피스 렌즈 앱으로 텍스트와 이미지가 있는 책을 스캔한 후에 파워포인트로 저장을 해보자.

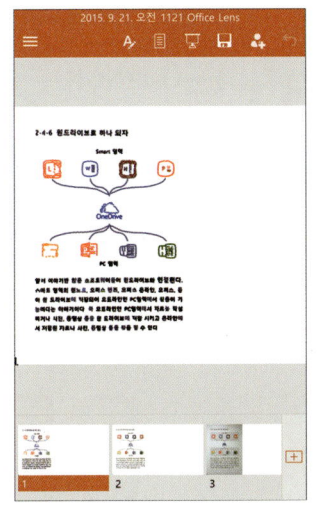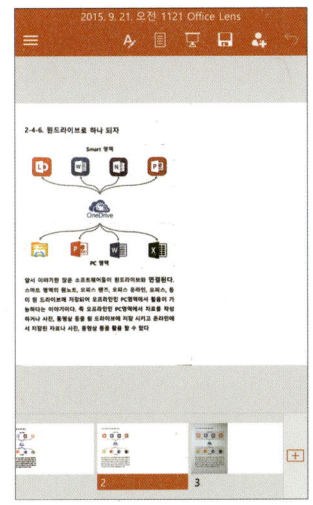

▲ 사용 가능한 3가지 저장 옵션

파워포인트로 저장한 파일을 열어보면 위 이미지와 같이 몇 가지 형태로 만들어진 슬라이드를 볼 수 있다. 사진, 이미지, 텍스트로 저장되니 추가적인 편집 작업이 필요한 경우 매우 편리하게 작업할 수 있다.

오피스 렌즈 앱 촬영 시 보여지는 3가지 저장 형태

PNG로 변환	스캔한 이미지를 마음대로 변형할 수 있도록 PNG가 되며 개체의 분리와 수정이 용이하다.
스캔 사진	스캔한 사진이 삽입된다. 스캔하듯이 깔끔한 이미지를 볼 수 있다.
일반 사진	일반 사진이 삽입된다.

이처럼 오피스 렌즈 앱은 원노트, 파워포인트, 원드라이브를 넘나들며 사진을 저장해 주는 가장 효과적인 시각화 도구이다.

Smart PPT

원노트 OneNote로 모든 것을 모으자

05

디지털 생태계의 시대이다. 사람들은 구글, 애플, 네이버, 마이크로소프트 등 자신에게 가장 잘 맞는 생태계를 선택하고 그 안에서 자신만의 세상을 구축한다. 하나의 생태계에서 돈과 시간을 투자할 수록 그 생태계를 벗어나 다른 둥지를 만드는 일이 어려워진다. 각 기업들은 자신만의 생태계를 홍보하고 더 많은 사람들이 자신들의 생태계에서 둥지를 틀기를 원한다. 필자가 제안하고 싶은 디지털 생태계는 바로 마이크로소프트 원드라이브 기반의 생태계이다.

정보 생태계를 구축하자

디지털 스크랩, 이미지, 문서, 스캔 등 개인 보관소의 양대 산맥은 바로 <u>원노트 OneNote</u>와 <u>에버노트 Evernote</u>이다. 사용자 수를 볼 때 에버노트 유저가 월등히 많은 것으로 보인다. 유저 컨퍼런스도 매년 열리고 관련된 도서 또한 많이 나와 있다. 에버노트는 스마트 혁명 이후 성공한 가장 대표적인 스타트 업으로 볼 수 있다. 그에 비해 원노트는 사용자가 찾아보기 힘들고 출간된 책 또한 적다. 그렇다면 원노트 기능적으로 문제가 있는 것일까? 필자의 판단은 그렇지 않다. 필자가 2가지 노트를 모두 사용해 본 결과를 분석해 보았다.

원노트와 에버노트 특징 비교

구분	원노트	에버노트
동일한 부분	각종 브라우저 호환, OCR 검색, 운영체제 간의 호환성	
용량	5~30GB(원드라이브 사용)	60MB
오피스 호환성	오피스 제품과 연계성이 좋음	호환성 낮음
입력	다양하고 기능이 많음	단순함
동기화/공유	느리고 복잡함	빠르고 편리함
스마트	기능이 약하고 텍스트 가독성이 낮음	기능이 강력하고 텍스트 가독성이 좋음

2가지 노트는 각종 브라우저 호환, OCR 검색, 운영체제 가동률 기능은 동일하다. 용량 부분에서는 절대적으로 원드라이브가 우세하다. 에버노트의 무료 용량은 64MB이므로 얼마 사용하지 못하고 유료로 전환해야 한다. 입력 부분은 오피스를 근간으로 두고 있는 원노트가 우월하며 에버노트는 단순한 기능만 가지고 있다. 이렇게 좋은 원노트에는 2가지 단점이 있다. 스마트 디바이스에서 기능이 너무 약하고 동기화와 공유 기능이 어렵고 복잡하다는 것이다. 이 부분에서는 에버노트가 월등하다.

가장 중요하게 봐야 할 부분은 구조적인 측면이다. 원노트는 [노트]-[섹션]-[페이지]를 따르는 전형적인 로직 트리 구조를 가지고 있다. 반면 에버노트는 각종 브라우저와의 호환성이 높아 웹 클리핑과 태그를 붙이는 방사형 구조를 가지고 있다. 따라서 용도에 따라서 사용하는 것이 바람직하다.

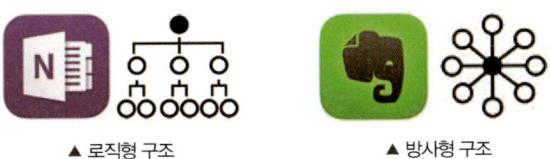

▲ 로직형 구조   ▲ 방사형 구조

이 구조로 볼 때 에버노트는 무에서 유를 창조하는 창의적인 작업을 하는 개발자, 디자이너들에게 어울린다고 생각된다. 교수자들에게 더 맞는 것은 원노트이다. 그 이유는 크게 3가지로 나눌 수 있다.

1 ┃ 원노트는 윈도우 기반의 모든 프로그램과 연계성이 좋다

원노트는 MS 오피스 인터넷 익스플로러 브라우저까지 연결되는 강력한 연결고리를 형성하고 있기 때문이다. 교수자들이 파워포인트, 엑셀, 워드와 긴밀하게 정보를 주고 받을 수 있다. 세부적인 내용은 표로 정리하였다.

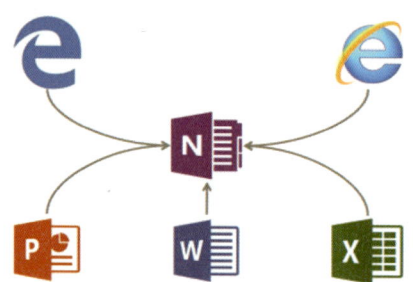

▲ 원노트와 윈도우 기반 프로그램의 연계성

원노트와 오피스 프로그램과의 연계성

파워포인트	[검토] 탭-[연결된 노트] 이용하여 연결된 노트로 연결이 가능하다. 작업하는 자료들을 페이지 첨부하고 공유하면 팀원들과 함께 연결된 노트로 첨부를 보낼 수 있다.
워드프로세서	[검토]-[연결된 노트] 이용하여 연결된 노트로 연결이 가능하다. [파일] 탭-[내보내기]를 통해 페이지, 섹션, 전자 필기장을 워드 파일로 내보낼 수 있다.
엑셀	원노트에서 생성되는 표를 엑셀 스프레드시트에서 표현할 수 있다. [삽입] 탭-[스프레드시트] 엑셀 2013을 원노트에서 실행할 수 있다.
인터넷 익스플로러	[드래그]-[오른쪽 클릭]-[노트 선정]을 하면 원하는 자료를 원노트로 보낼 수 있다.
엣지	윈도우 10에 처음 탑재된 브라우저 엣지^{Edge}이다. 브라우저 안에 원노트 메뉴가 있어 엣지로 보는 거의 대부분의 웹에서 내용을 가져오거나 메모가 가능하다.

2 ┃ 새로운 창조물보다 교육 자료에 대한 정보 검색이다

교수자들의 정보 취합은 많은 정보를 웹 클립핑하여 새로운 창조물을 만드는 일보다는 관련된 정보에 대한 다양한 정보를 취합하는 일이 더 많다. 목적을 설정하고 그것에 관련된 자료를 모으는 작업이 더욱 많은 것이다. 이런 의미에서 로직형 구조가 더 유리하다. 상위 목표를 설정하고 목표에 따른 각종 정보를 취합하는 구조가 교수자들에게 더욱 좋기 때문이다. 또한 할 일 관리와 함께 태그를 이용한 공동 작업이 매우 용이하다.

3 | 무료에 가깝다

원드라이브를 이용하는 원노트는 5GB의 용량을 무료로 제공한다. 세계적으로 클라우드 서비스를 제공하는 회사가 5GB까지 용량을 주는 곳은 흔치 않다. 국내 사용자 특성상 프로그램을 사용하면서 비용을 내는 것 자체가 익숙하지 않은 부분도 하나의 이유라 할 수 있다.

Power@ 윈도우 10의 브라우저 엣지 Edge 속에는 원노트가 산다

윈도우 10이 업그레이드되어 사용해 보았다. 엣지를 열고 상단 [작성]을 클릭하면 다음과 같이 보라색으로 변화되면서 원노트 옵션이 나타난다. 다음 옵션은 펜이다. 이 상태로 바로 작성이 가능하다.

① [형광펜] 옵션이 있다. 원하는 대로 형광펜으로 중요 부분을 색칠할 수 있다. [지우개] 옵션은 앞서 작성한 모든 글들을 지우는 기능을 한다. [메모]는 클립핑할 자료에 포스트잇 붙이듯이 붙여주는 것이다.

② 원하는 영역을 복사할 수 있다.

③ 우리가 원하는 특정 위치의 노트에 복사해서 원노트에 저장할 수 있다.

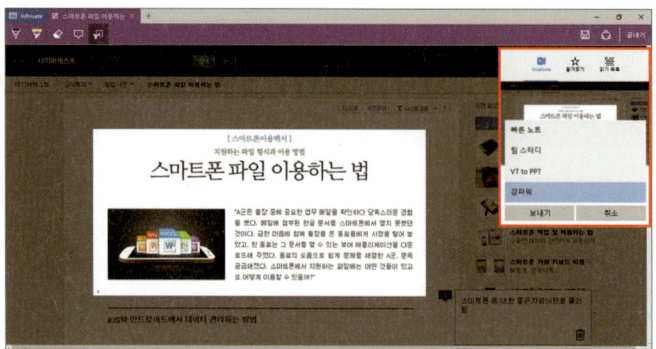

원노트로 할 일을 정리하고 성취감을 맛본다

필자의 원노트에는 [업무노트]라는 전자 필기장이 있다. 이 필기장 안에는 [To Do List]와 [보관자료들]이라는 섹션이 있다. 매일 저녁 다음날 해야 할 일을 PC로 정리하고 분류한다. 다음과 같은 순서로 할 일고 우선순위를 정한다.

▲ 필자의 원노트 앱

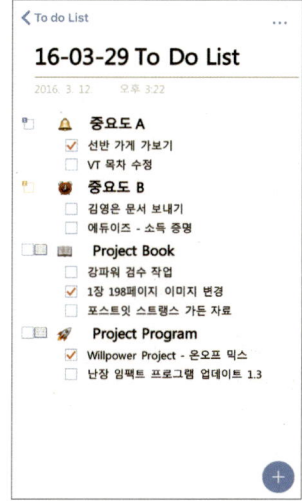
▲ 원노트 목록 보기

▲ 원노트 노트 보기

① 일단 할 일을 모조리 적는다.
② 3가지 분류 방식으로 분류한다.

- 중요도 A : 하루의 중 할 일 중 가장 긴급하고 중요하며 미루어서는 안되는 일이다.
- 중요도 B : 긴급하지 않지만 중요한 일이다. 다음 날로 연기하는 것도 가능하다.
- 프로젝트 : 많은 시간을 소요하는 일들이다. 따라서 관련 내용을 '저술', '개발' 등으로 표기한다.

이렇게 정리된 할 일은 다음날 스마트폰 앱으로 확인하면서 업무를 진행해 나간다. 스마트폰에는 다음과 같이 목록 보기, 노트 보기의 2가지 형식으로 표시가 된다.

❶ 목록 보기 : 이 방식은 완료 항목은 표시하지 않는다. 체크와 동시에 항목에서 사라진다. 완료 항목 표시가 사라진 항목이다.

❷ **노트 보기** : 원노트의 할 일을 전체 나열한 상태를 보여준다. 항목을 체크해도 사라지지 않는다.

따라서 스마트폰으로 성취 동기를 부여 받기 위해서는 반드시 목록 보기 상태로 전환하는 것이 좋다. 노트 보기 상태는 체크 리스트를 이용하여 직접 체크하는 것이 가능하다. 그러나 목록 보기 상태는 체크와 동시에 해당 부분이 아래 완료 항목 표시로 되면서 사라져 버린다.

할 일을 정하고 하루의 리듬을 타듯이 체크 리스트를 하나둘씩 사라지게 만드는 것이다. 어떤 일은 빠르고 짧게 어떤 일은 길고 낮게 유지하듯 체크를 하나씩 지워 나간다. 이것은 마치 하루의 일을 오선지 위의 체크 리스트라고 생각된다. 음악처럼 리듬을 타듯 일을 해 나간다.

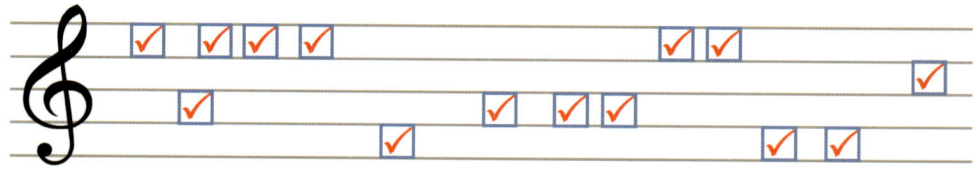

▲ 하루를 오선지 위에서 리듬 타듯 체크 리스트를 지운다

사라져 버리는 것이 가장 매력적이다. 산적한 하루의 일들을 하나씩 해치우면서 아래로 없애 버린다는 느낌으로 지워 나가는 것이다. 해야 할 일들이 사라진 To Do List에는 내가 해낸 일만 아래 가득히 남아 있는 것이다. 오늘도 이만큼 해냈다는 생각과 함께 기분 좋은 성취감이 몰려온다. 나아가 내일도 오늘처럼 많은 일들을 제한된 시간 내에 해치워 버리겠다는 의욕도 생겨난다.

원노트 OCR : Optical Character Reader 이용하여 정보화하자

검색을 하다 보면 특정한 텍스트를 가져 오고 싶은 경우가 있다. 이 경우 내용을 보면서 타이핑하기엔 생산성이 너무 떨어지는 느낌이 든다. 이 때 원노트의 OCR을 사용해 보자. OCR 기능은 '광학 텍스트 판독 장치'의 줄인 말이다. 인쇄된 텍스트를 텍스트, 숫자로 변환하는 기능으로 오피스 렌즈 앱 내용에서 다룬 적이 있다. 이 기능은 한글과 영문 모두 가능하다.

변환하고자 하는 이미지를 원노트로 가져오자. PC에서 원노트를 실행하고 [삽입] 탭-[이미지]를 클릭하면 이미지를 가져올 수 있다. 이미지를 선택하고 마우스 오른쪽 버튼을 클릭하고 [이미지와 텍스트 검색 가능]-[한국어]를 클릭한다.

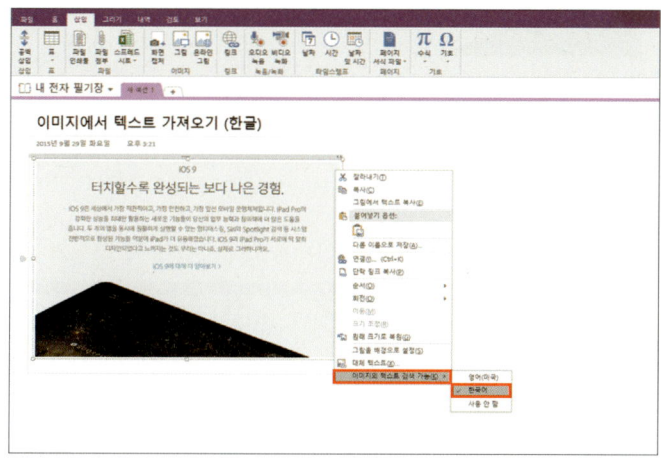

다시 한번 마우스 오른쪽 클릭을 하고 [그림에서 텍스트 복사]를 클릭한다.

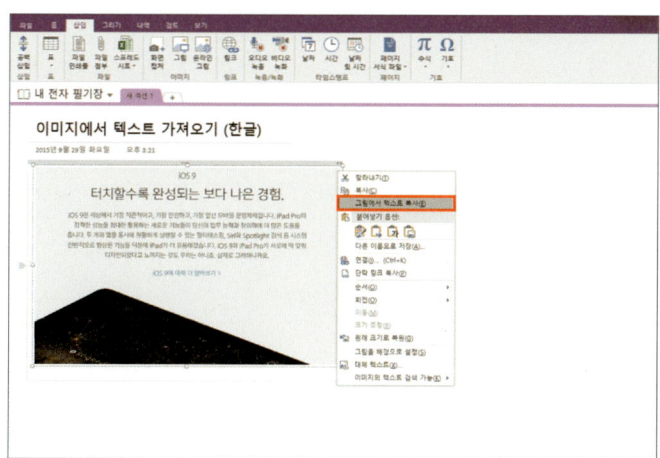

원노트 아무 공간이나 클릭 후 Ctrl + V 를 하면 이미지 내부의 텍스트가 복사된다.

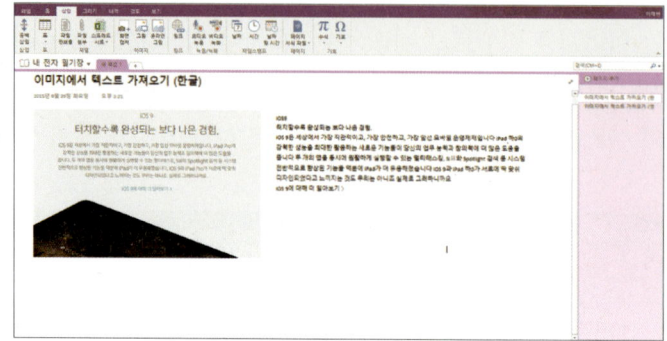

영문 또한 가능하다.

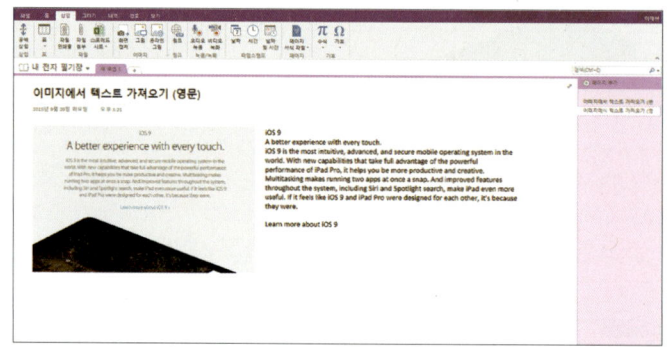

Smart PPT

원드라이브 OneDrive 로 하나 되자

06

불과 몇 년 전까지만 해도 파일을 전달하기 위해서 메일을 보내거나 휴대용 USB에 파일을 저장하여 전달하는 것이 기본이었다. 물론 지금도 메일과 휴대용 USB는 많이 활용되고 있다. 그렇지만 보내야 하는 자료를 개인 PC에 두고 잊어버리거나 휴대용 USB를 분실하여 곤란한 상황에 처한 경험도 있을 것이다. 이러한 것을 극복할 수 있는 클라우드 서비스를 활용해 보자.

먼저 클라우드 서비스의 개념을 알아보자. 네이버 지식백과에 의하면 다음과 같다.

> "클라우드 서비스란 각종 파일이나 자료를 사용자의 PC나 스마트 디바이스의 내부 저장 공간에 저장하지 않고 외부 클라우드 서비스에 저장한 뒤 인터넷에 접속해서 PC, 스마트 디바이스 등 다양한 기기로 활용할 수 있는 서비스를 말한다."
>
> 출처 : 네이버 지식 백과

▲ 다양한 클라우드 서비스

모든 디바이스가 원드라이브 하나로 연결된다

클라우드는 대표적으로 구글의 구글 드라이브, 애플의 아이 클라우드, 마이크로소프트의 원드라이브, 드롭 박스가 있으며 국내 서비스는 네이버의 N드라이브가 있다. 많은 클라우드 서비스 중에서 교수자에게 적합한 클라우드는 마이크로소프트의 원드라이브를 활용하는 것이 업무 효율적인 측면에서 가장 적합하다. 원드라이브는 기존의 스카이드라이브SkyDrive가 명칭이 변경된 것으로 마이크로소프트의 MS 오피스, 즉 워드, 파워포인트, 원노트의 활용도가 높은 경우 원드라이브가 유리하다.

▲ 대부분의 디바이스와 모두 연결되는 원드라이브

앞서 이야기한 많은 소프트웨어들이 원드라이브와 연결된다. 스마트 영역의 원노트, 오피스 렌즈, 오피스 온라인, 오피스 등이 원드라이브에 저장되어 오프라인인 PC 영역에서 활용이 가능하다는 이야기이다. 즉 오프라인인 PC 영역에서 자료를 작성하거나 사진, 동영상 등을 원드라이브에 저장하고 온라인에서 저장된 자료나 사진, 동영상 등을 활용할 수 있다.

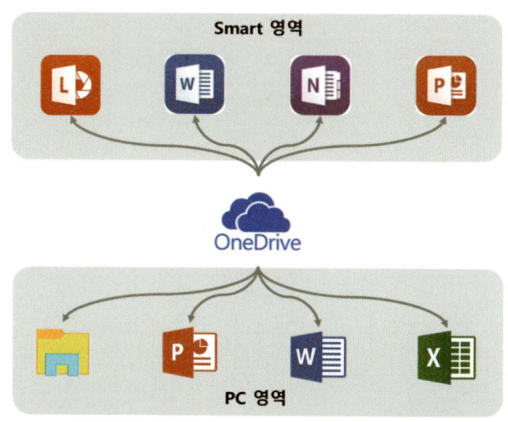

▲ 원드라이브는 PC 영역과 스마트 영역의 다리 역할을 한다

원드라이브의 4가지 모습

원드라이브는 온라인 형태의 온라인 오피스와 오프라인 형태의 프로그램으로 사용이 가능하다. 온라인 형태로 활용하기 위해서는 'www.office.com'에 접속해야 한다. 오프라인 프로그램으로 사용하기 위해서는 PC에 원드라이브 앱이나 탐색기를 설치해야 한다. 지금부터 원드라이브 탐색기, 앱, 익스플로러 기반의 오피스 온라인을 알아보자.

1 | PC의 원드라이브 탐색기

윈도우 PC에서 사용되는 탐색기 드라이브이다. 윈도우 탐색기에서 사용하는 다른 유사 폴더를 보는 것과 같은 모습으로 보인다. 따라서 윈도우 PC 사용자에게 가장 편리하다고 볼 수 있다.

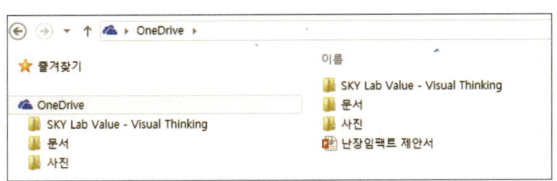

▲ 윈도우 안의 원드라이브 탐색기

2 | PC의 원드라이브 앱

윈도우 메트로 타입에서 원드라이브 앱으로 원드라이브를 열어보는 방식이다. 앱을 열면 다음과 같이 표시가 되면서 원드라이브를 이용할 수 있다.

▲ 원드라이브 앱 아이콘

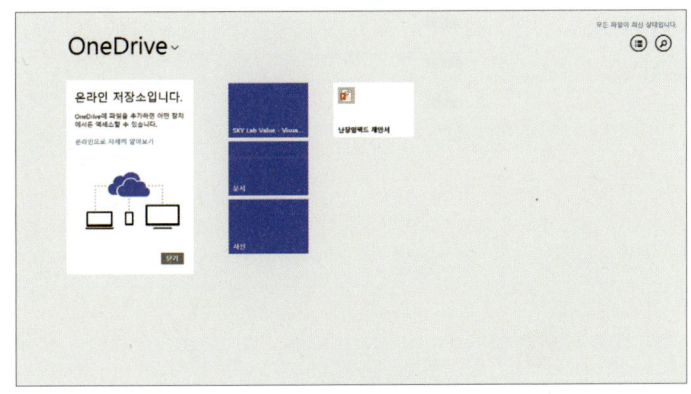

▲ 앱 실행 화면

3 | 오피스 온라인의 원드라이브

온라인 오피스 사이트 'www.office.com'에서 원드라이브를 사용하는 방식이다. 디자인 중 가장 아래 원드라이브 아이콘을 클릭하면 된다.

원드라이브를 사용하기 위해서는 마이크로소프트의 계정이 필요하다. 로그인을 하면 다른 원드라이브와 마찬가지로 동일한 결과물을 볼 수 있다. 디자인만 다를 뿐 내용은 모두 같다.

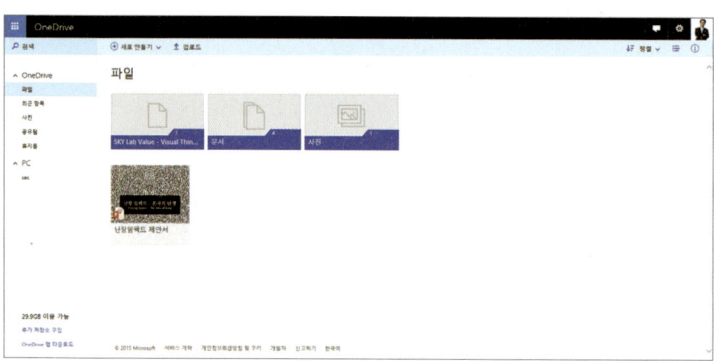

4 | 스마트폰의 원드라이브 앱

원드라이브 앱은 iOS와 안드로이드 모두 가능하며 모바일에서 만들어진 자료나 사진을 PC에서 확인할 수 있다.

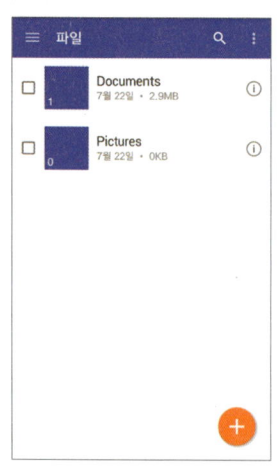 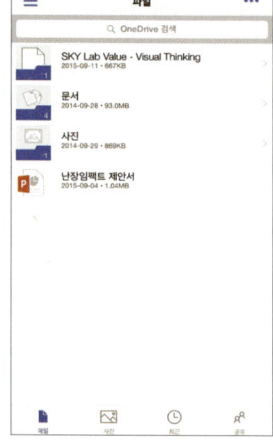

▲ 안드로이드 앱 화면   ▲ iOS 앱 화면

원드라이브를 공유하자

원드라이브는 특정 사용자, 특정 팀에게 문서나 자료 등을 공유할 경우 매우 유용하다. 동시에 같은 문서나 자료를 작업할 수 있고 실시간 동기화가 이루어져 협업이 가능하다. 원드라이브 공유하는 방법을 함께 알아보자. 공유 방법은 오피스 온라인을 기준으로 설명한다.

원드라이브 공유하기

01 오피스 온라인을 실행하고 공유할 문서나 파일을 선택한다. [공유]를 클릭한다.

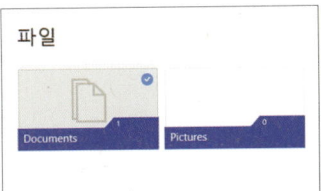 

02 '폴더를 공유하시겠습니까'라는 텍스트가 나타나면 [이 폴더를 공유]를 클릭한다.

03 항목 링크가 포함된 메일을 보낼 대화 상대를 입력 후 [공유]를 클릭한다.

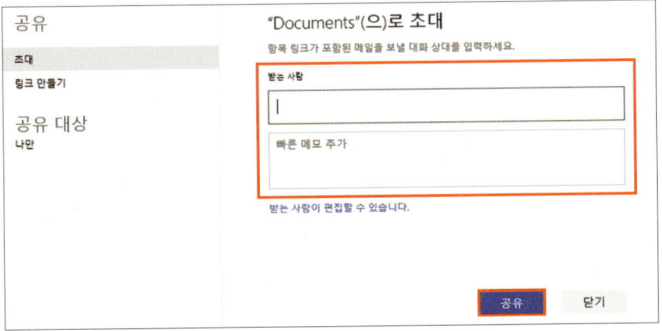

원드라이브는 기본적으로 5GB를 무료로 사용할 수 있다. 기업용으로는 Office 365 Plan에 따라 OneDrive for Business로 제공되며 1TB가 기본적으로 제공된다. 원드라이브는 데스크톱 PC, 노트북, 각종 스마트 디바이스 등에서 같은 자료나 문서를 공유할 수 있는 환경을 제공해줌으로써 이를 적절하게 활용한다면 업무 효율성이 높아질 것이다. 원드라이브를 활용하여 스마트한 교수자가 되어 보자.

원드라이브를 공간을 확보하자

클라우드 용량은 다다익선이다. 무료로 제공되는 원드라이브의 공간을 확보해 보자.

① 메일을 통해 원드라이브 소개(영구/5GB)
   원드라이브를 메일로 친구에게 소개하고 소개한 친구들이 로그인하면 원드라이브 용량이 500MB씩 총 5GB가 추가된다.

② 카메라 업로드 사용하기(영구/15GB)
   원드라이브 앱 설정에서 [카메라 업로드 ON]을 체크하면 15GB 저장 공간이 영구적으로 늘어난다.

③ 드롭 박스 연동(100GB/1년)
   원드라이브를 드롭 박스와 연결하고 드롭 박스 폴더에 원드라이브 사용자 설명서를 저장하면 1년간 무료 저장 공간이 100GB가 늘어난다.

④ 빙 리워드(100GB/2년)
   마이크로소프트에서 개발한 검색 엔진 '빙Bing'에서 제공하는 리워드 시스템으로 원드라이브 저장 공간을 늘리는 방법이다. '빙'을 직접 방문하거나 친구를 언급하면 기록하여 크레딧을 받게 된다. 마이크로소프트는 연간 100 크레딧에 100GB 원드라이브 스토리지를 제공한다.

출처 : http://macnews.tistory.com/3080

강파워포인트
작업의 7원칙

1판 1쇄 발행 2016년 5월 25일

저　　자 | SKY Lab Crew 이재현, 정민재, 이재훈
발 행 인 | 김길수
발 행 처 | (주)영진닷컴
주　　소 | (우)08591 서울특별시 금천구 가산디지털1로 24 대륭테크노타운 13차 10층

출판등록 | 2007. 4. 27. 제16-4189호

값 18,000원

ⓒ2016. (주)영진닷컴
ISBN | 978-89-314-5302-7

YoungJin.com Y.
영진닷컴